L'indépendance, maintenant !

Collectif des Intellectuels pour la souveraineté (IPSO)
Sous la direction de Gilbert Paquette,
André Binette et Ercilia Palacio-Quintin

MICHEL BRÛLÉ

C.P. 60149, succ. Saint-Denis,
Montréal (Québec) H2J 4E1
Téléphone : 514 680-8905
Télécopieur : 514 680-8906
www.michelbrule.com

Maquette de la couverture : Jimmy Gagné, Studio C1C4
Mise en pages : Virginie Goussu
Révision : Sylvie Martin, Nicolas Therrien
Correction : Élaine Parisien

Distribution : Prologue
1650, boul. Lionel-Bertrand
Boisbriand, Québec J7H 1N7
Téléphone : 450 434-0306 / 1 800 363-2864
Télécopieur : 450 434-2627 / 1 800 361-8088

Distribution en Europe : D.N.M. (Distribution du Nouveau Monde)
30, rue Gay-Lussac
75005 Paris, France
Téléphone : 01 43 54 50 24
Télécopieur : 01 43 54 39 15
www.librairieduquebec.fr

Les éditions Michel Brûlé bénéficient du soutien financier du gouvernement du Québec — Programme de crédit d'impôt pour l'édition de livres — Gestion SODEC et sont inscrites au Programme de subvention globale du Conseil des Arts du Canada. Nous reconnaissons l'aide financière du gouvernement du Canada par l'entremise du Fonds du livre du Canada (FLC) pour des activités de développement de notre entreprise.

Société
de développement
des entreprises
culturelles
Québec

Conseil des Arts
du Canada
Canada Council
for the Arts

Bibliothèque et Archives nationales du Québec
Bibliothèque nationale du Canada
ISBN : 978-2-89485-546-1

PRÉFACE DE
JACQUES PARIZEAU

L'INDÉPENDANCE, MAINTENANT !

COLLECTIF DES INTELLECTUELS POUR LA SOUVERAINETÉ (IPSO)

Sous la direction de Gilbert Paquette,
André Binette et Ercilia Palacio-Quintin

MICHEL BRÛLÉ

Préface

Jacques Parizeau

On dit souvent que la pensée et le discours souverainistes doivent être renouvelés, mieux adaptés aux circonstances d'aujourd'hui, pertinents, en somme doivent être modernisés. On a raison, et ce livre sur l'indépendance du Québec est une remarquable contribution à cette nécessaire adaptation. Il était temps.

L'idée d'indépendance a beaucoup évolué depuis qu'elle a inspiré l'organisation de partis souverainistes dans les années 1960. Elle a manifesté une vitalité, une capacité de s'adapter qui tranche avec l'impression trop souvent répandue qu'après un brillant départ elle a perdu graduellement sa pertinence et qu'on l'attend au vestiaire des accessoires de l'Histoire.

D'une façon ou d'une autre, j'ai participé à chacune des grandes étapes politiques de la mouvance indépendantiste. Cela me donne, je pense, une certaine perspective pour comprendre où nous en sommes aujourd'hui et pourquoi ce livre tombe à point.

La première étape a été celle de l'apparition de deux partis souverainistes aux élections de 1966 : le RN (Ralliement national) et surtout le RIN (Rassemblement pour l'indépendance nationale). Ils prendront suffisamment de votes pour faire tomber le gouvernement qui a présidé à la Révolution tranquille (Jean Lesage) et permettre à Daniel Johnson de prendre le pouvoir avec comme devise « Égalité ou indépendance ». Ce ne sera ni l'une ni l'autre.

La deuxième étape a été marquée par la création du Parti québécois deux ans plus tard, qui a pris le pouvoir en 1976, a lancé une série de grandes réformes et a convoqué un référendum en 1980 pour demander l'autorisation d'amorcer les négociations avec le Canada sur la souveraineté-association. Le Non, on le sait, l'a emporté par une bonne marge (60 %-40 %).

La troisième étape a eu lieu en 1994 lors de la reprise du pouvoir par le Parti québécois. Il s'est engagé à tenir un référendum pour obtenir l'autorisation de réaliser la souveraineté. Il a lieu en octobre 1995. Une fois de plus, le Non l'emporte. Cette fois, cependant, le camp du Oui a atteint plus de 49 % des voix (61 % chez les francophones) et le taux de participation a atteint le niveau extraordinaire de 94 %. On a longtemps discuté des nombreuses irrégularités qui auraient marqué le vote. Mais le résultat était là.

Qu'il y ait eu une sorte de repli pendant quelques années après l'échec de 1980, cela se comprend. Plus surprenant a été le repli qui a suivi le résultat de 1995. Le gouvernement fédéral, qui a eu très peur, a pris tous les moyens pour empêcher une nouvelle tentative, pour remettre le Québec « à sa place ». Ces moyens ont été juridiques (renvoi à la Cour suprême, loi sur la clarté), publicitaires (les commandites), financiers (coupures des transferts) et universitaires (bourses du millénaire, chaires de recherche du Canada). Québec, tout occupé à sa quête du déficit zéro, a accepté « sa place » sans trop rechigner.

En dépit de ce repli — ou plutôt peut-être à cause de lui —, plusieurs mouvements indépendantistes apparaissent au cours des années. Si le Bloc québécois, en plus de défendre les intérêts des Québécois à Ottawa, continue de préparer l'avenir, le Parti québécois, lui, est de plus en plus mis au défi de revenir à la défense et à l'illustration de la souveraineté. On cherche à ce qu'il prenne son rôle de chef de file au sérieux, que le discours se renouvelle, que l'on se prépare, que la préparation soit solide, l'objectif, bien défini, les politiques, claires.

Cela ne peut se faire en un jour. Parce que d'époque en époque, les conditions et les circonstances ont beaucoup changé et qu'il faut s'y adapter. Ce n'est pas facile.

En 1966, l'indépendance était encore un rêve assez peu arrimé à la réalité. Il a suffi que deux hommes d'affaires, surfant sur une soi-disant fuite de capitaux (dont il a été démontré par la suite qu'elle n'était rien d'autre qu'une opération médiatique), fassent signer au nouveau premier ministre du Québec, en vacances à Hawaï, une lettre officialisant le renoncement au rêve.

En 1980, après quatre ans de pouvoir, le Parti québécois avait acquis une remarquable maîtrise des dossiers gouvernementaux et s'était préparé aux négociations qu'il espérait pouvoir mener si le résultat du référendum lui était favorable. Le chemin de la réussite était cependant bien étroit. Le Canada restait, sur le plan économique, une entité intégrée. Il s'était entouré depuis un siècle de barrières commerciales (droits de douane et quotas) qui, dans le cadre de négociations internationales, baissaient, graduellement sans doute, mais restaient substantielles. L'industrie québécoise était encore très dépendante d'activités traditionnelles (textiles, vêtements, chaussures, meubles, etc.) qui avaient besoin de protection. Le Canada la leur fournissait et était, en voie de conséquence, le plus important client du Québec.

Bien sûr, plusieurs pays, qui étaient bien moins préparés que le Québec pour atteindre leur indépendance, étaient apparus depuis vingt-cinq ans. Mais, réaliste, René Lévesque offrait au Canada la négociation d'une entente de souveraineté-association comportant sans doute les attributs de la souveraineté (pouvoir exclusif de faire ses lois, de percevoir ses impôts et d'établir ses relations extérieures), mais maintenait avec le Canada « une association économique comportant l'utilisation d'une même monnaie[1] ».

Politiquement, M. Lévesque n'avait pas le choix : cette formule était la seule façon de rassurer le public. Économiquement, c'était la voie de la sagesse. La faiblesse venait de ce qu'il suffisait du refus

---

1. Les guillemets s'appliquent à des extraits du texte de la question posée au référendum de 1980.

de quelques têtes d'affiche du Canada anglais pour faire planer le doute, voire la peur.

La peur était partout. Les personnes âgées perdraient leur pension fédérale, une monnaie québécoise s'effondrerait, le Canada anglais boycotterait nos produits, l'armée canadienne envahirait de nouveau le Québec (le souvenir de 1970 était encore vif), Ottawa reprendrait tous les territoires du Nord québécois, l'ouest de Montréal ferait sécession, le prix de l'essence augmenterait, etc.

Et pourtant, 40 % des Québécois ont voté Oui.

Quinze ans plus tard, les circonstances avaient profondément changé. La donne était différente. Au moment où le Parti québécois a repris le pouvoir, en 1994, les tentatives de réforme constitutionnelle (Meech, Charlottetown) avaient échoué. Le fédéraliste était démoralisé. Le souverainiste retrouvait l'espoir. Sur le plan économique, un séisme s'était produit. Un traité de libre-échange avec les États-Unis avait été signé. Le Parti québécois avait fait cause commune avec le Parti libéral au pouvoir pour appuyer le gouvernement canadien, en butte à une opposition farouche de l'Ontario[2].

Les exportations du Québec vers les États-Unis ont augmenté de 8 % à 10 % par année tout au long des années 1990, et de 1 % à 2 % seulement vers le Canada. Rapidement, les États-Unis sont devenus le plus grand marché extérieur du Québec. Cela a changé bien des choses et bien des attitudes. Une association avec le Canada était souhaitable, mais n'était plus nécessaire. En tout état de cause, des ententes devaient de toute façon être signées, mais le chantage aux échanges (« Nous n'achèterons plus de vous ») était terminé.

En outre, le grand débat sur la monnaie s'est achevé avec une phrase simple : « Si un Québec indépendant veut garder le dollar canadien, rien ni personne ne peut l'en empêcher. » Après s'être longuement interrogés, les meilleurs spécialistes canadiens ont fini par conclure qu'effectivement les moyens nécessaires pour empêcher les Québécois de garder la monnaie canadienne étaient irréalistes, pour ne pas dire surréalistes.

---

2. L'ALÉNA, qui incorpore le Mexique au traité et en élargit la portée, a été signé en 1993.

De 1989 à 1995, les études relatives à la souveraineté du Québec se sont multipliées, d'abord sous le gouvernement Bourassa, puis sous le mien. Au secrétariat de la Commission Bélanger-Campeau puis, plus systématiquement, sous la coordination du nouveau ministère de la Restructuration, la plupart des facettes de la souveraineté ont été abordées avec l'aide d'un grand nombre de spécialistes. Il est remarquable, cependant, que les questions écologiques et environnementales n'aient pas été traitées. Ce serait impensable aujourd'hui.

Du point de vue des indépendantistes, il va de soi que, quand on se fixe comme objectif de convaincre les citoyens de s'engager, il faut que les dirigeants soient eux-mêmes préparés à la réalisation du projet, sachent où ils veulent aller et comment s'y rendre. Il faut être en mesure de répondre sans détour aux questions des citoyens en général et des journalistes en particulier. Cela demande beaucoup de préparation et un dialogue soutenu avec la société civile. Cela demande aussi de nombreux contacts avec l'étranger, dans certains cas pour trouver des appuis, mais aussi pour tenter de « neutraliser » ceux qui s'opposent *a priori* à toute remise en question du *statu quo*. Et, bien sûr, il faut s'assurer de leviers financiers solides.

Tant qu'un gouvernement ou un parti souverainiste ne procède pas à cette longue préparation, il ne peut être pris au sérieux. On ne peut pas se contenter de faire vibrer la corde émotionnelle de temps à autre, de brandir la bannière des bonnes intentions, d'être très détaillé dans ses critiques de la façon dont les choses sont menées et d'offrir l'assurance d'une impeccable gestion « provinciale ».

Au bout d'un temps, l'opinion publique finit par comprendre. Les gens, en majorité, peuvent trouver que la souveraineté est souhaitable, une minorité seulement pense qu'elle se réalisera.

Tôt ou tard, cependant, la volonté de réussir, et donc celle de s'y préparer, va revenir. Il faudra une fois de plus s'adapter à des circonstances : elles ont bien changé depuis 1995. Essentiellement, à mon sens, il s'agit de la mondialisation et de ses dérives. On le sait, les deux grandes composantes de la mondialisation sont, d'une part, l'explosion des nouvelles technologies de communication et d'information et, d'autre part, l'extension du libre-échange des produits aux services, aux investissements et aux mouvements des capitaux. Les idées néolibérales ont battu en brèche un peu partout le dirigisme d'État. La déréglementation, celle des institutions financières en particulier, s'est répandue pour profiter pleinement des perspectives qu'ouvrait la mondialisation. Dans un contexte pareil, les entreprises multinationales et les grandes institutions financières semblent disposer d'un pouvoir réel face à des gouvernements plus ou moins désarmés, en tout cas affaiblis. Dans certains milieux, on commence à rêver à un citoyen du monde petit à petit affranchi de ses racines nationales et d'un monde où les marchés détermineraient la croissance, l'emploi et la prospérité. J'exagère, bien sûr, mais l'idée du chacun-pour-soi a été un rêve tenace… jusqu'à la crise financière de 2008.

On ne peut pas sous-estimer l'importance de la crise qui a frappé les États-Unis lorsque son système financier a menacé de s'écrouler, entraînant un gel des crédits interbancaires à travers le monde. Les gouvernements ont été forcés de monter au créneau et, au centre de la crise, le gouvernement des États-Unis a temporairement «nationalisé» le système par une opération de sauvetage spectaculaire. Le pire a été évité pour le système financier, mais des millions de gens ont perdu leur maison. Le désengagement de l'État a évidemment été remis en cause. En même temps, l'on se rendait compte de l'extraordinaire interdépendance des économies. Que la dette grecque ait, depuis plusieurs mois, dominé à ce point l'évolution des Bourses en dit long sur l'instabilité que la mondialisation des échanges, la déréglementation et l'instantanéité des communications ont pu apporter.

Cette crise a une fois de plus souligné le rôle traditionnel du gouvernement national. En dépit de toute l'internationalisation qui s'est produite, c'est toujours vers son gouvernement que le citoyen se tourne. C'est de lui qu'il attend qu'il protège l'emploi, les revenus, l'environnement, mais aussi la langue, la culture. On sait bien que le gouvernement n'a plus, dans le cadre des accords internationaux, la même marge de manœuvre. Et pourtant, le gouvernement ne peut se débarrasser de ses responsabilités. Il doit se débrouiller à travers les structures et les accords internationaux. Encore faut-il y avoir accès.

Sans doute une nation ne devient-elle pas un pays indépendant uniquement pour des considérations comme celles sur lesquelles je me suis attardé. Une identité forte, une langue commune, le goût du «vivre ensemble», la volonté d'être responsable de soi-même, le partage de certaines valeurs, une certaine assurance dans ses capacités, tout cela est essentiel. On ne peut construire un pays sans ce faisceau de qualités. Pour certains, ces conditions nécessaires sont aussi suffisantes. Mais la plupart veulent se faire leur idée du pays à construire avec plus ou moins de détails, avoir une idée de ce que cela peut donner. Et on voudra discuter de comment on s'y prendra.

C'est pourquoi la publication de ce livre est importante. Il était temps que, dans le contexte d'aujourd'hui, on recommence à discuter de ce que serait un Québec indépendant. Dans ce sens, les Intellectuels pour la souveraineté (IPSO) rendent un fier service. J'espère que certains lecteurs voudront approfondir certaines questions, et que d'autres, rejetant certaines formules proposées, présenteront des alternatives. L'important, ce n'est pas que tous soient d'accord. C'est qu'ils soient intéressés. Lorsque, dans la société, l'indépendance du Québec sera redevenue un sujet intéressant, la politique recommencera à s'y intéresser.

Introduction

*Gilbert Paquette, André Binette et
Ercilia Palacio-Quintin*

L'indépendance, maintenant! a pour but d'alimenter le débat sur l'avenir du Québec au moment même où la conjoncture politique internationale témoigne d'une volonté de prise en charge par les citoyens de leur vie collective et de leurs États nationaux. Au Québec, la conjoncture politique peut sembler floue actuellement, bien que l'appui de la population à l'indépendance demeure solide : au-delà de 50 % des francophones et autour de 40 % de l'ensemble de la population. Il n'est donc pas utopique de penser à faire l'indépendance du Québec, maintenant.

Une conjoncture politique n'est jamais stable. Ce n'est qu'un ensemble de facteurs qui évoluent dans le temps et qu'il faut évaluer dans une perspective large centrée sur les aspirations, les valeurs et les besoins d'une population. La conjoncture québécoise, elle, changera par la force du désir de pays, par l'énergie cumulée au cours des décennies à son accomplissement, par le sentiment de l'appartenance à un peuple et par notre volonté d'agir collectivement par l'entremise d'un État national complet.

Depuis la fondation de leur mouvement au moment du référendum de 1995, les Intellectuels pour la souveraineté (IPSO) ont exercé un militantisme intellectuel soutenu en vue d'alimenter les débats autour de l'accession du Québec à son indépendance. En tant qu'intellectuels convaincus de la nécessité de l'indépendance, les principales armes dont nous disposons pour faire avancer notre cause sont la parole et l'écriture. Cela s'est traduit par des articles de journaux, des débats thématiques et des colloques, des interventions sur les réseaux sociaux, autant d'activités qui constituent un véritable laboratoire d'idées. Les auteurs de ce livre y ont largement contribué, ainsi que de nombreux participants spécialistes des diverses questions et des défis qui interpellent la société québécoise.

Publié au moment où débutent les États généraux du mouvement souverainiste, une démarche citoyenne que les IPSO appuient, *L'indépendance, maintenant!* a le même objectif que cette initiative d'ensemble, soit actualiser le projet indépendantiste et approfondir la réflexion sur ses fondements, pour contribuer à en rapprocher la réalisation. Cela requiert une optique résolument non partisane. L'indépendance n'est pas la propriété des partis politiques. Elle est l'affaire d'un peuple qui, seul, peut en décider. L'indépendance du Québec ne peut se faire que par la convergence de citoyens ayant une variété de valeurs, de points de vue et d'orientations. Il faut accepter cette diversité sans laquelle l'indépendance d'un peuple n'est possible nulle part. Aussi voulons-nous développer les grands objectifs d'un État national complet sans entrer dans le détail des moyens et des politiques où les divergences d'opinions abondent. Nous voulons éviter la dispersion dans des débats spécifiques, importants certes, mais qui nous divertiraient de l'essentiel.

Chacun des chapitres de ce livre campe l'indépendance en tant qu'objectif de la nation québécoise en même temps qu'il la concrétise dans divers secteurs de notre vie collective. Ces secteurs sont autant de chantiers où les citoyens de tout âge, sexe, origine, condition sociale et lieu de résidence au Québec se mobilisent et se politisent selon leurs intérêts : la langue française, la culture, l'immigration et la citoyenneté, le territoire, l'autonomie des régions, l'éducation, la recherche et l'innovation, l'économie, la mondialisation, les relations internationales et la constitution. Un chapitre sur les mécanismes d'accession à la souveraineté et un autre sur le parcours du mouvement souverainiste et son avenir complètent cet ouvrage.

Ce livre vise également à approfondir et à appuyer certaines des luttes que mènent les citoyens du Québec, lesquelles requièrent l'indépendance et le rapatriement de nos pouvoirs, de nos budgets et de nos relations internationales pour être menées à terme : lutte pour la démocratie politique et économique (Occupons Montréal) ; lutte pour le Québec français ; lutte pour la justice sociale ; lutte pour le contrôle de nos richesses naturelles, pour l'environnement et le développement durable ; lutte pour une autre mondialisation. Chacune de ces mobilisations contribue au développement d'une attitude de prise en charge de nos affaires. Cette lutte au défaitisme et au cynisme ambiant prépare l'indépendance. L'initiative et la mobilisation citoyenne sont valorisées. Les mobilisations dépassent les clivages partisans et font appel aux valeurs profondes de notre peuple et à notre désir de justice, de responsabilité et de liberté, à notre solidarité nationale et au contrôle de notre État national. De nouveaux dialogues et de nouvelles solidarités deviennent possibles et s'articulent.

Nous voulons que cet ouvrage embrasse tout l'espace national, au-delà de celui des politiques particulières proposées ou établies par chaque palier de gouvernement. Chaque jour ou presque, le gouvernement du Canada utilise nos taxes et son pouvoir de faire des lois ou de mener des relations internationales sans le Québec, à l'encontre des besoins et des valeurs québécoises. Au-delà de la contestation des mesures spécifiques qui ne sont que l'illustration de notre dépendance nationale, il faut surtout mettre en évidence que nous ne reconnaissons pas à la nation *canadian* le droit de régir notre vie collective. Il faut traiter toutes les questions dans la perspective d'un Québec indépendant, identifier les blocages du régime et mettre en évidence tout ce qui devient possible hors du régime actuel.

Les thèmes abordés dans cet ouvrage couvrent des secteurs importants de notre vie collective, mais ils ne sont pas les seuls que nous jugeons importants, ce qui laisse la porte ouverte à une suite où d'autres thèmes fondamentaux seraient traités. Notre but n'est d'ailleurs pas de clore le débat, mais de l'alimenter et de progresser dans la réflexion. Par ailleurs, les textes ne constituent pas une prise de position des IPSO mais celle de chaque auteur.

Ce livre a été préparé lors d'un colloque des IPSO tenu le 11 juin 2011. Les auteurs y ont présenté une version préliminaire des chapitres de ce livre à une centaine de participants, en présence de monsieur Jacques Parizeau, dont l'ouvrage récent nous en a inspiré le projet. Au cours des années précédentes, nous avons tenu plusieurs soirées-débats avec une moyenne de 50 à 80 participants. Toute cette activité a contribué à camper les idées de ce livre. Le site des Intellectuels pour la souveraineté (www.ipsoquebec.org) regroupe les vidéos de nos colloques et de la plupart des soirées-débats, ainsi que les textes individuels ou collectifs publiés par nos membres. Le lecteur intéressé à approfondir les questions de ce livre y trouvera un grand nombre d'informations et de réflexions.

En rendant cet ouvrage accessible, nous souhaitons qu'il devienne un outil de travail pour tous ceux qui veulent réfléchir, parler, sortir, convaincre, pour ainsi faire progresser notre émancipation nationale. Loin d'être passée de mode, l'indépendance est plus nécessaire et urgente que jamais. Le Québec a tous les atouts pour réussir son indépendance. Pourquoi pas maintenant?

Chapitre 1

L'indépendance du Québec :
existentielle, nécessaire et urgente

Gilbert Paquette

Introduction

Dans un premier temps, il faut d'abord expliquer la raison *existentielle* qui fonde l'aspiration des Québécois-ses à leur indépendance : contrôler collectivement nos décisions dans tous les domaines. Les Québécois ne forment pas une minorité ethnique, mais un État-nation dont la légitimité est fondée en démocratie sur la souveraineté du peuple. Or, la nation québécoise est annexée, subordonnée, englobée au sein d'un État contrôlé par autre nation : le Canada. Cette situation conduit à un choix : l'assimilation tranquille, que nous refusons, ou l'indépendance, essentielle à la pérennité de notre existence en tant que peuple.

Dans un deuxième temps, un tour d'horizon des grands défis qui confrontent notre nation s'impose. Ils soulignent que l'indépendance est *nécessaire* à l'essor du peuple québécois. L'indépendance n'est pas une question que l'on peut dissocier de la solution de ces défis collectifs, que nos adversaires et certains souverainistes appellent à tort les « vraies affaires ». L'indépendance est une condition nécessaire, bien qu'insuffisante, de leur solution. Les liens entre l'indépendance et des questions telles que la langue, le développement durable, la solidarité sociale ou nos relations internationales ne seront ici qu'esquissés, laissant à d'autres chapitres de cet ouvrage le soin de les approfondir.

Dans un troisième temps, l'*urgence* de l'indépendance dans le contexte international actuel doit être discutée. Cent quatre-vingt-douze nations ont accédé à l'indépendance depuis la création des Nations Unies en 1945. Nous serons l'un des derniers peuples à le faire. Les adversaires de l'accession du Québec à l'indépendance prétendent que celle-ci serait pleine de dangers, comme si aucun peuple ne l'avait fait avant nous. Nous examinerons ces soi-disant obstacles, mais également les dangers du maintien de notre intégration au Canada, ainsi que les bénéfices de l'indépendance dans le contexte de la mondialisation.

1. L'indépendance, condition existentielle

Les Québécois ne forment pas une minorité ethnique, mais un État-nation fondé sur la souveraineté du peuple québécois. Ce peuple dispose d'un territoire et d'un État qui le rendent apte à se gouverner lui-même et pour lui-même selon ses propres fins, ses propres valeurs, sa propre culture, ses propres lois. L'existence de cet État distingue la nation québécoise d'une minorité ethnique, mais aussi des nations autochtones ou de la nation acadienne qui ne disposent pas d'un État, même partiel, ayant autorité sur un territoire précis. De plus, le Québec ne peut être considéré comme une province comme les autres, car il est le siège d'une nation qui dispose de toutes les bases d'une société complète avec sa population, son organisation, ses institutions d'éducation et de santé, son droit, sa justice, sa culture, sa langue, son économie, sa manière de vivre[3].

L'historien Maurice Séguin (1987) et le constitutionnaliste Jacques Brossard (1976) mettent en évidence les éléments qui constituent une nation. Ce n'est pas uniquement la langue, la religion, la culture ou l'histoire commune. Il existe en effet des

---

3. Cap sur l'indépendance, 2011.

nations distinctes, dont la langue, la religion et, jusqu'à un certain point, la culture et l'histoire sont communes. C'est le cas des pays latino-américains, par exemple. Ils n'en constituent pas moins des nations distinctes parce qu'elles se considèrent comme distinctes. Le propre d'une nation, c'est le fait de se savoir distinct, de former une collectivité distincte et de vouloir vivre ensemble. C'est aussi le contrôle d'un État régissant un territoire bien précis. C'est cette réalité qui fonde le droit de la nation québécoise à disposer librement d'elle-même, y compris d'accéder à son indépendance.

1.1. Notre histoire : 250 ans de résistance

Peuple conquis en 1760, les Québécois (qu'on appelait alors *Canadiens*) cessent de vivre dans une colonie française pour appartenir désormais à une colonie soumise aux lois du gouvernement impérial de Londres. Malgré ce traumatisme, les Québécois n'ont jamais baissé les bras tout au long de leur histoire, cherchant à obtenir le maximum d'autonomie ou de souveraineté pour leur patrie.

Treize ans après la Conquête, dès 1774, par l'Acte de Québec et ensuite par l'Acte constitutionnel de 1791, les Québécois obtiennent une certaine reconnaissance de leur existence distincte et une assemblée représentative consultative fondée sur le suffrage populaire. Engagés dans un processus d'émancipation au cours de la décennie commençant en 1830, ils cherchent à se libérer de la tutelle du gouvernement anglais représenté par le gouverneur britannique et un Conseil législatif non élu. Le Bas-Canada (c'est-à-dire le Québec) est déjà un État-nation francophone et pluriethnique en devenir. On ne peut douter de l'adhésion de la population francophone du Bas-Canada à cette aspiration à l'indépendance, mais de nombreux anglophones adhèrent également au principe du gouvernement démocratique par le peuple. En 1834, le Parti patriote présente 92 résolutions à la Chambre d'Assemblée du Bas-Canada et au Parlement de Londres, résolutions que l'on qualifierait aujourd'hui d'autonomistes. Les résolutions 50 et 86 expriment la détermination d'obtenir gain de cause en menaçant de sécession en cas de refus.

Le rejet de cette volonté démocratique par le Parlement de Londres provoque le soulèvement de 1837-38. La répression armée de l'aspiration nationale amorce une longue période de refoulement et d'impuissance collective. Malgré tout, l'aspiration nationale est toujours présente. Même après la proclamation de l'Acte d'Union imposé au Bas-Canada, les francophones deviennent minoritaires, mais réussissent à se tailler une place en s'alliant à des leaders progressistes anglophones. Pour les Québécois, l'aspiration à l'indépendance se transforme en aspiration à l'égalité entre deux nations. Cet espoir survivra même après l'adoption de l'Acte de l'Amérique du Nord britannique de 1867, qui fut présenté au Québec comme un pacte entre deux nations, jusqu'au rapatriement de la Constitution canadienne de Londres en 1982, qui niera ce principe.

La nouvelle Constitution de 1867 naît sous la pression des Canadiens anglais et des Britanniques, d'abord pour des raisons d'économie et d'occupation territoriale, mais aussi avec l'objectif de minoriser davantage les Québécois. Devant la menace d'un État unitaire canadien regroupant toutes les provinces britanniques au nord des États-Unis, plusieurs hommes politiques québécois acceptent le régime quasi fédéral proposé, espérant sauver une partie de l'autonomie acquise sous l'Union. Par un vote de 26 des députés canadiens-français du parlement de l'Union, contre 22 qui s'y opposent, sans aucune consultation du peuple du Québec, le Canada uni est démembré et le Québec devient l'une des quatre provinces fondatrices de la fédération canadienne. Pour beaucoup, la fédération apparaît comme un progrès par rapport à l'Acte d'Union, car elle donne au Québec un État provincial distinct, tout en le minorisant davantage, cependant, au sein du Canada. La présence de francophones dans d'autres provinces que le Québec encourage également ce rêve d'un patriotisme pancanadien fondé sur l'égalité des deux peuples fondateurs.

Très rapidement, plusieurs événements viennent révéler aux francophones du Canada et aux Québécois les véritables intentions des *Canadians*, décidés à bâtir un pays anglophone fondé sur leurs propres valeurs et sur leurs intérêts.

- Interdiction d'enseigner le français dans les écoles de la Nouvelle-Écosse (1864), du Nouveau-Brunswick (1871), de l'Île-du-Prince-Édouard (1877), du Manitoba (1890 et 1916) et de l'Ontario (1915).

- Retrait, en 1892, de l'appui financier de l'État aux écoles séparées francophones des Territoires du Nord-Ouest (regroupant la Saskatchewan et l'Alberta), puis élimination du bilinguisme dans ces deux provinces lors de leur création en 1905.

- Répression fédérale contre les Métis francophones du Manitoba et exécution de leur chef Louis Riel.

- Engagement du Canada dans la guerre des Boers (1900) dénoncée par tous les francophones du Canada ; conscription forcée et répression militaire violente dans la ville de Québec (1917) ; conscription forcée malgré un référendum démontrant l'opposition massive des Canadiens français (1942).

L'épisode de la création de la Saskatchewan et de l'Alberta en 1905 et du rejet de la partie du projet de loi prévoyant des écoles françaises subventionnées par l'État est particulièrement significatif. Le premier ministre fédéral Wilfrid Laurier, forcé de reculer sous la pression de ses propres ministres anglophones, est déçu et humilié. Au cours du débat, il déclare : « Chaque fois que je retourne dans ma province, je regrette d'y constater qu'un sentiment y existe que le Canada n'est pas fait pour tous les Canadiens. Nous sommes forcés d'arriver à la conclusion que le Québec seul est notre patrie, parce que nous n'avons pas la liberté ailleurs. » (Bilodeau et collab., 1971)

C'est justement lors de la présence de Québécois à la tête de l'État fédéral que se produisent d'importants reculs pour les Québécois, le plus récent exemple étant le rapatriement unilatéral de la Constitution sous Pierre-Elliott Trudeau. Le débat entourant le rapatriement de 1982 met fin définitivement au mythe d'un Canada fondé sur un pacte entre deux nations et à l'espoir d'égalité qu'entretiennent encore certains Québécois. Depuis ce temps, l'accord du Québec n'est plus nécessaire au fonctionnement du Canada comme l'a démontré éloquemment l'élection fédérale du 2 mai 2011.

Mais déjà au cours du XXᵉ siècle, les Québécois s'orientent vers l'accroissement de l'autonomie de l'État du Québec au sein du Canada. Les premiers ministres du Québec, à partir d'Honoré Mercier jusqu'à Robert Bourassa, en passant par Taschereau, Duplessis, Lesage, Johnson et Bertrand, pratiquent, avec une intensité variable, l'autonomie provinciale et revendiquent, sans succès, des modifications substantielles à la Constitution pour augmenter les pouvoirs du Québec et freiner la tendance centralisatrice de l'État fédéral. Progressivement, le courant autonomiste se transforme en indépendantisme, jusqu'à la création du Rassemblement pour l'indépendance nationale (RIN) et du Parti québécois (PQ) de René Lévesque, qui propose, au référendum de 1980, une nouvelle entente fondée sur l'égalité entre deux nations souveraines. Au second référendum de 1995, l'appui à la souveraineté du Québec atteint 49,6 % et se maintient depuis dans les sondages entre 40 % et 47 %, avec des pointes allant jusqu'à 52 %.

1.2. Une nation annexée, subordonnée

Ce résumé concis de l'histoire du Québec démontre que les Québécois forment une nation annexée, privée de la capacité de prendre des initiatives dans de trop nombreux secteurs de sa vie collective et de décider de ses affaires. Au mieux, la nation annexée assume la gestion des routes, de l'éducation et de la santé, mais elle est exclue des principaux leviers de l'économie et des affaires extérieures. En un mot, elle est subordonnée.

Cette situation est une forme d'oppression « tranquille ». L'oppression nationale est un concept qu'il faut bien comprendre, tout comme celui de « violence ». La violence peut être physique, comme dans les cas du génocide acadien de 1755, de la répression des patriotes en 1837-1838, de la pendaison de Louis Riel ou des arrestations de 1970. Mais en règle générale, l'oppression nationale ne consiste pas à s'en prendre aux individus, mais plutôt au lien même, au mortier, qui unit la nation. Les multiples décisions de la Cour suprême du Canada qui ont invalidé au fil des ans plusieurs dispositions de la Charte de la langue française (loi 101) en sont la manifestation. Certains ont comparé la Cour suprême à la tour de Pise en affirmant qu'elle penchait toujours du même côté. En fait, c'est la Constitution canadienne qui penche toujours du même côté, du côté de la nation majoritaire.

La Constitution canadienne a été construite pour donner au gouvernement dit « national » un statut supérieur à celui des provinces, contre le gouvernement national des Québécois. Le gouvernement central dispose de six pouvoirs lui permettant d'invalider les lois du Québec (Lajoie, 2005 ; Paquette, 2010). Les juges de la Cour suprême sont nommés par le chef du gouvernement canadien. Ils émanent en majorité de la nation majoritaire et ils appliquent la politique de la nation majoritaire. Depuis 1982, la promotion

des droits individuels, grâce à la *Charte canadienne des droits et libertés,* se fait au détriment des droits collectifs, dont ceux de la nation québécoise.

1.3. Un lent processus d'assimilation

L'annexion prolongée conduit lentement mais inexorablement à l'assimilation. C'est le cas des Cajuns de Louisiane, de plusieurs minorités francophones de l'Ouest canadien et des Maritimes et de plusieurs peuples au cours de l'histoire.

Il n'y a que deux voies réalistes qui se présentent aux Québécois : l'assimilation ou l'indépendance. L'assimilation ne constitue pas un cataclysme subit. Il s'agit plutôt d'un lent processus tranquille par lequel l'attraction que constitue la nation majoritaire érode peu à peu la nation minoritaire. Les transferts linguistiques commencent d'abord au travail et évoluent progressivement vers la langue parlée à la maison. Cela peut prendre plusieurs siècles avant de compléter l'assimilation, mais elle est inexorable. Que reste-t-il de la nation cadjine en Louisiane que le rouleau compresseur américain a reléguée au folklore, non par la force des armes comme avec les Amérindiens, mais par simple attraction d'un côté et attrition de l'autre ?

Les données des derniers recensements au Canada démontrent une diminution constante du nombre de Canadiens français, hors Québec, qui parlent encore français à la maison, exception faite de la péninsule acadienne au Nouveau-Brunswick et de certaines régions ontariennes limitrophes du Québec. En dehors du Québec, il n'y a pas plus que 4,5 % des Canadiens qui sont de langue maternelle française, et la moitié ne parlent plus français à la maison. Les chiffres démontrent aussi la vitalité linguistique de l'anglais et sa force d'attraction, même au Québec (Castonguay, 2011).

Dans la lutte pour la libération nationale des Québécois, il est impérieux de dénoncer le régime constitutionnel canadien en tant que mécanisme d'annexion des Québécois. Ce régime continue de nous maintenir dans un état d'infériorité, faisant en sorte que les conséquences de la conquête militaire de 1759 se poursuivent inexorablement. Ce régime nous condamne à la résistance dans un État provincial où les empiétements du fédéral se multiplient grâce à un déséquilibre de moyens, maintenant le Québec dans un état de dépendance politique où la force des armes est remplacée par la force démocratique du nombre. La Constitution canadienne est légale par défaut, mais elle est illégitime, car elle n'a jamais été soumise au peuple du Québec.

Les seules réponses jusqu'ici offertes par la fédération canadienne sont foncièrement incompatibles avec les aspirations du Québec comme nation. En voici la raison principale : vingt ans après Meech, l'opinion canadienne-anglaise est radicalement contre tout changement à un régime qui la sert bien. Aucun politicien ne peut aller à l'encontre d'une volonté dominatrice aussi manifeste de la majorité *canadian*.

En mai 2010, le Bloc québécois et les IPSO ont commandé un sondage pour connaître les opinions des Québécois et des Canadiens anglais sur cette question (Drouilly, 2010). En voici les principaux résultats :

- Alors que 73 % des Québécois souhaitent que la constitution canadienne reconnaisse que le Québec forme une nation, 83 % des Canadiens sont en désaccord.
- Bien qu'une très forte majorité de Québécois (82 %) souhaitent que le Canada amorce une nouvelle ronde de négociations afin de trouver une entente constitutionnelle satisfaisant le Québec, plus de 6 Canadiens sur 10 (61 %) se disent en désaccord avec cette idée.

- Près de 3 Québécois sur 4 (73 %) sont d'accord pour un nouveau partage des pouvoirs et des ressources entre Québec et Ottawa, alors que 71 % des Canadiens sont en désaccord.
- Dans une proportion de 82 %, les Québécois sont d'avis que le gouvernement québécois devrait disposer de plus de pouvoirs pour protéger la langue et la culture françaises sur son territoire, alors que 69 % des Canadiens se disent en désaccord.
- 90 % des Québécois croient que le gouvernement du Canada devrait respecter les dispositions de la loi 101 qui fait du français la seule langue officielle sur le territoire du Québec ; 74 % des Canadiens manifestent leur désaccord.
- Dans une proportion de 62 %, les Québécois estiment que le Québec a le droit de se séparer du Canada, contre 70 % des Canadiens qui sont d'un avis contraire.
- Pour 75 % des Canadiens, une majorité simple (50 % plus une voix) est insuffisante pour que le Québec devienne souverain ; 89 % des Canadiens sont d'avis qu'il appartiendrait au Canada de déterminer la majorité requise dans un référendum sur la souveraineté du Québec.
- 45 % des Canadiens sont d'avis que le Canada doit refuser de négocier la souveraineté du Québec, à la suite d'un OUI gagnant lors d'un référendum sur la souveraineté.

Ces résultats démontrent on ne peut plus clairement la relation de dominant à dominé qui hante l'esprit d'une majorité de Canadiens anglais. Ils démontrent un manque de respect total envers la nation québécoise qui, pourtant, a un droit absolu de choisir son avenir national. Cette attitude est confortée par la redéfinition du Canada qui se voit comme une société multiculturelle, principe maintenant inscrit dans la Constitution. Aux yeux de la majorité des *Canadians*, les Québécois n'apparaissent plus alors que comme une simple minorité ethnoculturelle parmi d'autres, dont la langue n'est même plus la deuxième en importance dans les provinces à l'ouest du Québec, où le Canada construit son avenir.

S'ajoute à cette attitude dominatrice le cadenas juridique fermé à double tour qui régit les amendements constitutionnels au Canada depuis le rapatriement de la Constitution en 1982. Pour le moindre changement à la Constitution, il faut désormais l'accord de 7 provinces représentant ensemble plus de 50 % de la population canadienne. De plus, avant de donner leur accord, il est probable que les gouvernements des provinces voudront consulter leur population par référendum, consultation dont on peut facilement deviner l'issue.

Le Québec doit accéder à son indépendance pour un grand nombre de raisons, mais tout d'abord pour des motifs existentiels, pour maintenir et consolider son identité nationale, sa langue et ses valeurs par le contrôle de l'ensemble des secteurs de notre vie collective.

2. L'indépendance est nécessaire pour relever les défis de société

Reprenons chacun des trois éléments qui définissent l'indépendance d'un État, soit le contrôle exclusif de faire ses lois, de percevoir et de disposer de ses impôts et d'établir ses relations extérieures avec d'autres États et organisations internationales. Que l'on soit de droite ou de gauche, quelles que soient les orientations que l'on veuille donner à notre société à l'avenir, quelles que soient nos priorités, les pouvoirs d'un État indépendant constituent un indispensable coffre à outils qu'il est urgent de rapatrier dans un État national complet.

2.1. Le contrôle exclusif de faire ses lois

Le Québec s'est doté en 1977 de la Charte de la langue française (loi 101) après un vaste débat démocratique qui a débuté avec la crise de Saint-Léonard et s'est poursuivi avec la Loi pour promouvoir la langue française au Québec (loi 63) de la fin des années 1960 et l'insatisfaisante Loi sur la langue officielle (loi 22) de Robert Bourassa au début des années

1970. La loi 101 a établi un régime accepté par la très grande majorité des citoyens de toutes origines, faisant du français la langue officielle et commune dans la sphère publique.

Or, cette « longue marche » de la démocratie québécoise pour consolider sa langue nationale a été invalidée à plusieurs reprises par la Cour suprême du Canada, ce qui a conduit à la suppression ou à la modification de quelque deux cents articles de la Charte de la langue française, dont la plus récente justifiant la création d'écoles passerelles permettant à des parents fortunés d'envoyer leurs enfants à l'école anglaise, même s'ils n'y avaient pas droit auparavant. La Cour suprême appuie ses jugements sur l'article 23 de la *Charte canadienne des droits et libertés,* adoptée par le Parlement fédéral dans la loi constitutionnelle de 1982. Cette charte est constitutionnalisée, ce qui signifie que chaque loi au Canada, y compris celles adoptées au Québec, peut être contestée en vertu de la charte et donc de la Constitution canadienne. Cela a pour effet de permettre l'annulation des lois promulguées par l'Assemblée nationale en vertu d'un texte constitutionnel que le Québec n'a jamais signé, lequel ne tient compte ni des aspirations fondamentales ni du besoin réel du Québec de pérenniser sa langue et sa culture. Plus précisément, l'article 23, qui sert de base au jugement de la Cour suprême, a été conçu explicitement pour contrer la loi 101 sur la langue d'enseignement, de façon à étendre le droit d'inscrire leurs enfants à l'école anglaise aux parents ayant fait leurs études en anglais n'importe où au Canada.

Or, la loi constitutionnelle de 1982, certains l'oublient parfois, a été adoptée par le Parlement canadien sans le consentement du Québec, comme si ce dernier n'était qu'une colonie dont l'approbation n'était pas requise. Il n'y eut aucune consultation de la population du Québec, aucun référendum. La question ne fut pas discutée lors d'une élection. L'Assemblée nationale s'y est opposée fermement et aucun de nos gouvernements successifs, quels que soient les partis au pouvoir, n'a accepté d'y apposer sa signature jusqu'à ce jour.

Cette situation où le régime canadien invalide régulièrement les lois du Québec ancre l'idée selon laquelle les prises de position et les lois de l'Assemblée nationale du Québec, notamment en faveur du français, même approuvées unanimement par tous les partis politiques, ne sont pas importantes puisqu'elles peuvent être invalidées en vertu de la Constitution canadienne. Les jugements de la Cour suprême invalidant des dispositions de la loi 101 sont également néfastes parce qu'ils engendrent une incertitude sur les règles linguistiques au Québec, un doute sur la légitimité de la démarche du Québec, une invitation aux citoyens à se dissocier de la nation québécoise et de la langue commune, ciment de la nation. Dans un tel contexte qui perdure, comment se surprendre de la progression de l'anglais à Montréal, des difficultés d'intégration des allophones déchirés entre deux langues et deux nations, de la réaction des citoyens qui sont fiers de leur appartenance au Québec et qui voient notre identité nationale menacée?

Un autre exemple est celui de la *solidarité sociale* que la majorité des Québécois appuie et veut voir se réaliser dans les faits. L'écart entre les riches et les pauvres ne cesse de s'accroître dans notre société. La croissance économique n'est plus synonyme de croissance de l'emploi. La richesse produite augmente plus rapidement que les salaires et que le nombre de personnes en emploi. En distribuant mieux la richesse, nous pourrions augmenter le nombre de personnes qui contribuent à la production des biens et services par leurs dépenses au Québec ou leur travail dans les organisations ou dans l'économie sociale, augmentant ainsi la richesse collective.

Bien qu'ils soient en désaccord sur de nombreuses questions quant à l'avenir socio-économique du Québec, les manifestes Pour un Québec lucide (Collectif, 2005) et Pour un Québec solidaire (Collectif, 2005) appuient tous deux l'idée d'établir un programme de revenu garanti au Québec. Or, un tel programme est impossible dans le régime canadien actuel. Une trentaine de programmes de soutien au revenu sont répartis entre les deux paliers de gouvernement: aide sociale, régime des rentes et prêts et bourses à Québec, assurance-emploi et pension de sécurité de la vieillesse au fédéral, pour ne nommer que les plus connus, sans compter les différents crédits d'impôt et autres mesures fiscales des gouvernements.

Sur un autre plan, celui du développement durable, la crise écologique mondiale, les coûts énormes et les risques pour l'être humain de la société de consommation à outrance soulignent l'évidence de l'absolue nécessité de nouvelles façons de produire et de consommer. Les efforts considérables requis pour le développement économique durable et l'indépendance énergétique nécessitent la récupération de l'ensemble de nos lois et de nos ressources. Il faudrait investir en quelques années des milliards de dollars dans les infrastructures, les trains de banlieue, la conversion des autobus et des taxis, les transports gratuits dans les centres-villes, de même que dans les sources nouvelles d'énergie pour remplacer les énergies fossiles.

Actuellement, dans le régime canadien, les compétences en environnement, en développement économique, en aménagement du territoire ou dans les transports sont partagées entre les deux paliers de gouvernement. Les politiques se chevauchent, se contredisent souvent et nous empêchent de contrôler à fond nos richesses naturelles pour relever le défi de l'indépendance énergétique. Les pressions des provinces productrices du pétrole engendrent des politiques rétrogrades au palier fédéral, totalement à l'encontre des besoins et des valeurs du Québec.

Dans un Québec indépendant, la Charte de la langue française sera rétablie dans son intégralité, et la capacité de parler français deviendra un avantage compétitif pour obtenir de l'emploi, pour travailler, se divertir et participer à la vie de la nation sur tous les plans. Nous aurons également les moyens de coordonner nos politiques dans tous les domaines pour favoriser plus d'équité sociale, pour mieux lutter contre la pauvreté et la précarité, pour consolider les acquis sociaux des citoyens. L'indépendance politique est également nécessaire pour notre indépendance énergique et le plein contrôle de nos ressources naturelles, pour créer une économie verte, un développement durable et pour lutter contre la dégradation du climat.

2.2. Le contrôle exclusif de ses ressources financières

L'urgence pour le Québec, comme pour les autres sociétés, d'investir massivement dans la société du savoir et l'éducation n'a plus besoin d'être démontrée. Elle est une condition essentielle au développement de l'économie et de l'emploi, et une arme contre la pauvreté et la précarité. Par ailleurs, le Québec doit relever le défi démographique du vieillissement de la population, qui est l'un des facteurs de la croissance rapide des coûts de la santé, lesquels prennent une part de plus en plus grande des dépenses de l'État québécois (Rapport Ménard, 2005). Sur ces deux questions, qui sont officiellement de responsabilité provinciale au Canada, et sur d'autres questions importantes, le Québec est mal équipé, étranglé financièrement par une marge de manœuvre plus réduite qu'au palier fédéral (Rapport Séguin, 2002).

Tous sont obligés de reconnaître maintenant la viabilité économique d'un Québec indépendant qui se classerait parmi les nations les plus riches de la planète. On ne soulignera jamais assez que notre nation a réussi à progresser tout en se privant d'une grande partie de ses recettes fiscales, environ 50 milliards de dollars en 2011, versées à l'État canadien qui les gère en fonction d'intérêts et d'objectifs déterminés par un Parlement où nous sommes de plus en plus minoritaires.

Voici quelques exemples de cette réalité :

- Le gouvernement central a investi 14 milliards de dollars dans le développement des hydrocarbures, en particulier dans l'exploitation pétrolière des sables bitumineux de l'Alberta et quelque 6 milliards[4] dans le développement du nucléaire en Ontario, mais pas un seul dollar dans le développement de l'hydro-électricité au Québec. Comme nous finançons plus de 20 % du budget fédéral, c'est donc au minimum 4 milliards de dollars de nos taxes qui ont été investis dans les ressources énergétiques des autres provinces.

- Le budget de la Défense canadienne totalisera quelque 460 milliards de dollars sur 20 ans[5], soit 23 milliards par année, dont le Québec paierait environ 4,6 milliards par année. Cela dépasse le déficit actuel du Québec, lequel amène le gouvernement du Québec à

---

4. http://www.scribd.com/doc/16166900/Lenergie-nucleaire-au-Canada
5. http://www.policyalternatives.ca/publications/reports/canadian-military-spending-2010-11

sabrer l'éducation et la santé. Le seul coût de la guerre en Afghanistan, à laquelle une majorité de Québécois étaient opposés, nous a d'ailleurs coûté quelque 2 milliards en 10 ans.

- La fondation Suzuki maintient un compteur des subventions aux compagnies pétrolières[6], lesquelles totalisent plus de 2 milliards depuis le 25 septembre 2009. À l'encontre des valeurs du Québec, le gouvernement du Canada investit dans l'armement et le pétrole, plutôt que de sauvegarder l'environnement et l'avenir de la planète.

- Les politiques fédérales de soutien à la recherche scientifique, génératrices de milliers d'emplois de haut niveau, favorisent systématiquement l'Ontario. Sur les 58 milliards investis par Ottawa de 1993 à 2007, 29 milliards, soit près de 60 %, l'ont été en Ontario. Nous avons payé 12 milliards en taxes et reçu 9 milliards en investissements. Ainsi, 27 centres de recherche ont été créés du côté ontarien et aucun dans l'Outaouais québécois.

- Sur le plan financier également, l'État canadien met tout en œuvre depuis plusieurs décennies pour développer Toronto comme centre financier international et comme centre des transports et des communications, au détriment de Montréal, jusqu'à ce projet de création d'une agence ontarienne — pardon, « nationale » ! —, qui remplacerait l'Autorité des marchés financiers des provinces, dont celle du Québec. Dans le seul budget fédéral de l'année 2010, nous avons contribué pour près de 3 des 14 milliards de dollars dans l'industrie automobile ontarienne, alors que le gouvernement central a investi 100 maigres millions dans la revitalisation de l'industrie forestière québécoise.

Les dépenses du gouvernement canadien, financées par nos taxes et nos impôts, favorisent le développement de l'Ontario et de l'Ouest. Avec le double du budget, un Québec indépendant dépenserait 100 % des taxes et impôts de ses citoyens en

---

6. http://action.davidsuzuki.org/fr/subsidy

fonction des priorités et des besoins du Québec, 0 % dans les sables bitumineux de l'Ouest ou l'énergie atomique et 100 % dans nos ressources renouvelables.

2.3. Le droit exclusif d'établir ses relations extérieures

Le nouveau nationalisme québécois se caractérise par son internationalisme. Le monde nouveau qui se développe fait des peuples des cellules du « village global », de la société internationale. Les économies sont de plus en plus intégrées entre elles. Notre capacité à exceller sur le plan scientifique et technologique, à exporter et à échanger, à participer au dialogue des cultures, à faire notre part dans l'équilibre écologique de la planète, à promouvoir la paix et la solidarité internationale, en un mot, notre capacité à aider à civiliser la mondialisation dépend de notre accession au concert des nations. Un peuple absent des organismes et des forums internationaux où se décident les orientations de la planète a peu d'avenir. La participation à la Société des Nations implique des relations entre égaux impossibles entre un peuple dépendant politiquement et des peuples jouissant de la pleine personnalité internationale et de tous leurs outils collectifs.

La mondialisation de l'économie nécessite, par ailleurs, que nous soutenions, par la concertation des acteurs socio-économiques et la concentration des moyens de l'État québécois, toute notre capacité compétitive sur les marchés internationaux. Notre présence dans les organes internationaux comme l'Organisation mondiale du commerce (OMC) et l'Accord de libre-échange nord-américain (ALÉNA) est essentielle. Bernard Landry a exprimé magnifiquement cette incontournable nécessité de l'indépendance du Québec face à la mondialisation : « Pour éviter que la globalisation des marchés ne sombre dans l'anarchie économique et sociale ou ne soit régie par le gouvernement des multinationales, elle devra être de plus en plus placée sous la surveillance et le contrôle de pouvoirs supranationaux. Comme seules les nations reconnues sont admises à siéger dans ces instances mondiales supérieures, le pouvoir s'éloignera de plus en plus des citoyens et citoyennes du Québec s'ils ne se décident pas à faire leur indépendance nationale au plus tôt. » (Landry, 1999)

3. L'indépendance est urgente pour le Québec

Depuis le temps qu'on en parle, notre émancipation nationale est de plus en plus urgente. Examinons la situation d'ensemble[7]. Quels sont les processus à l'œuvre qui rendent l'indépendance du Québec urgente en regard de son assujettissement provincial actuel? Dans son ouvrage *The Dynamic of Secession*, Viva Ona Bartkus (1999) propose un cadre d'analyse fondé sur l'examen d'un grand nombre de cas d'accession à la souveraineté. Elle conclut que la probabilité de la sécession s'accroît lorsque les bénéfices de l'indépendance et les coûts du maintien de l'intégration augmentent, alors que les bénéfices de l'intégration diminuent, de même que les coûts de la sécession. Le Québec est de toute évidence entré dans un tel contexte, objectivement favorable à son indépendance nationale, comme l'illustre le tableau suivant.

	Indépendance du Québec	Intégration au Canada
Bénéfices	↑ Langue française et identité nationale ↑ Réinvestissement éducation/santé ↑ Ressources et developpement durable ↑ lutte à la pauvreté et à la précarité ↑ Renforcement des régions ↑ Participation internationale	↓ Sécurité économique ↓ Promotion du français ↓ Rayonnement international
Coûts	↓ Instabilité économique ↓ Partition du territoire ↓ Obstacles juridiques	↑ Minorisation ↑ Déséquilibre fiscal ↑ Centralisation ↑ Uniformisation

3.1. Les coûts de l'intégration au Canada augmentent

De plus en plus, le gouvernement fédéral devient, de fait, *le* gouvernement montant au Canada, prenant de plus en plus la place des gouvernements provinciaux, dont le Québec, même dans leurs domaines de compétence exclusifs selon la Constitution canadienne, comme l'éducation, la santé ou les richesses naturelles. Cela signifie que le gouvernement du Québec, sur la

---

7. Cette section reprend de larges extraits d'un article de l'auteur dans la revue *L'Action nationale* (Paquette, 2007).

défensive, est de plus en plus impuissant à répondre aux besoins de ses citoyens. Dans chacun de nos projets collectifs, nous nous faisons dire de plus en plus que la solution est à Ottawa. Parfois, celui-ci répondra positivement, parfois, le plus souvent, les intérêts de l'Ontario ou de l'Ouest prévaudront (Lisée, 2000). Dans tous les cas, les services fédéraux seront de plus en plus uniformes d'un océan à l'autre puisque telle est l'approche de bureaucrates fédéraux, sans que l'on tienne compte des choix de société que les Québécois pourraient vouloir faire par eux-mêmes.

Des tendances lourdes comme l'étranglement financier qui menace le Québec, la centralisation à Ottawa et la minorisation des Québécois et des francophones au sein du Canada, et bientôt même à Montréal, sont des facteurs qui se conjuguent pour conduire à une attrition du fait français au Québec et au Canada accompagnée d'un affaiblissement du sentiment national et de l'identité québécoise. En somme, de nation sans État complet, nous risquons de régresser au rang de minorité linguistique au Canada, réduite à lutter pour sa survivance au lieu de prendre la place qui lui revient dans le concert des nations.

3.2. Les bénéfices de l'indépendance du Québec

L'indépendance peut seule permettre d'inverser ces tendances lourdes qui mènent toutes à la lente et inexorable assimilation de la nation québécoise. L'indépendance du Québec consolidera une fois pour toutes la langue française comme facteur d'intégration et de promotion pour tous les Québécois, quelle que soit leur origine. Elle est la seule façon de mettre fin à l'étranglement budgétaire du Québec en regroupant tous les impôts à Québec, créant une marge de manœuvre pour le réinvestissement en éducation et en santé et la décentralisation budgétaire vers les régions. La coordination de nos moyens financiers et législatifs permettra à notre État national de lutter plus efficacement contre les changements climatiques, contre la pauvreté, contre la dénatalité. Enfin, quant à notre participation à la vie internationale, la disparition de l'écran que constitue le gouvernement canadien nous permettra d'y défendre nous-mêmes nos intérêts économiques ainsi que notre vision sociale ou environnementale.

3.3. Les bénéfices de l'intégration au Canada disparaissent

Dans une lutte nationale comme celle que mène le Québec, les partisans du fédéralisme cherchent à mettre en évidence les bénéfices en matière de sécurité économique et de rayonnement international qu'apporterait au Québec son appartenance à la fédération canadienne. Or, plusieurs spécialistes notent que ces bénéfices sont décroissants dans le contexte de la mondialisation. « Les Catalans et les Québécois seraient plus enclins à considérer la sécession, maintenant que la transformation graduelle du système international a réduit les bénéfices traditionnels de l'intégration dans un plus grand État, en ce qui concerne la sécurité et les bénéfices économiques. [...] L'intégration au sein d'un État reconnu n'est plus jugée essentielle à la protection et à la promotion de la sécurité et des intérêts économiques des communautés. » (Barkus, 1999, p. 201-202)

Par ailleurs, un des bénéfices du fédéralisme souvent invoqué depuis l'arrivée de Pierre-Elliott Trudeau à Ottawa était la promotion de la langue française dans la fonction publique fédérale et comme langue seconde *from coast to coast*. Autrement dit, le grand espace canadien favoriserait l'expansion de la langue française. Or, l'analyse des recensements nous indique que 46 % des francophones hors Québec et hors Nouveau-Brunswick ont cessé de parler leur langue à la maison et la tendance continue. Quant au français dans la fonction publique fédérale, un fossé sépare les gestes de la parole, au dire même du nouveau commissaire aux langues officielles, Graham Fraser (2007).

3.4. Les arguments sur les coûts de l'indépendance ne tiennent plus la route

Les fédéralistes cherchent aussi à gonfler les coûts de l'indépendance en brandissant des menaces comme l'instabilité économique, la possible partition du territoire québécois ou les soi-disant obstacles juridiques quant au droit du Québec à faire son indépendance. Les réponses à ce type d'arguments seront développées au chapitre 12 sur l'accession du Québec à l'indépendance. Essentiellement, les données concernant les nouveaux pays d'Europe de l'Est montrent que ceux ayant obtenu leur indépendance au milieu des années 1990, comme la Slovaquie, la

Slovénie et la Tchéquie, s'en tirent mieux que les pays unitaires comme la Roumanie, la Hongrie ou la Bulgarie. Pour ce qui est de la possible partition du territoire québécois, elle est repoussée du revers de la main par les cinq experts en droit international commandités en 1992 par la Commission Bélanger-Campeau pour examiner cette question. Enfin, les obstacles juridiques que tente de créer le gouvernement canadien avec la loi sur la clarté ne tiennent plus la route depuis le jugement de la Cour internationale de justice sur le Kosovo en 2010. En définitive, la volonté majoritaire clairement exprimée du peuple québécois entraînera tôt ou tard la reconnaissance du Québec souverain par d'autres pays, comme cela s'est fait pour les cent quatre-vingt-douze nouveaux membres des Nations Unies.

Conclusion : Une question de dignité, de responsabilité et de démocratie

L'indépendance du Québec est un projet éminemment démocratique de reprise en main par les citoyens de leur vie collective. Elle offre la chance d'établir ici, comme c'est le cas dans d'autres pays, une véritable démocratie de participation et de concertation. Elle offre la possibilité de fournir, avec les nouvelles responsabilités et la marge de manoeuvre financière récupérée, de larges moyens aux régions du Québec pour leur développement. Elle offre enfin au Québec une participation directe à la vie internationale pour y faire valoir ses valeurs et ses projets.

L'indépendance, ce n'est plus seulement défendre notre identité et notre héritage nationaux dans une mentalité de survivance, mais c'est bâtir notre avenir, inventer une société nouvelle, sûre d'elle-même et coopérant avec les autres, c'est acquérir la fierté d'une nation libre, inclusive, inventive, productive, pleinement démocratique et impliquée dans la Société des Nations. En définitive, c'est une simple question de démocratie, de responsabilité et de dignité.

Références

Barkus, V. O. (1999). *The Dynamics of Secession*, Cambridge, UK Cambridge University Press.

Bilodeau, R. Comeau, R., Gosselin, A. et Julien, D. (1971). *Histoire des Canadas*, Montréal, Hurtubise HMH, 676 pages.

Brossard, J. (1976). *L'accession à la souveraineté et le cas du Québec*, Montréal, Presses de l'Université de Montréal.

Cap sur l'indépendance (2011), http://www.capsurlindependance.org/le-message/largumentaire/lindependance-est-indispensable/

Castonguay, C. (2011). *Le français dégringole! Relancer notre politique linguistique*, Montréal, Éditions du Renouveau québécois.

Collectif (2005). «Pour un Québec solidaire», *Le Devoir*, 10 novembre.

Collectif (2005). «Pour un Québec lucide», *Le Devoir*, 1er novembre. www.pourunquebeclucide.com,

Drouilly, P. (2010). «20 ans après Meech», sondage d'opinion, Colloque Bloc-IPSO, mai, http://www.blocquebecois.org/dossiers/colloque-20-ans-apres-Meech/sondage.aspx

Fraser, G. (2007). *Sorry, I don't speak French — ou pourquoi quarante ans de politiques linguistiques au Canada n'ont rien réglé… ou presque*, Montréal, Boréal.

Lajoie, A. (2005). «Le fédéralisme canadien: science politique fiction pour l'Europe?» *Lex Electronica*, vol. 10, n° 1, hiver, http://www.lex-electronica.org/articles/v10-1/lajoie.pdf

Landry, B. (1999). «La mondialisation rend la souveraineté plus nécessaire et urgente que jamais», *L'Action nationale*, mars.

Lisée, J.-F. (2000). *Sortie de secours*, Montréal, Boréal.

Paquette, G. (2007). «L'urgence de l'indépendance, dans le contexte de 2008», *L'Action nationale*, décembre.

Paquette, G. (2010). «L'ADN du Canada: un plan pour la centralisation», *Le Devoir*, 7 mai, http://www.vigile.net/L-ADN-du-Canada-un-plan-pour-la

Rapport Ménard (2005). Comité de travail sur la pérennité du système de santé et de services sociaux du Québec. Pour sortir de l'impasse: la solidarité entre les générations.

Rapport Séguin (2002). Commission sur le déséquilibre fiscal. Pour un nouveau partage des moyens financiers au Canada.

Séguin, M. Les Normes. *In* Robert Comeau (éd.). (1987). *Maurice Séguin, historien du pays québécois vu par ses contemporains*, Montréal, VLB éditeur, p. 81-220.

Chapitre 2

Libérer la langue française

Charles Castonguay

1. Un peu d'histoire

Depuis la conquête de la Nouvelle-France par l'Angleterre, l'épanouissement d'un peuple de langue française en Amérique du Nord se trouve bloqué. La rébellion des patriotes a notamment fourni à la volonté de blocage, ou de domination, l'occasion de s'exprimer carrément. Dans son rapport de 1840 sur les causes de la rébellion, Lord Durham recommande d'angliciser de manière graduelle mais ferme les habitants français des colonies britanniques du continent.

Après la répression exemplaire des rébellions de 1870 et 1885 menées dans l'Ouest par le Métis Louis Riel, des mesures assimilatrices ont décimé les minorités françaises trop petites et éparpillées. Mais les plus consistantes, au Nouveau-Brunswick et en Ontario, ainsi que la majorité de langue française au Québec, ont pu, au prix d'une forte fécondité, maintenir leur croissance.

Cette surfécondité est disparue après la Seconde Guerre mondiale. Les Québécois, en particulier, ont cherché une autre façon d'assurer leur avenir en tant que peuple de langue française.

La prise de conscience du problème fut vive. Dès 1960, l'indépendance du Québec s'imposait à plusieurs comme solution. D'autres ont mis leur confiance dans la Commission Laurendeau-Dunton qui, à l'origine, avait reçu pour mandat en 1963 de trouver une sortie de crise fondée sur un partenariat d'égal à égal entre les deux peuples fondateurs[8], les Canadiens français et les Canadiens anglais.

La commission a cependant tôt fait d'abandonner ce discours binational, pour finalement accoucher d'une souris. Adoptée en 1969, la loi fédérale sur les langues officielles canadiennes ne visait plus qu'à réaliser l'égalité de statut du français et de l'anglais comme langues des services du gouvernement fédéral et comme langues de travail des fonctionnaires fédéraux, ainsi qu'à garantir leurs propres écoles aux minorités provinciales de langue française comme à la minorité de langue anglaise au Québec.

Devant une situation foncièrement déséquilibrée où l'anglais domine le français à plate couture, y compris au Québec, ce genre de bilinguisme revenait à une politique d'anglicisation à petit feu. En pareille circonstance, disait-on à l'époque, «mettre les deux langues sur un pied d'égalité revient à mettre les deux pieds sur la même langue».

Insatisfait de la réponse du Canada à ses aspirations, mais hésitant encore à opter pour l'indépendance, le Québec créa donc sa propre commission d'enquête sur la langue, la Commission Gendron. Ses conclusions inspirèrent d'abord la loi 22, adoptée en 1974 et qui fit du français la seule langue officielle du Québec, puis la Charte de la langue française, ou loi 101, adoptée en 1977 et qui voulait faire du français la langue commune de la société québécoise, c'est-à-dire la langue qu'emploient des personnes de langue maternelle différente pour communiquer entre elles dans toutes les aires d'activité publique, notamment au travail, tout en confirmant le droit de la minorité anglophone du Québec à l'éducation et aux services sociaux dans sa langue.

---

8. Dans la langue de l'ancien diplomate et Prix Nobel de la paix devenu premier ministre du Canada, Lester B. Pearson, «*on the basis of an equal partnership between the two founding races*» (Royal Commission of Inquiry on Bilinguism and Biculturalism, 1967, p. 173).

Le Québec a cherché de la sorte à exercer une souveraineté linguistique, généreuse pour sa minorité anglophone, mais sans être souverain. Par sa Cour suprême, puis sa Charte des droits et libertés, le Canada s'emploie depuis à abattre la loi 101 qui, à ses yeux, accorde au français un statut trop exclusif sur le territoire québécois.

Car Ottawa s'oppose radicalement à une politique de bilinguisme territorial comme celles en vigueur en Belgique ou en Suisse, qui accorderait au Québec l'entière liberté d'agir pour garantir son caractère français. Il prône au contraire un bilinguisme fondé sur le libre-échangisme linguistique, sur le libre choix individuel entre le français ou l'anglais partout au Canada.

Qu'importe si elle compromet l'avenir d'un peuple de langue française, cette politique, tout comme celle préconisée par Lord Durham, a pour but premier de bétonner l'unité canadienne. Parce qu'un régime de bilinguisme territorial comprenant un Québec essentiellement français équivaut, selon Ottawa, à l'éclatement du Canada et à l'indépendance du Québec (Gouvernement du Canada, 1977, p. 34-41).

Cette doctrine a conduit le Canada à donner à sa *Loi sur les langues officielles* plus de mordant. Le gouvernement fédéral s'engage ainsi, depuis 1985, «à favoriser l'épanouissement des minorités [provinciales] francophones et anglophones du Canada et à appuyer leur développement, ainsi qu'à promouvoir la pleine reconnaissance et l'usage du français et de l'anglais dans la société canadienne». En ce qui concerne le Québec, cela signifie favoriser l'épanouissement et appuyer le développement de la minorité anglophone et promouvoir la pleine reconnaissance et l'usage de l'anglais. De quoi bloquer l'aspiration à faire du français la langue commune de la société québécoise, objectif premier de la loi 101.

La loi de 1985 a beau ajouter que la mise en œuvre de cet engagement renforcé du gouvernement canadien se fera «dans le respect des champs de compétence et des pouvoirs des provinces», l'ingérence d'Ottawa dans la politique linguistique québécoise se poursuit avec acharnement. La Cour suprême vient justement d'invalider la loi 104 qui, adoptée à l'unanimité par l'Assemblée nationale, abolissait l'accès à l'école publique anglaise en passant par les écoles «passerelles». Voilà que le Canada porte maintenant atteinte au cœur même de la loi 101, soit à la règle de l'école française pour tous les enfants des francophones et des nouveaux immigrants.

Après trente années de charcutage de la Charte de la langue française, la loi 101 n'est plus qu'une loque. Faisons le point sur les effets qu'entraîne, sur le terrain, la politique linguistique canadienne, libre-échangiste, antiterritoriale et, en fin de compte, assimilationniste.

2. Plongée du français au Canada vers l'insignifiance

La dualité anglais-français au Canada est définitivement révolue. Si, jusqu'à la fin de la Seconde Guerre mondiale, la minorité francophone[9] avait réussi à maintenir son poids à environ 30 % de la population canadienne, cet équilibre est chose du passé. La chute du poids du français est aujourd'hui vertigineuse (figure 1).

Figure 1

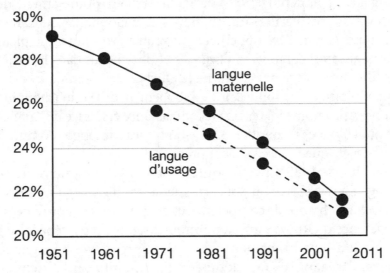

Poids du français au Canada

---

9. Le suffixe « -phone » renvoie toujours dans ce texte à la langue maternelle.

Le poids des francophones plonge de 29 % en 1951 à 22 % en 2006[10]. Il s'agit d'une perte du quart de son importance en un demi-siècle. La majorité anglophone affiche, au contraire, un poids de 58 % en 2006, comparativement à 59 % en 1951.

Le poids du français trace d'ailleurs une courbe qui s'infléchit vers le bas. Cela signifie que la baisse s'accélère. Si le poids de la minorité francophone a mis dix ans pour perdre un point de son importance en début de période, entre 1951 et 1961, il n'a fallu que cinq ans pour qu'il perde un point complet en fin de période, entre 2001 et 2006.

La population de langue maternelle française au Canada est en fait rendue au point mort. Entre 2001 et 2006, elle n'a augmenté que de quelque 10 000 personnes. Pour une population totale de quelque sept millions de francophones, aussi bien dire zéro.

La chute en importance du français ne s'explique pas avant tout, comme le prétend Statistique Canada (Lachapelle et Lepage, 2011, p. 23) par la fécondité inadéquate des francophones et l'immigration allophone (de langue maternelle autre que française ou anglaise). Car la fécondité de la majorité anglophone est quasiment aussi faible que celle de la minorité francophone. Et l'immigration allophone devrait abaisser le poids de la majorité de plus de points que celui de la minorité. Or il n'en est rien.

Un autre facteur joue donc massivement. Facteur que les croisés de l'unité canadienne cherchent à taire à tout prix : l'assimilation.

3. L'assimilation, ciment de l'unité canadienne

Cela se devine dès la figure 1. Tout en suivant la même tendance à la baisse, le poids du français, langue d'usage actuelle à la maison,

---

10. Nous avons réparti les déclarations, peu fréquentes, de deux langues maternelles ou d'usage de façon égale entre les langues déclarées, afin d'assurer un suivi robuste des tendances. Lire à ce propos Castonguay, 2005a, p. 39-40. Cette simplification facilite aussi la comparaison des données plus récentes avec celles des recensements de 1951 à 1971. Nous avons en outre intégré aux résultats des recensements de 2001 et 2006 les estimations de la population qui n'a pas été recensée à ces occasions. Pour la méthode d'ajustement, voir Castonguay, 2005b.

est constamment inférieur à celui du français, langue maternelle[11]. Cela se devine aussi du fait qu'à 67 % en 1971 comme en 2006, le poids de l'anglais, langue d'usage, demeure en permanence bien au-dessus de celui de l'anglais, langue maternelle. Voyons cela de plus près.

C'est la Commission Laurendeau-Dunton qui, frustrée de ne pouvoir aller au fond des choses, avait suggéré d'ajouter au recensement une question sur la langue d'usage actuelle des Canadiens. Le bilan de l'assimilation qui en résulte aurait comblé d'aise le bon Lord Durham.

Déjà, en 1971, 54 % de la population d'origine ethnique française à l'extérieur du Québec déclarait parler l'anglais comme langue d'usage à la maison. À peine vingt ans plus tard, en 1991, cette proportion atteignait 67 %. Une grande majorité de personnes d'ascendance française — ou bien leurs parents ou grands-parents — s'étaient anglicisées. Les mesures assimilationnistes adoptées à l'extérieur du Québec à la fin du XIXe siècle et au début du XXe, relayées par le refus du Canada, à partir de la fin des années 1960, de reconnaître une nation canadienne-française, portaient leurs fruits au point que cela en devenait gênant.

Le gouvernement canadien a par conséquent saboté les méthodes de sondage sur le nombre de Canadiens d'ascendance française et, partant, sur leur degré d'assimilation au fil des générations. Depuis le recensement de 1996, Statistique Canada propose la réponse *canadian* à la question sur l'origine ethnique (voir Castonguay, 1999). Piégés par ce tour de passe-passe, la plupart des Canadiens d'origine française, comme des millions d'autres Canadiens d'ascendances diverses, se déclarent maintenant d'origine canadienne. Si bien que la population d'origine française au Canada ne serait plus, à en croire le recensement de 2006, que de trois millions !

Il ne reste donc que les données sur la langue maternelle et la langue d'usage actuelle à la maison pour nous informer sur la partie de l'assimilation qui est en cours, c'est-à-dire sur le nombre de personnes de langue maternelle française au Canada

---

11. L'information sur la langue d'usage actuelle à la maison n'a été recueillie qu'à partir du recensement de 1971.

qui, de leur vivant, se sont anglicisées. Ce qui en ressort demeure néanmoins saisissant.

Le recensement de 1971 nous apprenait qu'à l'extérieur du Québec près de 40 % des francophones s'anglicisaient au cours de leur vie quant à leur langue d'usage au foyer. En 2006, après trente-cinq ans de bilinguisme libre-échangiste, ce pourcentage a atteint 50 %. Un seuil qui, selon des observateurs avisés, rendrait le processus irréversible (Vallée et Dufour, 1974).

La figure 2 révèle de façon plus globale par quel mécanisme le Canada continue de s'angliciser. Elle résume le mouvement de l'assimilation en cours entre les trois principales composantes linguistiques de la population, représentées par des blocs proportionnés à leur poids selon la langue maternelle au sein de la population canadienne. Les flèches chiffrées indiquent le solde de l'assimilation entre les groupes[12].

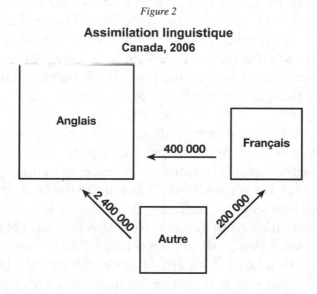

Figure 2

Assimilation linguistique
Canada, 2006

---

12. La figure 2 montre, par exemple, qu'en 2006, le nombre de francophones anglicisés dépassait de quelque 400 000 le nombre d'anglophones francisés. Certes, il existe au Canada des anglophones qui se francisent, mais nous nous en sommes tenus à l'essentiel, soit au résultat net de l'assimilation entre le français et l'anglais. La figure 2 fait de même pour l'assimilation entre l'anglais ou le français et les autres langues.

Au total, l'assimilation au Canada, effectuée du vivant des répondants, se soldait en 2006 par un gain net de 2,8 millions de locuteurs additionnels de l'anglais comme langue principale à la maison (2,4 millions d'allophones anglicisés, plus 0,4 million de francophones anglicisés). Le français encaissait, au contraire, une perte nette de 0,2 million de locuteurs usuels (200 000 allophones francisés, moins 400 000 francophones anglicisés).

Dans le rapport de force entre l'anglais et le français au Canada, il s'agit d'un déplacement, de leur vivant, de 3 millions de locuteurs (profit global de 2,8 millions pour l'anglais contre un déficit global de 0,2 million pour le français), soit de 10 % de la population. Pour l'essentiel, voilà pourquoi la majorité anglophone prospère, alors que la population francophone se trouve au point mort, en nombres absolus, et en chute libre quant à son poids.

Car l'assimilation avantage au même degré la population de langue maternelle anglaise que celle de langue d'usage anglaise. Les francophones et allophones anglicisés sont surtout de jeunes adultes qui, naturellement, élèvent leurs enfants en anglais. Ces enfants additionnels de langue maternelle anglaise compensent presque totalement la sous-fécondité anglophone.

Au contraire, comme l'indique la figure 2, la francisation d'allophones n'arrive même pas à compenser l'anglicisation des francophones. L'assimilation creuse par conséquent le déficit entre les générations de langue maternelle française causé par leur sous-fécondité.

L'assimilation constitue de la sorte la voie royale par laquelle l'anglais maintient son importance au Canada sur tous les plans, tandis que, conformément aux vœux de Lord Durham, le poids du français, tant comme langue maternelle que comme langue d'usage, sombre vers l'insignifiance.

Sous les incessants coups de boutoir du libre-échange linguistique canadien, un scénario semblable gagne présentement le Québec, et ce, au moyen du même facteur déterminant : la domination de l'anglais sur le français en matière d'assimilation.

4. Un Québec qui s'anglicise

Le XXIe siècle s'est ouvert par une plongée record du poids de la majorité d'expression française au Québec, accompagnée d'une consolidation sans précédent du poids de la minorité d'expression anglaise. La figure 3 montre à quel point la chute du poids du français depuis 1991 s'est singulièrement accélérée entre 2001 et 2006 : perte de 2 points en cinq ans quant à la langue maternelle et perte de 1,3 point quant à la langue d'usage[13].

Figure 3

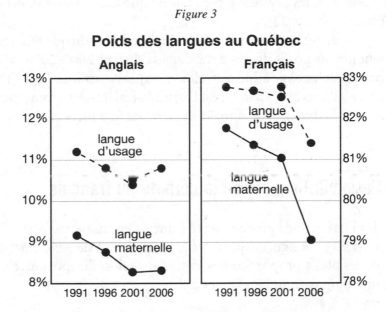

Poids des langues au Québec

13. La figure 3 tient compte aussi bien des résultats des récents recensements que des estimations de la population qui n'a pas été recensée (voir la note 9). En raison du changement de questionnaire effectué en 2001, elle présente deux tracés disjoints pour la langue d'usage. Le premier parcourt la période 1991-2001 selon le questionnaire utilisé en 1991 et 1996 (pour l'ajustement des données de 2001 dans cette optique, voir Castonguay, 2005b, tableau 6). Le second couvre la période 2001-2006 selon le questionnaire introduit en 2001. Le second tracé débute au-dessus du premier à cause de l'assimilation additionnelle des allophones provoquée par le nouveau questionnaire, qui a profité davantage au français qu'à l'anglais comme choix de langue d'usage (Castonguay, 2005a).

En même temps, le poids de l'anglais, langue maternelle, qui déclinait constamment depuis le milieu du XIXe siècle, a cessé de chuter. Quant à la langue d'usage actuelle, le déclin du poids de l'anglais, qui se poursuivait depuis 1971, s'est transformé en une hausse de 0,3 point.

Comment expliquer cette performance inédite de l'anglais au Québec — imprévue en outre par les démographes (Termote, 2008, tableau 11) —, malgré une sous-fécondité record de 1,44 enfant par femme anglophone depuis 2001? Statistique Canada prétend que cela découle en bonne partie de pertes migratoires interprovinciales beaucoup plus faibles que par le passé (Corbeil et Blaser, 2007, p. 22).

Écran de fumée. Il est vrai que le Québec n'a perdu que 8 000 anglophones au profit du reste du Canada durant 2001-2006. Mais aucune perte, aussi faible soit-elle, ne saurait expliquer un gain! Comme ailleurs au Canada, c'est l'assimilation qui détermine, pour l'essentiel, la dynamique actuelle des langues au Québec.

5. L'assimilation, clé de la déroute du français

La domination de l'anglais sur le français en matière d'assimilation persiste. La figure 4 présente le mouvement de l'assimilation entre des blocs proportionnés, cette fois, selon l'importance des groupes linguistiques au Québec.

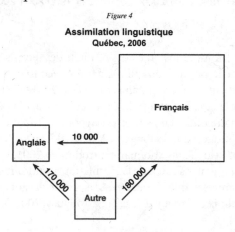

Figure 4

**Assimilation linguistique
Québec, 2006**

On constate, d'une part, une certaine anglicisation nette de la majorité francophone. D'autre part, le nombre d'allophones francisés est à peine supérieur à celui des anglicisés. Si bien qu'au total, le profit de 180 000 nouveaux locuteurs usuels que l'anglais tire de l'assimilation au Québec (170 000 allophones anglicisés plus 10 000 francophones anglicisés) reste légèrement supérieur à celui de 170 000 qu'en tire le français (180 000 allophones francisés moins 10 000 francophones anglicisés).

Or, pour que l'assimilation ne rompe pas le rapport de force entre le français et l'anglais au Québec, la majorité francophone et la minorité anglophone devraient en tirer un profit proportionnel à leur importance respective. Autrement dit, le ratio entre le nombre de nouveaux locuteurs du français et de l'anglais devrait être non pas d'environ 1 à 1, mais de 10 à 1. La domination de l'anglais sur le français en matière d'assimilation demeure donc massive.

La figure 4 fait d'ailleurs illusion. Des modifications apportées au questionnaire de recensement en 1991 et, de nouveau, en 2001, ont eu pour effet de gonfler le pouvoir d'assimilation du français comme mesuré selon les données de Statistique Canada. Fait plus important encore, plus du tiers des 180 000 allophones francisés que montre la figure 4 ne se sont pas francisés au Québec, mais à l'étranger, avant qu'on ne les sélectionne comme immigrants. Nous y reviendrons.

La Commission Laurendeau-Dunton (1970, p. 128) avait en fait relevé que c'est parmi les natifs du pays qu'on juge le mieux de l'assimilation au Canada. La domination de l'anglais au Québec sur ce plan demeure écrasante : gain net de 90 000 nouvelles recrues pour l'anglais, selon le recensement de 2006, contre seulement 30 000 pour le français. À l'opposé d'un ratio de 10 à 1 en faveur du français.

Même parmi les natifs du Canada âgés de moins de 15 ans, l'anglais comptait, au Québec en 2006, un gain net de 17 000 enfants par voie d'assimilation, contre 13 000 pour le français. Et ce, en dépit des dispositions scolaires de la loi 101.

Comme au Canada dans son ensemble, le pouvoir d'assimilation supérieur de l'anglais au Québec compense à peu près entièrement la sous-fécondité anglophone. Le remplacement des générations francophones reste, au contraire, sensiblement déficitaire.

Plus précisément, depuis maintenant un quart de siècle, les Québécoises anglophones et francophones font preuve d'un degré de sous-fécondité en fin de compte identique. Mais grâce à l'apport de l'assimilation, en 2006, les générations successives de langue maternelle anglaise ne connaissaient qu'un déficit de 5 %, comparativement à un déficit de 17 % entre les générations francophones.

Les faibles pertes migratoires de la population anglo-québécoise au profit du reste du Canada entre 2001 et 2006 ont simplement eu pour effet de révéler au grand jour l'avantage démographique intrinsèque que vaut à l'anglais sa domination en matière d'assimilation. La conjoncture migratoire interprovinciale peut fluctuer, cet avantage de fond demeure.

Les migrants interprovinciaux anglophones qui quittent le Québec ne s'évaporent d'ailleurs pas. Ils continuent à faire partie de la majorité anglophone du Canada tout en affaiblissant, par leur présence dans les autres provinces, le poids du Québec dans l'ensemble canadien.

6. Montréal, l'enjeu décisif

L'orientation linguistique de Montréal, capitale économique et culturelle du Québec, déterminera le destin du français en Amérique du Nord. La région métropolitaine regroupait, en 2006, près de la moitié de la population du Québec, et l'île de Montréal, le quart.

L'anglicisation s'y déroule en accéléré. Par comparaison avec son recul record de 2 points en cinq ans, encaissé depuis 2001 à l'échelle du Québec, le poids du français, langue maternelle, a dégringolé de 2,8 points dans la région montréalaise et de 3,4 points dans l'île. Les francophones ne comptaient plus, en 2006, que pour 65 % de la population de la région métropolitaine et 49 % de celle de l'île[14].

---

14. Toujours en tenant compte des estimations de la population non recensée en 2001 et 2006 (voir la note 9).

Quant à la langue d'usage au foyer, durant 2001-2006, le français a chuté, nous l'avons vu, de 1,3 point au Québec. Mais il a plongé de 1,9 point dans la région métropolitaine de Montréal et de 2,3 points dans l'île.

En même temps, le poids de l'anglais, langue maternelle, demeurait stable dans la région métropolitaine et augmentait de 0,2 point dans l'île. Et en ce qui a trait à la langue d'usage, l'anglais augmentait de 0,4 point dans la région et de 0,5 point dans l'île. Ces augmentations étaient également imprévues par les démographes (voir Termote, 2008, tableau 11).

Ce recul accentué du français au bénéfice de l'anglais à Montréal reflète la domination plus marquée de l'anglais en matière d'assimilation dans la région métropolitaine, comparativement à son degré de domination dans l'ensemble du Québec. Cette domination accentuée opère tant du point de vue de l'anglicisation des francophones que de celui de l'assimilation des allophones (figure 5).

Figure 5

Assimilation linguistique
Région de Montréal, 2006

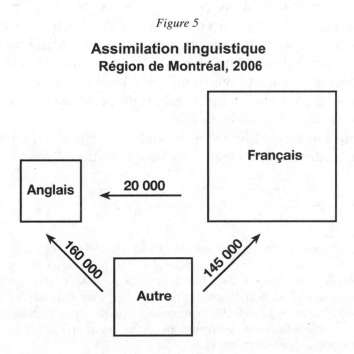

Au total, par rapport à l'effectif selon la langue maternelle, l'assimilation dans la région métropolitaine se soldait, en 2006, par un gain net de 180 000 locuteurs additionnels de l'anglais au foyer (20 000 francophones anglicisés plus 160 000 allophones anglicisés) en regard d'un gain de seulement 125 000 pour le français (145 000 allophones francisés moins 20 000 franco-phones anglicisés)[15].

Ainsi, aujourd'hui encore, l'anglais recrute plus de nouveaux locuteurs par voie d'assimilation que ne le fait le français, alors que, comme le font voir les blocs de la figure 5, la région de Mont-réal compte plus de cinq francophones pour un anglophone. C'est le monde à l'envers. Bien entendu, parmi la population née au Canada, la domination de l'anglais y est même plus totale : gain de 90 000 par voie d'assimilation dans la région métropolitaine, contre 12 000 seulement pour le français, soit un avantage de plus de 7 à 1 pour l'anglais.

À supériorité plus marquée en matière d'assimilation, avantage plus marqué en ce qui a trait au remplacement des générations selon la langue maternelle. Sur ce dernier plan, dans la région de Montréal, l'anglais affichait, en 2006, un surplus de 1 %, contre un déficit de 19 % pour le français. Le recrutement de nouveaux locuteurs par voie d'assimilation efface donc entièrement l'effet négatif de la sous-fécondité sur la population anglophone, tandis que le déficit entre les géné-rations francophones à Montréal est un peu plus lourd encore qu'au Québec dans son ensemble.

En ce début du XXIᵉ siècle, le poids de l'anglais et du français dans la région métropolitaine n'a fait qu'évoluer à l'avenant.

---

15. L'anglicisation nette des francophones à Montréal (20 000) dépasse celle des francophones dans l'ensemble du Québec (10 000) parce qu'il existe, selon les données du recensement de 2006, une francisation nette de 10 000 anglophones dans le Québec à l'extérieur de la région de Montréal. Résultat discutable puisqu'il est soudainement apparu en 1991, après que Statistique Canada eut modifié de façon importante les questions linguistiques du recensement. Lire à ce sujet Cas-tonguay, 2005a, section 2 et annexe A.

7. L'assimilation au Québec de 1971 à 2006

La langue que chacun choisit librement de parler dans l'intimité de son foyer n'est pas seulement porteuse d'avenir. C'est aussi un indicateur privilégié du statut social et économique de cette langue au sein de la société environnante. Il faut par conséquent suivre de près les gains récents du français et de l'anglais dans ce domaine décisif.

Recueillies pour la première fois au recensement de 1971, les données sur l'assimilation réalisée du vivant des répondants ont été diffusées à la fin de 1973. Elles confirmaient que les Italiens de Montréal, proches de la majorité francophone par leur religion, leur langue latine et leur classe sociale et, par conséquent, portés jadis, comme les Portugais, à se franciser, se détournaient résolument du français pour adopter plutôt l'anglais comme langue d'usage à la maison (Castonguay, 1974, figure 2 et 1994, tableau 7.1). Pareilles nouvelles sur la langue d'assimilation courante avaient raffermi la volonté du gouvernement de Robert Bourassa, puis de celui de René Lévesque, de changer radicalement la donne linguistique au Québec.

En matière d'assimilation, l'anglais dominait en effet le français sur presque tous les plans en 1971. En chiffres ronds, le recensement indiquait 75 000 allophones anglicisés contre 30 000 francisés dans l'ensemble du Québec. Principale zone de contact entre le français et l'anglais et première destination de l'immigration, la région de Montréal comptait 65 000 allophones anglicisés pour 20 000 francisés, de même qu'une perte nette de 20 000 francophones au profit de l'anglais par voie d'assimilation (Castonguay, 2003, tableaux 6 et 7).

À première vue, la loi 101 semble avoir réussi à modifier la situation de façon considérable. Le recensement de 2006 montre, pour le Québec, 170 000 allophones anglicisés contre 180 000 francisés, soit une répartition légèrement favorable au français (figure 4). Et dans la région stratégique de Montréal, 160 000 allophones anglicisés pour 145 000 francisés, soit une forte progression de la part du français en regard de 1971 (figure 5).

Cependant, la région montréalaise comptait toujours, en 2006, quelque 20 000 francophones anglicisés. Leur anglicisation s'est effectuée pour l'essentiel au Québec. Nous avons en outre relevé ci-dessus que, comparativement à l'anglais, le gain global par voie d'assimilation réalisé par le français a beaucoup moins augmenté parmi la population née au Canada, au sein de laquelle l'assimilation se déroule non pas à l'étranger, mais en milieu de vie québécois.

C'est qu'en réalité, un autre élément de la politique linguistique québécoise a produit nettement plus d'effet que la loi 101 sur l'assimilation de la population allophone. Depuis l'entente Cullen-Couture de 1978, le Québec sélectionne la majeure partie de ses immigrants en donnant préférence, entre autres, aux candidats qui possèdent une connaissance préalable du français. La composition linguistique de l'immigration allophone au Québec en a été profondément transformée, renforçant du même coup la part du français dans son assimilation. Cette tendance était d'ailleurs déjà bien lancée dès le début des années 1970, avant même les lois 22 et 101, avec l'arrivée au Québec de réfugiés originaires d'Haïti, puis du Viêtnam, deux ex-colonies françaises[16].

Il est pertinent, dans cette optique, de distinguer entre allophones *francotropes* et *anglotropes*. Les francotropes sont ceux de langue maternelle portugaise, espagnole, roumaine, créole, arabe ou indochinoise[17]. Étant de langue latine ou originaires de pays anciennement sous influence française (Cambodge, Maroc, Liban, etc.), ils tendent, au Québec, à se franciser plutôt qu'à s'angliciser. Les anglotropes regroupent les autres composantes de la population allophone qui, sauf exception, s'orientent surtout vers l'anglais.

En 1971, les francotropes comptaient pour environ 10 % des immigrants allophones au Québec. En 2006, ils formaient au contraire 43 % de la population allophone issue de l'immigration, dont 54 % de sa composante immigrée entre 1971 et 2006, et 33 % de sa composante née au Canada.

---

16. Voir Castonguay, 1994, sections 7.6 et 7.9.

17. Plusieurs autres définitions de *francotrope* circulent, qui y ajoutent la population de langue maternelle italienne, pourtant solidement orientée désormais vers l'anglais, ou encore les ressortissants de pays de la Francophonie, concept à configuration variable.

Cette transformation capitale explique la majeure partie de la hausse de la part du français dans l'assimilation des allophones depuis 1971. Si l'on élimine l'effet francotrope, on constate en effet que les lois 22 et 101, et notamment leurs dispositions visant la francisation de la langue de travail, n'ont pas substantiellement modifié la part du français dans l'assimilation des allophones immigrés au Québec à l'âge adulte (Castonguay, 1994, section 7.10 ; Béland, 2004, p. 26-30). Seules les dispositions portant sur la langue de scolarisation, qui s'appliquent à moins du quart des nouveaux arrivants, soit ceux qui immigrent à l'âge scolaire ou préscolaire, ont haussé de façon significative la part du français tant, d'ailleurs, parmi les anglotropes que les francotropes (Castonguay, 1994, tableau 7.13 et 2010, p. 159).

On sait d'autre part qu'au moins la moitié des cas d'assimilation au français ou à l'anglais recensés parmi les immigrants allophones, francotropes et anglotropes confondus, ont été réalisés à l'étranger, avant d'immigrer au Québec (Castonguay, 2005a, section 3.4). Ce qui permet d'estimer qu'au moins 70 000 allophones francisés originaires de l'étranger, selon les données du recensement de 2006, auraient, dans les faits, adopté le français comme langue d'usage à la maison avant de venir au Québec. Et qu'environ 45 000 allophones anglicisés originaires de l'étranger auraient fait de même quant à l'anglais.

Lorsqu'on retranche cette portion de l'assimilation, réalisée à l'étranger, du profit total que l'anglais et le français paraissent tirer de l'assimilation au Québec (180 000 et 170 000 nouveaux locuteurs respectivement), on obtient pour 2006 un gain total de quelque 135 000 locuteurs additionnels de l'anglais par voie d'assimilation effectivement réalisée sur le sol québécois, contre un gain de 100 000 pour le français.

Dans la région de Montréal, la même méthode d'estimation conduit pour 2006 à un gain global d'environ 140 000 pour l'anglais par voie d'assimilation réalisée en milieu de vie montréalais[18], contre seulement 70 000 pour le français. Si, donc,

---

18. Ce gain global de l'anglais à Montréal est légèrement supérieur à celui de l'anglais dans l'ensemble du Québec du fait qu'il existe, du moins selon le questionnaire de recensement tel que modifié en 1991, une francisation nette de quelques milliers d'anglophones québécois à l'extérieur de la région montréalaise (voir la note 14).

l'anglais domine nettement le français en sol québécois, il écrase le français en sol montréalais.

Soulignons que l'anglicisation nette de 20 000 francophones dans la région métropolitaine (figure 5), en 2006 comme en 1971, joue doublement ici. Cette anglicisation, qui concerne à peu près exclusivement des personnes nées au Canada, représente 20 000 locuteurs additionnels pour l'anglais en même temps qu'une perte équivalente pour le français, ce qui creuse de 40 000 l'écart à l'avantage de l'anglais.

En comparant la situation actuelle avec celle antérieure aux lois 22 et 101, il faut en outre garder à l'esprit que les changements apportés au questionnaire de recensement en 1991 et 2001 ont artificiellement bonifié la performance du français dans le domaine de l'assimilation au Québec selon les données de 2006, par comparaison avec celles de 1971. Cela est vrai tant pour l'anglicisation des francophones que pour la part du français vis-à-vis de l'anglais dans l'assimilation des allophones (Castonguay, 2005a, sections 2 et 3.2 et annexe A).

Dans l'ensemble, donc, la loi 101 n'a pas foncièrement changé le jeu de l'assimilation sur le terrain. La sélection des immigrants a exercé plus d'effet dans le milieu de vie québécois, en haussant fortement le poids des francotropes dans la population allophone issue de l'immigration, y compris parmi sa composante née au Québec. Et l'explosion récente du nombre absolu d'immigrants, à majorité francotropes, avec la hausse concomitante du nombre de cas d'assimilation réalisée à l'étranger ne font que renforcer l'illusion d'un pouvoir d'assimilation du français supérieur à son statut réel au sein de la société.

8. Le blocage canadien

Comment mettre de façon définitive le caractère français du Québec à l'abri, notamment de la conjoncture migratoire? Il n'y a pas cinquante-six façons de le faire. Il est nécessaire et suffisant de mettre fin au pouvoir d'assimilation démesuré de l'anglais dans le milieu de vie québécois, en haussant le statut du français assez pour que l'assimilation ne joue plus en sa défaveur. Autrement dit, assez pour que le français tire de l'assimilation réalisée en sol québécois un profit dix fois supérieur à celui de l'anglais.

Comme politique linguistique apte à réaliser un tel objectif, les auteurs de la loi 101 avaient vu juste. Mais le rêve d'un Québec aussi français que l'Ontario est anglais, d'une société québécoise dont le français serait la langue commune, la langue spontanément employée par les Québécois de toute origine pour communiquer entre eux en public, demeure un rêve inaccessible dans le cadre du libre-échangisme linguistique, ingrédient sacré de la politique canadienne.

Impossible, en effet, dans ce cadre, de changer suffisamment les règles du jeu au sein de la société québécoise pour atteindre, comme solde de l'assimilation, le ratio de 10 à 1 en faveur du français. À preuve : le tiers de siècle d'agressions politico-judiciaires de la part du Canada contre la loi 101.

D'aucuns estiment que sans aller au fond des choses, on pourrait contourner ce blocage canadien. Par exemple, en restreignant l'immigration aux seuls francophones ou francotropes. Cependant, le Québec ne contrôle pas la totalité de son immigration. Même s'il en avait l'entière responsabilité, l'immigration francophone demeure une denrée rare. Et pour un Québec qui se veut ouvert sur le monde, il serait malheureux, sinon malsain, de limiter l'immigration allophone aux seuls ressortissants d'ex-colonies françaises ou aux personnes de langue latine.

En outre, cela ne réglerait en rien le problème de l'anglicisation persistante des francophones. Et même l'assimilation de l'immigration francotrope ne se répartit pas dans un ratio de 10 à 1 en faveur du français, mais de 4 à 1. Seule sa composante de langue créole satisfait — excède largement, en fait — l'objectif de 10 à 1. L'assimilation des immigrants originaires d'Indochine a presque atteint ce seuil, mais cette source de francotropes s'est à peu près complètement tarie.

D'ailleurs, avec 2 anglicisés pour 1 francisé, l'immigration anglotrope est loin d'être entièrement réfractaire à la francisation. Même que parmi les anglotropes qui arrivent à l'âge scolaire ou préscolaire, la francisation est un peu plus courante que l'anglicisation (Castonguay, 2010, p. 159).

En réussissant à transformer ainsi les enfants anglotropes en francotropes, les dispositions scolaires rigoureuses de la loi 101 indiquent la voie à suivre. Au lieu de limiter l'immigration à certains pays ou profils linguistiques, il convient de franciser aussi fermement le reste de la vie publique au Québec. De sorte que l'immigration allophone de toute origine trouve massivement son profit à se franciser plutôt qu'à s'angliciser. Changer aussi profondément la donne linguistique au sein même de la société québécoise demeure en même temps la seule façon de mettre fin à l'anglicisation des francophones, notamment à Montréal.

Pour des raisons semblables, penser déjouer le blocage canadien en exigeant de tout candidat à l'immigration une maîtrise préalable du français ne serait qu'une autre fausse piste. En particulier, on manquerait ainsi de probité envers l'immigrant qui, une fois rendu au Québec, découvre qu'il lui faut savoir l'anglais pour trouver un emploi. Expérience qui renforce l'éventualité que, dans sa vie privée, il accorde par la suite son allégeance à l'anglais, langue qui lui permet de gagner sa vie.

Revenons donc à l'essentiel. Le Québec pourrait-il se doter, dans le cadre canadien, d'une politique linguistique territoriale suffisamment forte pour garantir son caractère français ? La loi 101 représentait une tentative — somme toute mesurée — en ce sens. La réaction canadienne a été sans équivoque. Au fil des agressions soutenues par Ottawa et sanctionnées par sa Cour suprême, il ne reste de cet élan du peuple québécois vers la sécurité linguistique que des lambeaux.

Mais ce refus obstiné d'Ottawa et du Canada anglais pourrait-il se renverser ? Pourrait-on voir renaître l'esprit d'ouverture envers le Québec d'un Lester B. Pearson des années 1960 ? Ce n'est plus réaliste. Le Canada a trop changé.

Il se trouve à tel point satisfait de sa façon de gérer sa diversité — entre autres linguistique — qu'il se pose désormais en modèle en la matière pour le reste du monde. Attitude aux antipodes de la sagesse requise pour accepter une remise en question d'une doctrine qui, au bout du compte, s'est avérée assimilatrice.

Le Canada a trop changé. Il a trop changé jusque dans sa population. À chaque recensement, il compte un million d'unilingues anglais de plus qui déclarent savoir parler l'anglais mais ignorer le français. Au rythme d'un million d'unilingues anglais de plus, tous les cinq ans depuis l'époque Pearson, c'est-à-dire depuis le recensement de 1971, cela donnait sept millions de Canadiens unilingues anglais de plus en 2006. L'équivalent de l'ensemble de la population du Québec.

Ajoutés aux 14 millions déjà recensés en 1971, cela fait au total 21 millions d'unilingues anglais dans le Canada d'aujourd'hui. Pardon, 22 millions : un nouveau recensement vient d'avoir lieu en 2011. Trois fois la population du Québec, donc. Avec une telle majorité d'unilingues anglais, on ne peut raisonnablement espérer que le Canada devienne assez sensible à l'aspiration des Québécois à assurer l'avenir du français pour remettre en question son credo linguistique libre-échangiste.

Que les défenseurs de ce credo, de ce sacro-saint principe du libre choix entre l'anglais et le français soient, oui ou non, des exécuteurs conscients de la recommandation de Lord Durham, l'effet est le même : une domination de l'anglais en matière d'assimilation, au Québec comme dans le reste du Canada. Domination qui conduit tout droit le français vers l'insignifiance. Nous l'avons vu, la chute du poids des francophones au Canada s'accélère : l'angle de plongée a atteint un point de pourcentage tous les cinq ans. L'avenir qui attend le français dans pareil pays est parfaitement clair.

Cette chute du poids des francophones, de sept points depuis 1951 et d'un point complet entre 2001 et 2006, est d'ailleurs plus rapide encore que celle du poids du Québec dans le Canada, qui a été de cinq points depuis 1951 et d'un demi-point entre 2001 et 2006. Or, tant les gouvernements de Jean Chrétien que ceux de Stephen Harper ont fait la preuve qu'on peut très bien maintenant gouverner le Canada sans le Québec. Dans un Canada où le poids des francophones décline encore plus vite que celui du Québec, il en ira de même pour la langue : l'anglais suffira, au Québec comme ailleurs.

Selon la doctrine développée par le gouvernement fédéral durant les années 1960-1970, l'impératif de bétonner l'unité canadienne justifie son opposition active au bilinguisme territorial, c'est-à-dire à un Québec résolument français. Depuis, une autre doctrine nuisible est entrée en scène, selon laquelle l'anglais serait la langue exclusive de la mondialisation et du libre-échange économique. En jouant aussi bien à l'avantage des locuteurs de l'anglais — tout particulièrement de ses locuteurs natifs — qu'à l'avantage des entreprises qui fonctionnent dans cette langue, cette deuxième doctrine rend le libre-échange linguistique promu par Ottawa d'autant plus néfaste pour le français.

Comme façon de mettre les deux pieds sur la même langue, Lord Durham n'aurait pu imaginer mieux. Dans un tel contexte, en particulier dans un tel Canada bilingue, garantir l'avenir du français en Amérique du Nord, c'est la quadrature du cercle.

9. Enfin libre

Avec seulement des pouvoirs provinciaux, le Québec n'a pas la capacité de soutenir une politique linguistique qui peut faire contrepoids à un Canada de plus en plus anglais, conjugué au dogme du tout-à-l'anglais qui accompagne à tort la mondialisation. L'indépendance rendrait le Québec enfin libre d'agir efficacement en faveur du français à l'intérieur comme à l'extérieur de ses frontières.

Comme moyen d'infléchir la situation à l'intérieur, exiger de tout candidat à la nouvelle citoyenneté québécoise une connaissance appropriée du français irait de soi. C'est une condition *sine qua non* pour réussir l'intégration à part entière des nouveaux arrivants, y compris ceux en provenance du reste du territoire du Canada actuel, dans une société à forte majorité de langue française.

Dans le même but, l'école française serait obligatoire pour les enfants des immigrants en provenance de l'éventuel nouveau Canada. Cela aurait pour effet de rétablir la clause Québec, élément indispensable de la loi 101 qui fut abattu de façon illégitime, sinon illégale[19] (Laberge, 2011), par le coup de force constitutionnel de 1982.

---

19. Le rétablissement de la clause Québec ne se voudrait aucunement revanchard. Il s'agit simplement d'une disposition qui, au vu entre autres du

De façon plus générale, il s'agirait d'instaurer une nouvelle donne linguistique qui remplacerait l'actuel principe de libre circulation partout au Canada de la population canadienne, y compris de sa majorité unilingue anglaise, principe qui a inspiré la *Loi sur les langues officielles* de 1969 aussi bien que le coup de force de 1982, par celui de la libre circulation de la population du Québec, notamment de sa majorité unilingue française, partout sur son territoire, entre autres pour occuper un emploi bien rémunéré dans sa métropole.

Car pour assurer au français un avenir significatif en Amérique du Nord, il faut réduire la fracture linguistique entre Montréal et le reste du Québec. Il faut ressouder la métropole à la nation.

Cela passe obligatoirement par la réduction de la place démesurée détenue par l'anglais dans le monde du travail à Montréal. Question vitale qui exige de raffermir résolument la politique linguistique interne dans ce domaine primordial, et qui invite aussi à considérer les nouvelles perspectives d'action extérieure qui s'offriraient à un Québec indépendant.

Avec sa lourde majorité unilingue anglaise, on ne saurait s'attendre à ce que le Canada, actuel ou à venir, se démène sur la scène internationale pour revendiquer, face au rouleau compresseur de l'anglais-langue-de-la-mondialisation, le respect des langues des autres nations, dont le français, en ce qui concerne le travail, l'affichage, les raisons sociales ou les marques de commerce. Par contre, deux siècles et demi de résistance réussie à l'assimilation destinent un Québec indépendant à jouer un rôle de tout premier plan dans une revendication de cette nature.

Le Québec agirait alors non seulement dans l'intérêt de sa langue et de sa population, mais aussi dans celui de toutes les langues et de tous les peuples qui se trouvent systématiquement défavorisés par cet aspect gratuit de la mondialisation. Gratuit, parce que les multinationales commencent — enfin — à se rendre compte qu'un employé est plus productif et plus créateur

---

recensement de 1971, semblait essentielle aux artisans de la loi 101 dans le but d'assurer l'avenir du français, et qui, au vu des données de 2006, paraît dans ce même but tout aussi essentielle aujourd'hui.

lorsqu'il travaille dans sa langue. Et que la publicité aussi est plus efficace quand elle s'exprime dans la langue du pays (Roy, 2005).

Il serait en fait tout indiqué pour le Québec, témoin exemplaire de la difficulté d'entretenir une identité distincte sur un continent à peu près exclusivement de langue anglaise, d'assumer la direction d'un mouvement visant à apprivoiser la mondialisation sauvage en œuvrant, avec tous les moyens que lui apporterait l'indépendance, pour sauvegarder la diversité linguistique de l'humanité. Enjeu crucial d'une brûlante actualité. Car une langue n'est pas qu'un instrument de communication. Elle permet de penser le monde. Et la diversité des langues permet de penser le monde différemment. En commençant par penser la mondialisation autrement.

Le passé étant garant de l'avenir, tout permet de croire qu'un Québec indépendant et français contribuerait à repenser le monde pour le mieux-être du genre humain.

Références

Béland, P. (2004). *Les langues de travail dans la région de Montréal en 2001*, Québec, Conseil supérieur de la langue française.

Castonguay, C. (1974). « Dimensions des transferts linguistiques entre groupes anglophone, francophone et autre d'après le recensement canadien de 1971 ». *Annales de l'Association canadienne-française pour l'avancement des sciences*, 41 (2), p. 125-131.

Castonguay, C. (1994). *L'assimilation linguistique : mesure et évolution 1971-1986*, Québec, Conseil de la langue française.

Castonguay, C. (1999). « Call Me Canadian ! » *L'Action nationale*, 89 (9), p. 35-38.

Castonguay, C. (2003). « Politiques linguistiques et avenirs des populations de langue anglaise et de langue française au Canada ». Dans M. Morris, *Les politiques linguistiques canadiennes. Approches comparées*, p. 174-234, Paris, L'Harmattan.

Castonguay, C. (2005a). *Les indicateurs généraux de vitalité des langues au Québec : comparabilité et tendances 1971-2001*, Montréal, Office québécois de la langue française.

Castonguay, C. (2005b). *Incidence du sous-dénombrement et des changements apportés aux questions de recensement sur l'évolu-*

tion de la composition linguistique de la population du Québec entre 1991 et 2001, Montréal, Office québécois de la langue française.

Castonguay, C. (2010). *Le français dégringole! Relancer notre politique linguistique*, Montréal, Éditions du Renouveau québécois.

Commission royale d'enquête sur le bilinguisme et le biculturalisme (1970). Rapport, Livre IV, *L'apport culturel des autres groupes ethniques*, Ottawa, Imprimeur de la Reine.

Corbeil, J.-P. et Blaser, C. (2007). *Le portrait linguistique en évolution, Recensement de 2006.* Ottawa : Statistique Canada.

Gouvernement du Canada (1977). *Un choix national. Exposé du gouvernement du Canada sur une politique linguistique nationale. Les langues officielles du Canada*, Ottawa, Approvisionnement et Services Canada.

Laberge, H. (2011). « L'article 23 de la Charte canadienne des droits et libertés. Illégitime et illégal ». *L'Action nationale*, 101 (2), p. 11-14.

Lachapelle, R. et Lepage, J. F. (2011). *Les langues au Canada. Recensement de 2006*, Ottawa, Statistique Canada.

Roy, R. (2005). « Les technologies et le français : situation et perspectives au Québec ». Dans A. Stefanescu et P. Georgeault, *Le français au Québec. Les nouveaux défis*, p. 91-143. Québec : Conseil supérieur de la langue française.

Royal Commission of Inquiry on Bilinguism and Biculturalism (1967). Report, Book I, *The Official Languages*, Ottawa, Imprimeur de la Reine.

Termote, M. (2008). *Nouvelles perspectives démolinguistiques du Québec et de la région de Montréal 2001-2051*, Montréal, Office québécois de la langue française.

Vallée, F. G., FRSC, et Dufour, A. (1974). « The Bilingual Belt : A Garrotte for the French ? » *Laurentian University Review*, 6, p. 19-44.

Chapitre 3

L'indépendance, à la convergence de la culture et de la démocratie

Andrée Ferretti

En décembre 1946, dans un article intitulé « La Conquête et la vie économique des Canadiens » et publié dans *L'Action nationale*, Maurice Séguin soutenait que les misères de l'agriculture canadienne-française n'étaient pas causées par les méthodes déficientes de travail des agriculteurs, mais qu'elles résultaient des effets structurels pervers de la conquête anglaise sur le développement économique, social et culturel du Québec. Il en arrivait bientôt à la conclusion que l'indépendance est la seule véritable solution constitutionnelle et politique à l'aliénation de la nation canadienne-française, à sa privation des pouvoirs d'un État national apte à lui assurer la maîtrise de son destin. Cette compréhension du sens de l'histoire du Québec comme culture globale demeure au centre de toute réflexion destinée à démontrer la nécessité de l'indépendance, quelle que soit par ailleurs l'utilité d'y ajouter les raisons plus immédiatement contextuelles de la réaliser. Le rôle des nouveaux moyens de communication sur la transformation des sociétés fait partie de ces raisons, car leur toute-puissance menace la spécificité de toutes les cultures.

La réflexion proposée ici sur l'importance de la culture dans le développement actuel de la lutte menée pour l'accession du

Québec à l'indépendance m'a été largement inspirée par mes lectures et relectures, au fil des années, de *La fatigue culturelle du Canada français* d'Hubert Aquin, de *Genèse de la société québécoise* de Fernand Dumont, de *Transformation de la société et mutation de la culture* de Michel Freitag. *Le regard éloigné* de Claude Lévi-Strauss et *Le palais de cristal : À l'intérieur du capitalisme planétaire* de Peter Sloterdijk ont aussi nourri ma réflexion. Plus fondamentalement encore, l'ont inspirée plusieurs de mes propres essais et mes longues années de militantisme. Ces ouvrages et mon expérience m'ont permis de comprendre que l'avenir du destin national du peuple québécois relève aujourd'hui d'une problématique qui dépasse largement les données propres à la société québécoise tout en leur demeurant spécifiquement liée.

Quelles sont les raisons immédiates de lutter aujourd'hui pour l'indépendance du Québec ? Quels sont, dans le contexte actuel, les arguments les plus propices à la démonstration de sa nécessité ? C'est ce à quoi je tenterai de répondre ici.

Introduction

La liberté saute d'abord du train...
et c'est au milieu du saut qu'elle se nomme.
Pierre Perrault

Comment penser aujourd'hui les réalités consubstantielles que sont la langue, la culture et l'indépendance, ces enjeux permanents de notre destin national ?

Hubert Aquin avait parfaitement compris et exposé cette dynamique de notre existence nationale dans un texte magistral, « La fatigue culturelle du Canada français », publié en 1962 dans la revue *Liberté*.

D'abord, et c'est l'idée centrale du texte, il affirme que, d'un point de vue anthropologique, « [l]e Canada français est une culture globale ». Autrement dit, et il le dit : « une culture nationale [dont] le séparatisme n'est qu'une de ses manifestations constituantes » et, spécifie-t-il, « sa force de frappe est plus grande que celle de toutes les autres formes d'existence culturelle parce qu'elle contient un germe révolutionnaire qui peut remettre en question l'ordre constitutionnel établi à l'échelle du Canada ». Mais, précisément, c'est parce que ce séparatisme n'est continuellement qu'un germe que « [l]a culture canadienne-française offre tous les symptômes d'une fatigue extrême ».

Il est en effet épuisant de devoir toujours prouver la légitimité de son existence, de devoir toujours s'exporter hors de soi-même pour se faire reconnaître. Il est épuisant de vivre sous la tutelle d'un pouvoir étranger qui conteste habilement votre culture, de manière d'autant plus assujettissante qu'il la subventionne en partie, au gré de ses intérêts politiques ponctuels. Il est épuisant de vivre dans la dépendance, tant le prix à payer est exorbitant, puisqu'il implique non seulement le renoncement à l'autodétermination de ses priorités existentielles, mais à la définition même de son être.

C'est bien de cette fatigue dont parle Hubert Aquin, celle d'une culture globale nourrie du réel vouloir-vivre collectif d'une nation qui le manifeste épisodiquement d'un siècle à l'autre, avec plus ou moins de révolte et de détermination, mais sans jamais oser prendre le risque de la liberté.

Qu'en est-il aujourd'hui? Le Québec est-il encore dans la fatigue décrite par Hubert Aquin?

Indubitablement.

Bien sûr, le peuple québécois est plus créateur, plus dynamique, plus conscient de sa spécificité, plus puissant qu'il ne l'a jamais été au cours de son histoire. Les découvertes de ses scientifiques, les théories de ses penseurs, les œuvres de ses artistes et de ses écrivains, l'inventivité et l'audace de ses industriels en matière de productions manufacturières et culturelles, bref, les savoirs et les savoir-faire de ses spécialistes dans tous les domaines de l'activité humaine sont nombreux et reconnus ici et dans le monde, autant pour leur caractère original que pour leur exacte insertion dans la contemporanéité. Et que dire des multiples manifestations de sa culture populaire qui ne cesse de s'inventer des fêtes et des festivals, de fouiller dans sa généalogie, de brasser ses bières, de fabriquer d'excellents fromages, de mettre en valeur chaque attrait touristique de ses villages?

Et que dire de la vitalité de ses innombrables mouvements sociaux pour la défense de ses intérêts collectifs dans tous les domaines : développement de l'économie sociale ; protection de l'environnement ; promotion de l'égalité entre les hommes et les femmes ; promotion d'un plus juste partage de la richesse tirée de l'exploitation de ses ressources naturelles et des fruits de son travail ?

Le plus remarquable, cependant, est la nouvelle aptitude du peuple québécois à donner naissance à des philosophes, c'est-à-dire à des penseurs qui posent sur leur propre société et celle des autres un regard qui lui est propre, et qui lui renvoie de lui-même et du monde une représentation qui lui est à la fois particulière et universelle. Grâce à ce travail de la pensée, les Québécois de nationalité canadienne-française se laissent de moins en moins définir par les autres, se réfèrent de plus en plus à eux-mêmes pour affirmer les qualités de leur identité, les œuvres de leurs prédécesseurs, dans tous les domaines du savoir, de l'art et de l'entrepreneuriat devenant sources d'inspiration et de recréation.

C'est un des aboutissements, et pas le moindre, du travail de désaliénation entrepris par le mouvement indépendantiste à la fin des années 1950, et mené sans cesse depuis. Ainsi envisagé, le Québec apparaît comme une société en pleine forme.

Il faut néanmoins se demander si toutes ces réussites personnelles et toutes ces réalisations collectives font pour autant du Québec une culture globale.

On ne peut répondre à cette question sans préalablement donner une définition de la culture. Ce sera ici celle formulée par Michel Freitag, et que je fais entièrement mienne : la culture, « c'est la synthèse de toute l'expérience humaine d'une société dans l'intégration et l'harmonisation de ses diverses expressions à travers les médiations d'une langue commune ». Ce qui veut dire qu'une culture nationale est le résultat conjugué de : 1) un enracinement dans les traditions et valeurs d'une nation, 2) une nécessaire rupture avec ces traditions et valeurs, et 3) leur réinvestissement créateur pour les transformer sans faire perdre son identité à cette nation. Il apparaît alors évident que le Québec n'est pas une culture globale, alors qu'il ne cesse de se dénationaliser en rapetissant sans fin la définition de la nation, jusqu'à la réduire à la seule existence citoyenne ; alors qu'on peut être Québécois, le territoire étant devenu la principale assise de l'identité, et vivre au Québec de la naissance à la mort sans parler la langue française, sans même la comprendre ; alors qu'on peut accéder aux plus hautes fonctions et orienter l'évolution de la société sans jamais se référer à la culture de la majorité historique, et ainsi, la détourner d'elle-même.

D'autant plus facilement que cette majorité canadienne-française rejette les traditions et les valeurs qui ont fondé et constitué sa culture tout en étant incapable d'en faire son deuil, incapable de la dépasser en la transformant globalement sans en perdre la mémoire, comme le démontre Fernand Dumont dans *Genèse de la société québécoise*. Cette inaptitude de la majorité historique à se réapproprier les déterminants et les valeurs de la culture ancienne sans en reproduire les désuétudes, les déficiences et les dérives est la conséquence de son impuissance à mener la Révolution tranquille à son aboutissement logique, soit à la création d'un État souverain. Donc conséquence de cette conséquence, le peuple du Québec n'existe pas comme société organique, intégratrice de la multitude des expressions actuelles qui le forgent, expressions non seulement divergentes, ce qui est souhaitable, mais contraires à la réalisation de tout projet de société nationale, ce qui est corrosif.

Bref, le Québec comme culture globale, c'est-à-dire comme nation, n'est encore qu'une virtualité. Il ne deviendra réalité qu'avec l'avènement d'un État souverain, seule instance capable d'assurer la jonction du politique et du culturel. Comment cela sera-t-il possible dans un monde qui se transforme sans lui, qui est en train de restructurer complètement les rapports sociaux de domination à l'intérieur des États et entre les États ? Comment cela sera-t-il possible dans un monde où les relations entre société, langue et culture, autrefois inextricables, sont l'objet d'attaques virulentes visant à les dissocier, précisément dans le but de détruire les cultures nationales ?

1. Culture et démocratie aujourd'hui

*Nous sommes en danger de perdre la mémoire
et perdre la mémoire, ce n'est pas seulement perdre
les trésors hérités du passé, ce qui est déjà énorme,
perdre la mémoire, c'est aussi et surtout perdre la
profondeur de l'existence humaine.*
Hannah Arendt, citée par Serge Cantin
dans *Philosopher au Québec*, t.1

Comment penser aujourd'hui les réalités consubstantielles que sont la langue, la culture et l'indépendance, ces enjeux permanents de notre destin national? Comment penser aujourd'hui ces objets de tous nos débats et combats depuis plus de deux siècles, si ce n'est en tenant compte des transformations profondes apportées aux rapports sociaux par le Web?

Moyen de communication tout-puissant, il préside à la création et à l'implantation d'une civilisation mondiale qui envahit la planète en minant, sur son passage, non seulement les cultures nationales, mais aussi tous les particularismes.

Source devenue prédominante d'informations diffusées en nombre considérable et en un temps record, le Web ouvre des pistes de recherches et de découvertes précieuses qui seraient autrement inaccessibles à des milliers d'individus qui peuvent en tirer profit et à leur tour enrichir la compréhension de nombreux nouveaux phénomènes naturels et intellectuels qui régissent l'univers. Pourtant, en son état actuel, ce caractère exclusivement instrumental de l'informatique dépouille la réalité de son objectivité et contribue à la déréalisation du monde. Évidemment, l'intelligence humaine étant ce qu'elle est, sait toujours réajuster ses démarches cognitives en fonction de l'évolution des besoins humains. Pour l'instant, cette déréalisation entraîne la dévalorisation de la mémoire comme outil de connaissance, l'appauvrissement de la communication, le morcellement de l'espace public qui favorise l'atomisation sociale, la dissolution du sens de l'intérêt commun, la perte du sentiment d'appartenance à toute communauté spécifique, notamment à la nation.

Il menace de plus toutes les conditions de l'existence et de l'exercice de la démocratie, malgré les apparences contraires que projettent aux regards superficiels les récentes explosions de révolte populaire dans quelques pays arabes, qui ont rassemblé des foules considérables dans les rues, grâce à des appels à la mobilisation transmis par téléphones cellulaires, iPad, iPod et autres outils de la télécommunication.

Il importe donc de comprendre que la démocratie liée à l'avènement et au développement des sociétés capitalistes libérales n'existe plus. Dans ces sociétés basées sur la division du travail et sur l'appropriation privée des moyens de production, c'était le droit, et l'idéologie juridique qu'il génère, qui avait pour tâche de rendre efficaces, dans chaque État national et entre eux, les rapports sociaux de production. Non seulement le droit imposait, par la contrainte des divers appareils de l'État, des lois qui subordonnaient l'ordre public à la propriété privée, mais il sanctionnait l'illusion de l'égalité des rapports en laissant croire à chaque citoyen qu'il est un sujet de droit égal à tout autre parce qu'il est propriétaire (de quelque chose) en puissance. Quand elle fonctionnait bien, cette idéologie juridique permettait l'accumulation sans heurts du capital dans les mains de quelques-uns. Quand elle n'arrivait pas à occulter l'inégalité réelle des rapports sociaux surgissaient des conflits que les lois en vigueur étaient impuissantes à régler et qui dégénéraient en luttes ouvertes de toutes sortes dont l'issue dépendait alors du rapport réel des forces en présence. C'est ce qui, jusqu'à récemment, a rendu possibles, à l'intérieur du système, quelques grandes victoires des organisations ouvrières telles que la reconnaissance du droit des travailleurs à se syndiquer, les mouvements féministes et le droit des femmes de voter, le mouvement de décolonisation et le droit des peuples à s'autodéterminer, etc. Chaque victoire arrachée de haute lutte se transformait alors en droit acquis, bientôt sanctionné par une nouvelle loi. Ainsi se rétablissait pour un temps donné le consensus social que postule la démocratie capitaliste.

Aujourd'hui, nous vivons dans des sociétés décisionnelles entièrement et conjointement contrôlées par des gestionnaires, ceux de l'État, de la finance, du marché et du savoir. Nous assistons ainsi à l'implantation d'un système fondé sur le développement toujours plus poussé et plus rapide de l'informatique et des télécommunications, puisque ce sont ces technologies qui permettent de prévoir les situations, d'une part, et d'autre part, de conditionner les mentalités et les comportements. Ce système repose entièrement sur l'atomisation de la société et sur l'instauration à l'échelle mondiale d'une nouvelle civilisation basée sur une uniformisation générale des modes de vie, des savoirs et des savoir-faire, d'où une diffusion massive des mêmes informations et des mêmes messages, afin de provoquer, partout et en même temps, les mêmes besoins, d'inculquer les mêmes goûts, de développer les mêmes compétences, de répandre les mêmes idées et de promouvoir les mêmes valeurs. Ce que Sloterdijk appelle le « monde synchronisé ». Il s'agit de détruire le potentiel productif de chaque société qui tient à l'originalité de sa culture, à sa manière spécifique d'attribuer utilité et signification aux objets. Il s'agit de pulvériser toutes les différences culturelles afin de transformer les sociétés en consommatrices passives de tout ce qui dérive des innovations technologiques produites par les firmes transnationales. La culture se voit ainsi investie, par la nouvelle classe des gestionnaires, de deux fonctions primordiales : une fonction économique, qui consiste à établir de vastes marchés porteurs des nouvelles technologies, et une fonction politique, qui vise à implanter de nouvelles méthodes de contrôle social par la substitution des normes de l'information à celles de la connaissance. Ce phénomène opère une modification substantielle des modes de communication. Avec comme effets majeurs : 1) l'éclatement de toutes les structures d'une communication créatrice de lien social et d'identité collective et leur remplacement par une structure productrice d'individus interchangeables et anonymes ; 2) le remplacement de l'œuvre par le produit culturel, et celui des exigences de la connaissance par les normes de l'information ; 3) la disparition des idéologies structurantes de valeurs communes ; et 4) le retour de toutes les formes de fondamentalismes obscurantistes.

2. Culture et lutte pour l'indépendance

La lutte contre cette érosion des structures de la démocratie est un des motifs de la nécessité de l'indépendance, puisqu'elle ne peut être menée, sur notre territoire et à l'échelle mondiale, que par des nations qui contrôlent leurs systèmes de communication, ceux-ci constituant le système nerveux des sociétés contemporaines. Or, qu'il s'agisse des politiques relatives au transport, aux échanges internationaux en matière d'éducation et de culture, à la radio-télédiffusion, au développement de la recherche scientifique, à l'aide à la création, le gouvernement fédéral ne cesse d'étendre sa toile d'araignée sur toutes les institutions et les champs de compétence québécois. Il nous impose ainsi des solutions qui, non seulement ne répondent pas à nos besoins réels, mais qui entravent la recherche de nos propres solutions et l'expression de nos propres conceptions du monde, détruisant peu à peu notre personnalité. Seul un Québec indépendant disposera d'une compétence exclusive en matière de communication, devenue si nécessaire à sa propre affirmation nationale et, dans le contexte de mondialisation de tous les échanges, à sa contribution à celle de toutes les nations.

La culture et la démocratie sont des phénomènes sociaux considérables qui participent de deux ordres différents. La première est affaire de création et de transmission, la seconde, de politique et de droit. Et les rapports qu'elles entretiennent ne sont pas d'emblée évidents et sont très récents dans l'histoire. De plus, là où elles existent, leurs modes d'établissement et de fonctionnement sont très variés.

Un bref survol du temps et de l'espace nous permet de voir qu'une culture peut naître et se développer, et même atteindre un haut niveau d'originalité et d'universalité, sous n'importe quel régime politique, de la tyrannie à la démocratie, en passant par toutes les formes de l'autocratie, de la monarchie et de la dictature, comme elle le peut dans n'importe quel système économique. La démocratie, d'existence récente, ne peut, au contraire, survivre aujourd'hui que si elle est appuyée sur la force de la culture de chaque nation. Le lien qui unit démocratie et culture aura été un bref phénomène historique. Sous les coups de la mondialisation de toutes les productions humaines, il s'effrite maintenant, entraînant la dislocation des sociétés et des cultures nationales.

Aujourd'hui, en effet, culture et démocratie, et c'est là le lien qui les unit encore, ont en commun d'être gravement menacées par les processus uniformisants et sans cesse accélérés de la mondialisation de tous les échanges, engendrés par celle de l'économie qui repose sur le capital financier et la concentration du pouvoir entre les mains de ceux qui le gèrent.

Paradoxalement, la culture, aujourd'hui, se caractérise par la résistance à cette culture des gestionnaires qui ne peut s'accommoder de l'unité entre l'expérience et la conscience, entre le savoir et l'action qui caractérise la connaissance. Or, seule la connaissance met en circulation des énoncés qui produisent du sens et qui motivent l'action dans la mesure où ils correspondent toujours aux traditions propres à une culture, à ce mode spécifique de communication qui permet la participation active, inventive et intégrée des individus à divers modes collectifs de la vie socioculturelle. Il n'y a véritable communication que si, et seulement si, ce qui est dit l'est à partir d'un déjà dit.

La culture, aujourd'hui, c'est la prise de conscience active de l'absolue nécessité de la transmission de la culture, puisqu'en effet le langage précède toujours ceux qui vont l'apprendre. Sa puissance interne est si vaste et si profonde que les philosophes ont vu en lui la « maison de l'être ». La culture, aujourd'hui, c'est d'être capable de voir pourquoi les langues et les cultures nationales constituent la barrière principale au déferlement de la culture marchande des gestionnaires du capitalisme financier, de ces gestionnaires qui nous disent que nous devons tous faire preuve de plus de mobilité, de moins d'identité. Ces systèmes symboliques les heurtent parce qu'ils ne se plient pas aux exigences d'uniformisation et d'accélération de l'ordre économique mondial. Pour la classe des gestionnaires pressés du capitalisme financier, l'acquisition d'une langue étrangère est la pire des épreuves. De leur point de vue, les langues naturelles du monde entier constituent les plus grands obstacles à leur domination économique. Selon eux et leurs intérêts, il faudrait que toutes les situations puissent être saisies et exposées dans le langage informatique et formulées en *Basic English*. À cause des résistances des cultures nationales, les planificateurs de cet ordre économique mondial proposent des programmes d'enseignement positivistes, constructivistes, c'est-à-dire qui rejettent les sciences humaines en général et les formations littéraires et artistiques en particulier. Ils ont compris qu'il faut des journées entières pour lire Victor-Lévy Beaulieu, et qu'une œuvre comme *Don Quichotte de la Manche* de Cervantès retient l'intérêt du lecteur pendant quelques semaines. Et que dire de l'apprentissage des fugues de Bach et des sonates de Beethoven?

C'est pour cette raison que la défense des valeurs nationales se répand comme une traînée de poudre à travers le monde occidental. Loin d'être réactionnaire, cette affirmation est devenue le fer de lance de l'exercice de la démocratie. Ce sont désormais des batailles progressistes et libératrices, comme l'a montré, il y a quelques années, la lutte menée en France, sous l'égide des partis de gauche, contre l'adhésion à la Constitution européenne.

Il importe plus que jamais, écrit Peter Sloterdÿk, d'« être d'un lieu et dans un lieu ». Cette défense du local contre le global n'est pas politique seulement, ni d'abord pour des raisons nationalistes : elle est politique dans la mesure où la communauté, la cité, la nation et même des groupes de nations sont les réalisations d'une volonté incarnée sur les lieux et dans les cadres de leur existence, afin d'empêcher les « sectes multinationales » — l'expression est de Sloterdÿk — de s'emparer de l'État, donc de détruire la possibilité même de la démocratie.

Faire l'indépendance du Québec s'inscrit dans cette nécessaire affirmation de notre existence comme culture globale pour affronter avec force et succès la menace d'homogénéisation de l'actuelle civilisation mondiale. Pour répondre à cette exigence, nous devons nous donner un État souverain qui, seul, peut assurer notre présence autonome sur toutes les scènes internationales où se prennent des décisions qui affectent notre société dans toutes ses activités. Seul cet État nous permettra de développer des relations d'échange et de réciprocité avec la France et les autres pays de langue française, également avec tous ceux avec lesquels nous nous reconnaîtrons des aspirations et des intérêts communs. Cette exigence de présence active au monde est devenue une nouvelle raison pour le Québec d'accéder à l'indépendance nationale. Elle est même ce qui l'y oblige pour échapper à l'enfermement provincial.

3. Un peuple en lutte

Quand nous défendons le français chez nous,
ce sont toutes les langues du monde que nous
défendons contre l'hégémonie d'une seule.
Pierre Bourgault

En plus de devoir affronter les défis communs à toutes les sociétés nationales face à cette civilisation marchande qui envahit la planète en minant tout sur son passage, le peuple québécois continue à subir les contraintes profondes et durables, d'ordre politique, économique et juridique, qui, dans les différents cadres constitutionnels canadiens depuis 1760, ont marqué son destin national d'une constante fragilité. D'où la permanence de ses luttes, soit pour assurer sa survie, soit pour réaliser son indépendance.

Tenir à sa différence, c'est tenir à son existence et l'assurer[20], soutient Claude Lévi-Strauss dans *Le regard éloigné*. Sans la volonté farouche de tous les peuples de la terre de ne pas laisser contaminer leur culture par une autre, l'humanité n'existerait pas, va jusqu'à affirmer le savant ethnologue : « Que chaque peuple ait tenu à ses racines et ait pris conscience de leur prix a été la manière spécifique à chacun d'assurer son existence et la survie de l'humanité. » Il ne peut exister de société qui aurait refusé systématiquement de voir les dangers qui la menaçaient sans prendre les mesures de protection nécessaires. Une société qui en arriverait à une telle démission serait déjà trop malade pour survivre. Il faut être aliéné, comme le sont de trop

---

20. Reformulation de l'auteur.

nombreux politiciens, intellectuels et éditorialistes québécois, pour détecter du racisme ou même de la xénophobie dans des mesures telles que la loi 101, édictée par l'Assemblée nationale du Québec, non pour asservir quelque autre culture, mais pour permettre l'épanouissement de la culture québécoise. Il s'agit en fait de la plus banale des exigences, la langue française étant la chair et l'os de l'identité culturelle du peuple québécois, l'assise de son existence comme société distincte et nation en devenir.

Il est en effet facile de démontrer que la langue française constitue dans notre histoire l'élément primordial de la vitalité de notre culture et de la viabilité de notre société. La langue française a été de façon permanente le seul lieu inattaquable de notre identité parce que c'est le seul domaine de notre vie nationale où la majorité des Québécois n'a jamais accepté qu'un pouvoir étranger porte atteinte à son droit inaliénable de la parler. Nous avons toujours vécu comme une oppression toutes les menaces directes ou sournoises qui la mettaient en péril. Alors qu'au contraire, nous subissons sans révolte, au moins depuis 1867, la domination politique, économique et sociale qui s'exerce sur nous. Dans nos perpétuels va-et-vient entre la résignation et la volonté d'affirmation, c'est la langue française qui nous a enracinés dans une culture qui, toute fragmentée qu'elle soit, nous confère une identité spécifique. Nous avons en effet toujours été conscients qu'une langue coupée de l'action, c'est-à-dire que son usage ne s'étendrait pas à tous les domaines de l'activité sociale, nous condamnerait à des pratiques de plus en plus aliénantes et, peu à peu, à une perte totale de notre identité. Sans la loi 101 qui universalise l'usage de la langue française, nous serions à court terme condamnés à ne plus la parler que dans nos campagnes et dans nos églises. Ainsi, l'application rigoureuse de la loi 101 et, même, son renforcement par quelques nouvelles règles plus exigeantes constituent la condition la plus immédiate à mettre en vigueur pour assurer le fondement de notre culture qui, seule, peut garantir notre existence. Car, aussi menacée qu'elle le soit maintenant, elle demeure le fer de lance des luttes à mener sur tous les fronts pour l'indépendance, la réalisation de celle-ci étant devenue le rempart essentiel contre l'envahissement du modèle dominant de la culture imposé par les gestionnaires de la mondialisation, ici comme ailleurs, mais de manière plus corrosive ici qu'ailleurs. Le Québec n'existant pas comme culture globale, il n'a pas le pouvoir d'exercer une pleine et exclusive juridiction en matière de communication, alors que

dans le contexte actuel de développement des sociétés, les relations entre culture et communication et entre communication et tous les types de pouvoir sont devenues inextricables. Se donner les moyens de maîtriser les changements technologiques, de les enraciner dans la langue française et dans la culture québécoise est aujourd'hui une des raisons majeures de faire l'indépendance.

Conclusion

La profonde complexité des relations qui existent dans chaque société entre société, culture et langue a depuis toujours déterminé les différentes pratiques sociales des peuples et des nations, fournissant à l'imagination collective les solutions appropriées aux problèmes à affronter. C'est ainsi que dans l'histoire, un même niveau de développement technique n'entraîne pas nécessairement une uniformisation des modes de vie et d'organisation sociale, ni ne donne lieu au même type de système politique, moral et philosophique. L'existence d'un fond commun à toutes les sociétés également développées n'a jusqu'à maintenant jamais empêché l'émergence de toutes sortes de productions particulières. La spécificité des rapports entre société, culture et langue, propre à chaque peuple, à chaque nation, favorisait des choix différents dans une combinatoire dont les règles pouvaient être communes, mais non les réalisations.

Or, c'est depuis toujours le désir de chaque peuple de modeler son univers selon ses intentions et sa vision du monde qui est source de créativité. Et cette créativité tient à la richesse d'une culture qui permet l'expression des variations les plus fines de la correspondance infiniment complexe entre la pensée et l'action. Affermir chaque culture est devenu l'exigence commune de toutes les nations face à la menace d'homogénéisation de l'actuelle civilisation mondiale.

S'il en a la lucidité et le courage, le peuple québécois peut entrer dans ce concert des nations, en réalisant son indépendance. C'est un projet révolutionnaire qui nécessite une action révolutionnaire. Peut-être aurons-nous maintenant l'audace de l'accomplir. Peut-être même dans un avenir rapproché, l'histoire étant faite de revirements brusques et inattendus.

Références

Dumont, F. (1993). *Genèse de la société québécoise*, Montréal, Éditions du Boréal.

Ferretti, A. *Culture et démocratie* (texte non publié d'une conférence prononcée dans le cadre des soirées Souveraineté et démocratie, organisées par feu Marc Brière).

Freitag, M. (1983). «Transformation de la société et mutation de la culture», numéros 2 et 3 de la revue *Conjoncture*, éditions coopératives Albert Saint-Martin.

Lévi-Strauss, C. (1983). *Le regard éloigné*, Paris, Éditions Plon.

Sloterdijk, P. (2006). *Le Palais de cristal: À l'intérieur du capitalisme planétaire*, Francfort, Maren Sell éditeurs.

Chapitre 4

Immigration, diversité et citoyenneté dans un Québec souverain

Micheline Labelle

Introduction

En 2010, on évaluait à 3 % de la population mondiale le nombre d'immigrants internationaux. La migration de travailleurs qualifiés ou peu qualifiés est l'une des cinq composantes de la mondialisation avec le commerce des biens et services, les investissements étrangers et les délocalisations, la finance et les mouvements de capitaux, les flux internationaux de technologie et de connaissance. Toutefois, elle est souvent omise dans les analyses de la mondialisation (Mouhoub, 2005, p. 27). Une autre catégorie importante concerne les personnes déracinées dans le monde. Cela comprend des réfugiés (15,4 millions), des personnes déplacées à l'intérieur de leur pays (27,5 millions), des demandeurs d'asile (près de 850 000) et des personnes apatrides ; au total 43,7 millions en 2010. Or, en dépit des craintes inspirées par les réfugiés dans les pays industrialisés, 80 % des réfugiés aujourd'hui vivent dans des pays « pauvres » (UNHCR, 2010).

La nouvelle immigration internationale résulte de plusieurs types de changements : l'effondrement de l'Union soviétique, les conflits armés dans plusieurs régions du monde (Irak, Afrique,

Afghanistan) et les désastres naturels. Elle dépend également de l'accroissement des inégalités à l'échelle mondiale, de l'action des sociétés multinationales qui supplantent les petits producteurs locaux, des accords de libre-échange, du recrutement planifié de travailleurs temporaires et des réseaux familiaux de migration (Sassen, 2000; Wihtol de Wenden, 2009; Castels, 2010; Portes, 2010). Les migrations «correspondent à plusieurs logiques différentes de la mondialisation: les migrations de diplômés et de personnels qualifiés s'insèrent dans une logique de division co-gnitive du travail dans le contexte de la montée d'une économie fondée sur le savoir» (Mouhoud, 2005, p. 3). Elles se font dans toutes les directions, sud-nord, intrarégionales, etc.

Autre phénomène, la mondialisation, la croissance urbaine et l'immigration internationale sont des processus interreliés. On parle aujourd'hui de «cités globales» qui sont des centres de commande et de contrôle du capital mondial ainsi que des centres de destination pour une large proportion de migrants. C'est le cas au Québec, où 88 % des immigrants internationaux se concentrent dans la grande région de Montréal.

Au recensement de 2006, le Québec comptait 7,6 millions d'habitants, dont 11,6 % sont nés à l'étranger. En comparaison, la proportion d'immigrants au Canada est de 20 %, de 12 % aux États-Unis et de 4,4 % au Royaume-Uni. On dénombre au Québec 150 langues et plus de 200 religions. L'islam est en nette progression, mais les musulmans ne représentent que 1,5 % de la population (Labelle, 2008, p. 45).

Le Québec a accueilli près de 54 000 personnes en provenance de 185 pays en 2010. Les immigrants hyper qualifiés sont présents dans les PME (secteurs non syndiqués; secteur des nouvelles technologies de l'information et de la communication, comme le support informatique, le Web, les médias, etc.), dans les grandes organisations (Hydro-Québec, STM, SAQ) et dans les entreprises multinationales (Bombardier, SNC-Lavallin, ABB). Toutes les organisations syndicales (CSQ, FTQ, CSN) sont concernées par l'insertion des immigrants dans les milieux de travail, leur syndi-calisation et leur égalité au sein de leurs propres rangs.

Le multilinguisme est fréquent chez les immigrants, et leurs liens transnationaux ouvrent toutes sortes de fenêtres d'opportunité (commerce, tourisme, industrie, technologies de l'information). Selon le gouvernement du Québec, l'immigration doit contribuer «au développement durable du Québec et de ses régions, dans le respect des valeurs communes» (Québec, MICC, 2011a, p. 3). Cela signifie que l'immigration internationale constitue un atout économique et a un impact sur l'innovation (élargissement de l'expertise québécoise sur la scène internationale, accès aux marchés étrangers, investissement et création d'entreprises, apport de main-d'œuvre dans des secteurs de pointe, etc.). Elle représente aussi une économie sur la formation de la force de travail et sa reproduction, effectuées dans les pays d'origine, ce que maintes études ont démontré depuis des décennies.

Cependant, l'immigration contribue également à renforcer la segmentation du marché du travail par l'utilisation de travailleurs à bon marché et à statut vulnérable (travailleurs temporaires, sans papiers), échappant souvent aux normes du travail ou acceptant des tâches qui rebutent aux nationaux. Des mesures de protection des droits contre l'exploitation et la discrimination sont donc hautement nécessaires. La hausse du chômage depuis 2008 est plus élevée pour les immigrants que pour les natifs dans presque tous les pays de l'OCDE. En 2009, le taux de chômage des jeunes était de 15 % aux États-Unis, de 20 % au Canada et de 24 % pour l'Union européenne (SOPEMI, 2010).

Quant aux politiques d'immigration et d'intégration, elles deviennent de plus en plus complexes et contradictoires, les États poursuivant des objectifs souvent irréconciliables; par exemple l'approvisionnement en main-d'œuvre, le contrôle des migrants temporaires, la lutte contre les migrations irrégulières, le droit d'asile et la sécurité, l'attribution de la citoyenneté et la redéfinition de l'identité nationale. À ce propos, ces politiques s'inscrivent de plus en plus dans un climat sécuritaire planétaire et dans la montée du néoconservatisme, tant au Québec qu'ailleurs.

Ces objectifs exigent une articulation cohérente entre les niveaux de pouvoir internationaux, nationaux et municipaux. Ils exigent une politique de frontières qui concerne l'admission, l'accueil, l'incorporation/intégration et la naturalisation, sans compter une vision propre de l'aménagement de la diversité ou du «vivre ensemble». Or, dans l'état actuel des choses, le Québec a des pouvoirs incomplets en ces matières, en dépit du fait que la Chambre des communes ait reconnu, en novembre 2006, que les Québécois forment une nation au sein du Canada. Ce texte vise à en faire la démonstration et défend l'idée que seul un Québec souverain serait en mesure de définir lui-même son régime d'immigration et de citoyenneté et d'adhérer aux engagements internationaux qui lui conviennent[21].

1. Les pouvoirs en matière d'immigration

1.1. Les pouvoirs fédéraux et provinciaux actuels

L'immigration est un domaine de compétence partagé entre le gouvernement fédéral et les provinces. Le Canada et le Québec ont des ententes en matière d'immigration depuis 1971, l'Entente Couture-Cullen de 1978 étant la troisième du genre. En vertu de cette entente, le Québec a joué un rôle important en ce qui concerne les immigrants indépendants, c'est-à-dire ceux qui sont sélectionnés selon des facteurs économiques et sociaux visant à évaluer leur aptitude à s'adapter. Dans ce but, le Québec a décrété son propre système de points d'appréciation. En prolongement de cette entente, celle qui a été conclue en 1991 entre les deux paliers de gouvernement, l'*Accord Canada-Québec relatif à l'immigration et à l'admission temporaire des aubains* (mieux connu sous le nom d'Entente Gagnon-Tremblay-McDougall, du nom des deux ministres responsables de l'immigration au Québec et au Canada), définit les responsabilités qui incombent respectivement aux gouvernements québécois et canadien. Celles-ci sont reflétées dans les législations québécoise et fédérale ainsi que dans les directives administratives (Québec, MICC, 2011b, p. 3).

Le gouvernement fédéral demeure responsable de l'admission des immigrants sur le territoire canadien ; des volumes d'immigration pour le Canada en prenant en compte la planifi-

---

21. Mes remerciements les plus sincères à Me André Binette, à Xavier Dionne et à Ann-Marie Field pour leurs conseils judicieux.

cation du gouvernement québécois; des critères et des conditions de séjour (durée, autorisation de travail et d'études); et des critères d'interdiction de territoire (raisons de santé, de sécurité, de criminalité). Il définit les normes générales de traitement et les catégories générales d'immigration. Il détermine les catégories de la famille et les responsabilités financières du parrainage. Il est le seul responsable du traitement des demandes d'asile faites sur le territoire canadien. Enfin, il définit et accorde la citoyenneté (*ibidem*, p. 4-5).

Le Québec a pour sa part obtenu la responsabilité exclusive dans trois domaines relatifs à l'*immigration permanente*: 1) le volume d'immigrants souhaité; 2) la sélection des candidats qui veulent s'établir sur son territoire (à l'exception des demandeurs de statut de réfugié et des membres de la catégorie du regroupement familial); 3) la gestion et le suivi des engagements de parrainage ainsi que leur durée. Par ailleurs, en matière d'*immigration temporaire,* le consentement du Québec est requis en ce qui concerne: 1) l'octroi de permis de travail; 2) la remise de permis d'études et l'admission des étudiants étrangers, sauf lorsque ces derniers participent à un programme canadien d'assistance aux pays en voie de développement; 3) l'autorisation donnée à un visiteur de se rendre au Québec pour y recevoir des traitements médicaux (*ibidem*, p. 3).

L'Accord de 1991 cherche à préserver le poids démographique du Québec au sein du Canada et à favoriser l'intégration des immigrants dans le respect de son « caractère distinct » (article 2). Dans cet esprit, le gouvernement du Canada s'est engagé à permettre au Québec de recevoir un pourcentage du total des immigrants admis au Canada égal au pourcentage de sa population par rapport à la population canadienne, avec le droit (jamais exercé à ce jour) de dépasser ce chiffre de cinq pour cent pour des raisons démographiques. Selon les termes de l'Accord Canada-Québec, l'État québécois est responsable des services d'accueil et d'insertion économique et linguistique offerts aux résidents permanents. Une compensation financière est versée pour que le Québec puisse prendre en charge ces responsabilités dans la mesure où ces services correspondent à ceux offerts par le gouvernement canadien et qu'ils sont offerts aux résidents permanents qui auraient pu être sélectionnés par le Canada (Labelle, Rocher et Antonius, 2009).

Un Québec souverain disposerait d'une totale maîtrise pour définir des objectifs démographiques, économiques et humanitaires en matière d'immigration internationale, élaborer une loi et des règlements sur l'immigration et la protection des réfugiés, définir les catégories de migration permanente (économique, parrainage, demandeurs d'asile, réfugiés, personnes en situation de détresse) et temporaire (visiteurs, étudiants, travailleurs temporaires), fixer les volumes annuels, déterminer les procédures d'appel relatives aux demandes d'asile, etc.

1.2. Les engagements internationaux

Plusieurs des traités internationaux sur les droits de la personne comprennent des articles qui concernent la protection des migrants et de leurs familles.

En plus d'appuyer les principes généraux énoncés dans la Déclaration universelle des droits de la personne de 1948, le Canada a ratifié les six traités internationaux de l'ONU sur les droits de la personne et a soumis des rapports sur sa mise en œuvre de chaque traité : la Convention internationale sur l'élimination de toutes les formes de discrimination raciale, le Pacte international relatif aux droits civils et politiques, le Pacte international relatif aux droits économiques, sociaux et culturels, la Convention sur l'élimination de toutes les formes de discrimination à l'égard des femmes, la Convention contre la torture et autres peines ou traitements cruels, inhumains et ou dégradants, et la Convention relative aux droits de l'enfant. Plusieurs de ces traités concernent la libre circulation, le droit à une nationalité, la non-discrimination. L'article 3 de la Convention contre la torture et autres peines ou traitements cruels, inhumains et ou dégradants stipule qu'«aucun État partie n'expulsera, ne refoulera ni n'extradera une personne vers un autre État où il y a des motifs sérieux de croire qu'elle risque d'être soumise à la torture».

À noter, le Canada n'a pas ratifié la Convention sur les travailleurs migrants, adoptée par l'Organisation internationale du travail en 1949. Il n'a pas ratifié non plus la Convention internationale sur la protection des droits de tous les travailleurs migrants et des membres de leur famille, adoptée par l'Assemblée générale des Nations Unies en 1990. Cette convention internationale protège les droits fondamentaux des migrants résidant légalement dans le pays hôte aussi bien qu'en situation irrégulière. Cela en fait un instrument international assez unique, selon les experts. Le Canada refuse également de ratifier la Convention américaine relative aux droits de l'homme. Or, c'est un instrument qui contient plusieurs droits civils (droit à la vie, à la liberté, à la dignité, interdiction de l'esclavage et de la servitude, etc.) pouvant garantir une meilleure protection aux migrants. Il comprend un mécanisme de supervision des obligations des États contractants, et la Cour interaméricaine des droits de l'homme a rendu, à ce jour, plusieurs arrêts défendant les droits des migrants et des demandeurs d'asile (communication personnelle de la chercheuse Idil Atak).

En juin 2011, les délégués réunis à la 100e Conférence annuelle de l'Organisation internationale du travail (OIT) ont adopté une nouvelle convention internationale visant la protection des travailleuses et travailleurs domestiques, dont on estime que le nombre se situe entre 53 et 100 millions à l'échelle mondiale. La Convention concernant le travail décent pour les travailleuses et travailleurs domestiques exige des États que le travail domestique soit régi par des normes comparables à celles des autres formes de travail (heures de travail, salaire minimum, périodes de repos, sécurité sociale, protection de la maternité, etc.). Cette Convention n'est toujours pas en vigueur, mais le Canada s'est engagé à l'examiner. Il s'agit aussi de réglementer les agences d'emploi privées ou d'enquêter sur les plaintes reçues, par exemple. Human Rights Watch a souligné le caractère historique de cette convention.

L'Assemblée générale de l'Organisation des États américains (OEA), qui a eu lieu du 5 au 7 juin 2011, a adopté quelque 85 déclarations et résolutions dont huit concernent la lutte contre le racisme, les droits des autochtones et les droits des migrants et des personnes réfugiées[22].

---

22. Ces huit déclarations sont : Projet de Convention interaméricaine contre le racisme et toutes les formes de discrimination et d'intolérance ; reconnaissance et promotion des droits des personnes d'ascendance africaine dans les Amériques ; projet de Déclaration américaine des droits des peuples autochtones ; les droits humains de tous les travailleurs migrants et de leurs familles ; protec-

En ce qui concerne le projet de Convention interaméricaine contre le racisme et toutes les formes de discrimination et d'intolérance, soulignons que le Canada et les États-Unis ont manifesté des réticences, le Canada rappelant « ses décisions précédentes de se retirer officiellement des négociations relatives à un projet de Convention interaméricaine contre le racisme et toutes les formes de discrimination et d'intolérance » et les États-Unis signalant une « réserve » quant à la négociation de tout instrument « juridiquement contraignant » à cet égard.

Un Québec souverain devra prendre position sur ces engagements internationaux et s'impliquer dans le développement et la solidarité avec les pays sources d'immigration. Le fera-t-il ? Il aurait les mains libres pour prendre part aux débats sur la scène internationale afin de statuer sur ce type d'enjeux normatifs et politiques. En outre, le Québec pourrait signer des traités et des conventions que le Canada n'a pas ratifiés. Pour l'instant, le refus du Canada implique nécessairement, avec ou sans son consentement, le refus du Québec.

2. Les pouvoirs en matière de citoyenneté

Un autre champ d'intervention concerne la citoyenneté entendue au sens de la participation à la *res publica* (la chose publique), l'idée de citoyenneté ne se réduisant pas au statut juridique et à la détention d'un passeport. Elle implique également des aspects qui concernent les représentations symboliques de l'identité nationale et les modes d'appartenance à la communauté politique. D'ailleurs, on ne peut qu'observer l'interrelation fréquente de ces différents aspects dans les textes de l'État canadien sur le sujet.

---

tion des demandeurs du statut de réfugié et des réfugiés dans les Amériques ; traitement de la question des flux migratoires dans les Amériques selon une perspective de droits de la personne ; prévention et réduction des cas d'apatridie et protection des apatrides dans les Amériques ; prévention et élimination de l'exploitation sexuelle à des fins commerciales, du trafic illicite et de la traite des enfants et des adolescents. Voir http://www.oas.org/fr/41ag.

2.1. La citoyenneté canadienne

Le guide *Découvrir le Canada : Les droits et responsabilités liés à la citoyenneté* (Canada, 2011) fait état de la citoyenneté canadienne en ces termes :

> *Tous les citoyens canadiens ont des droits et des responsabilités, qui nous viennent de notre passé, qui sont garantis par le droit canadien et qui reflètent nos traditions, notre identité et nos valeurs communes. Les règles juridiques du Canada proviennent entre autres des lois adoptées par le Parlement du Canada et les assemblées législatives provinciales, de la common law, du Code civil de la France et de la tradition constitutionnelle héritée de la Grande-Bretagne.*

> *Ensemble, ces règles préservent pour les Canadiens une tradition de liberté ordonnée vieille de 800 ans, qui remonte à 1215, année de la signature de la Magna Carta (aussi appelée Grande Charte des libertés) en Angleterre, et qui comprend : la liberté de conscience et de religion ; la liberté de pensée, de croyance, d'opinion et d'expression, y compris la liberté de la presse ; la liberté de réunion pacifique ; la liberté d'association (Canada, 2011a, p. 8).*

La Constitution du Canada a été modifiée en 1982 afin d'inclure la *Charte canadienne des droits et libertés,* dont le libellé commence ainsi : « Attendu que le Canada est fondé sur des principes qui reconnaissent la suprématie de Dieu et la primauté du droit ». Selon le guide, « ces mots soulignent l'importance des traditions religieuses pour la société canadienne ainsi que la dignité et la valeur de l'être humain » (*ibidem*). La Charte précise les libertés fondamentales, les droits démocratiques, la liberté de circulation et d'établissement, les garanties juridiques et les droits à l'égalité. Le guide de 2011 souligne d'autres droits, dont les plus importants sont la liberté de circulation et d'établissement, les droits des peuples autochtones, les droits relatifs aux langues officielles, les droits à l'instruction dans la langue de la minorité et le multiculturalisme, « une caractéristique fondamentale de l'identité et du patrimoine canadiens » (*ibidem*).

Officiellement, la citoyenneté canadienne découle de la *Loi sur la citoyenneté* de 1985 qui a été mise à jour en 2011. L'article 5 de la *Loi sur la citoyenneté* précise que le ministre attribue la citoyenneté à toute personne qui, à la fois : en fait la demande ; est âgée d'au moins dix-huit ans ; est un résident permanent au sens du paragraphe 2(1) de la *Loi sur l'immigration et la protection des réfugiés* et a, dans les quatre ans qui ont précédé la date de sa demande, résidé au Canada pendant au moins trois ans en tout [...] ; a une connaissance suffisante de l'une des langues officielles du Canada ; a une connaissance suffisante du Canada et des responsabilités et avantages conférés par la citoyenneté ; n'est pas sous le coup d'une mesure de renvoi et n'est pas visée par une déclaration du gouverneur en conseil faite en application de l'article 20 (Canada, 2011b, p. 8).

L'article 15 du Règlement sur la citoyenneté concerne la procédure à suivre pour faire la demande (acte de naissance, pièces justificatives, etc.) et énonce les conditions d'obtention de la citoyenneté (un examen écrit ou une entrevue). L'évaluation se base sur deux critères fondamentaux : 1) la connaissance du Canada ainsi que des droits et responsabilités liés à la citoyenneté ; et 2) la connaissance suffisante du français ou de l'anglais. Les candidats adultes qui ont 55 ans ou plus n'ont pas besoin de passer l'examen pour la citoyenneté (Canada, 2011a, p. 6). Le candidat doit avoir une connaissance suffisante des principales caractéristiques de l'histoire politique et militaire, de l'histoire culturelle et sociale, de la géographie physique et politique et du système politique canadien en tant que monarchie constitutionnelle du Canada (*ibidem*, p. 64).

Au cours de la cérémonie d'attribution, le candidat doit prêter un serment d'allégeance :

Je jure (ou j'affirme solennellement) que je serai fidèle et porterai sincère allégeance à Sa Majesté la Reine Elizabeth Deux, Reine du Canada, à ses héritiers et successeurs, que j'observerai fidèlement les lois du Canada et que je remplirai loyalement mes obligations de citoyen canadien (ibidem, p. 2).

Le guide *Découvrir le Canada* insiste sur un certain nombre de valeurs communes et sur les responsabilités liées à la citoyenneté, soit respecter des lois, répondre à ses propres besoins et à ceux de sa famille, faire partie d'un jury lorsque demandé par le gouvernement, voter aux élections, offrir de l'aide aux membres de la communauté et protéger le patrimoine et l'environnement (*ibidem*, p. 9).

Quant à l'identité canadienne ou la définition du « nous », elle passe par la reconnaissance de « trois peuples fondateurs : les Autochtones, les Français et les Britanniques », tout en insistant sur l'unité dans la diversité. Aujourd'hui, le multiculturalisme « est une caractéristique fondamentale de l'identité et du patrimoine canadiens. Les Canadiens sont heureux de vivre ensemble et s'efforcent de respecter le pluralisme et de vivre en harmonie » (*ibidem*, p. 8).

2.2. La citoyenneté québécoise d'après les projets de loi 196 et 195

Si le Québec est bien un « peuple fondateur » et désormais une nation reconnue, il n'a pas de pouvoirs sur le terrain politique de la citoyenneté. De plus, les tentatives gouvernementales d'agir sur ce terrain sont rapidement décriées et délégitimées, comme en fait foi notre analyse du Forum sur la citoyenneté de 2000 (Labelle et Rocher, 2004).

Ainsi, dans le contexte de la Commission de consultation sur les pratiques d'accommodement reliées aux différences culturelles, et avant le dépôt du rapport de la Commission, Pauline Marois, chef du Parti québécois et de l'opposition officielle, déposait le projet de loi n° 195 sur l'identité québécoise (Québec, 2007a) et le projet de loi n° 196 sur la Constitution québécoise (Québec, 2007b ; Marois, 2007).

Ces projets sont morts au feuilleton, mais il vaut la peine de s'y attarder, car ils soulèvent plusieurs problèmes et lacunes que nous soulignerons en conclusion. Notons que madame Marois prévoit les relancer si elle devient première ministre lors de prochaines élections.

Le projet de loi sur l'identité québécoise visait à :
permettre à la nation québécoise d'exprimer son identité par : 1) l'élaboration d'une constitution québécoise ; 2) l'institution d'une citoyenneté québécoise ; 3) la prise en compte dans l'interprétation et l'application des libertés et droits fondamentaux du patrimoine historique et des valeurs fondamentales de la nation québécoise, notamment de l'importance d'assurer la

prédominance de la langue française, de protéger et de promou-
voir la culture québécoise, de garantir l'égalité entre les femmes
et les hommes et de préserver la laïcité des institutions publiques
(Québec, 2007a, p. 3).

Il concernait aussi l'adoption de dispositions législatives afin d'assurer la prédominance et la qualité de la langue française comme langue de travail et d'éducation, la compréhension de l'histoire nationale, la valorisation de la culture québécoise et l'intégration des ressortissants étrangers à la vie québécoise.

Il touchait la modification de la Charte des droits et liber-tés du Québec par l'insertion, après l'article 40, de l'article 40.1 : « Toute personne a droit, dans la mesure et suivant les normes prévues par la loi, à l'apprentissage de la langue française. » La Charte aurait aussi été modifiée par l'insertion, après l'article 50, de l'article 50.1 : « Dans l'interprétation et l'application de la pré-sente Charte, il doit être tenu compte du patrimoine historique et des valeurs fondamentales de la nation québécoise, notamment de l'importance d'assurer la prédominance de la langue française, de protéger et de promouvoir la culture québécoise, de garantir l'égalité entre les femmes et les hommes et de préserver la laïcité des institutions publiques » (Québec, 2007a, p. 7).

En ce qui concerne la citoyenneté québécoise, le projet de loi n° 195 proposait la modification du Code civil du Québec par l'insertion, après l'article 49, des éléments suivants :

49.1. Est instituée une citoyenneté québécoise.

49.2. A qualité de citoyen toute personne qui :

1° détient la citoyenneté canadienne et est domiciliée au Québec le (indiquer ici la date de l'entrée en vigueur de la présente loi) ;

2° est née au Québec ou est née à l'étranger d'un parent déte-nant la citoyenneté québécoise après le (indiquer ici la date de l'entrée en vigueur de la présente loi).

Le ministre attribue la citoyenneté à toute personne qui, à la fois :

1° détient la citoyenneté canadienne depuis au moins trois mois ;

2° est domiciliée au Québec ;

3° a résidé d'une manière effective sur le territoire du Québec pendant six mois, dont les trois mois précédant le dépôt de sa demande ;

4° a une connaissance appropriée de la langue française ;
5° a une connaissance appropriée du Québec et des responsa-
bilités et avantages conférés par la citoyenneté (Québec, 2007a,
p. 5-6).
Une fois ces conditions remplies, le candidat aurait dû prêter un
serment d'allégeance au peuple du Québec.
49.3. La personne à qui est attribuée la citoyenneté prête, devant
le ministre de la Justice ou la personne qu'il désigne, le serment
suivant : « Je, (nom du citoyen), déclare sous serment que je serai
loyal envers le peuple du Québec, que j'observerai fidèlement les
lois du Québec et que je remplirai loyalement mes obligations de
citoyen dans le respect de la Constitution québécoise » (Québec,
2007a, p. 6).

La citoyenneté québécoise (à noter, en régime fédéral) aurait octroyé le droit d'éligibilité lors d'élections municipales, scolaires et législatives, le droit de participer au financement public des partis politiques et d'adresser des pétitions à l'Assemblée nationale pour le redressement de griefs (Québec, 2007a, p. 6).

Enfin, certaines clauses avaient trait à l'intégration des étrangers. Le projet de loi n° 195 proposait la modification de la Loi sur l'immigration au Québec (L.R.Q., chapitre I-0.2) par l'insertion de l'article suivant :

3.2.2.2. Le ministre conclut avec les personnes qui s'établissent
au Québec un contrat d'intégration d'une durée de trois ans
afin de favoriser leur intégration à la vie québécoise. Le ministre
s'engage dans le contrat à fournir l'aide et l'accompagnement
nécessaires pour favoriser une telle intégration. Le contrat
d'intégration doit notamment inclure l'obligation de faire l'ap-
prentissage de la langue française et d'avoir une connaissance
appropriée de la langue française dans le délai prévu. Le mi-
nistre peut déterminer les termes du contrat, qui peuvent varier
selon l'âge ou la situation du ressortissant étranger (Québec,
2007a, p. 8-9).

Quant au projet de loi n° 196 sur la Constitution québécoise, il abordait diverses questions comme le territoire, le patrimoine, la langue officielle, les symboles nationaux, les droits et libertés, les compétences du Québec et, enfin, les valeurs fondamentales de l'État québécois.

Le Québec est une société libre et démocratique.

Le Québec est un État de droit.

Le Québec est une terre où les personnes sont libres et égales en dignité et en droits.

Le Québec assure la promotion et la protection de la langue française et de la culture québécoise.

Le Québec contribue au maintien de la paix et de la sécurité internationale.

Le Québec favorise le progrès social, le développement économique et la diversité culturelle dans le monde.

Le Québec agit selon les principes du développement humain et du développement durable (Québec, 2007b, p. 3-4).

Si les définitions de la citoyenneté canadienne et d'une éventuelle citoyenneté québécoise semblent converger sous certains aspects (droits et libertés, conditions d'obtention), on ne peut que constater la profonde distance en ce qui a trait à la communauté politique et nationale de référence. En font foi l'obligation de connaître l'anglais *ou* le français au Canada versus la connaissance obligatoire du français au Québec ; l'apprentissage de la langue française conçu comme un droit pour les immigrants (engageant donc l'État à fournir des services adéquats dans ce sens) dans le projet québécois ; et le serment d'allégeance à la reine versus le serment d'allégeance au peuple québécois.

3. Les pouvoirs en matière d'aménagement de la diversité et de protection des minorités

Rappelons ici que selon les termes de l'Accord Canada-Québec de 1991, le Québec est responsable des services d'accueil et d'insertion linguistique et économique des nouveaux arrivants.

Dans l'état actuel des choses, le Québec se présente aux immigrants comme une nation au sein de la fédération canadienne et ne cesse de rappeler, dans les documents officiels du ministère de l'Immigration et des Communautés culturelles, un socle de valeurs communes non négociables : la démocratie, la primauté du droit, la langue française, l'égalité entre les hommes et les femmes, la laïcité, parmi lesquelles figure le pluralisme. Or, la langue française n'est pas une valeur. La laïcité non plus et elle est loin d'être définie. Quant au pluralisme incarné par l'interculturalisme, il demeure source d'ambiguïté et d'incohérence de la part de l'État.

Le pluralisme signifie en principe une philosophie politique du « vivre ensemble » marquée par le respect des droits, y compris les droits culturels. Dire que le Québec est une société pluraliste signifie qu'il se situe à un moment de l'histoire contemporaine où il n'est plus légitime d'avaliser l'assimilation comme idéologie politique d'État. Historiquement, l'idéologie assimilationniste a été hégémonique au Canada et a servi à dominer et à assujettir les nations autochtones et les Canadiens français comme solution aux « conflits de race » avec les Anglais, ainsi que le proposait Lord Durham dans son rapport de 1840.

Or, l'assimilation est une affaire individuelle. On peut la souhaiter, mais l'État n'a pas à la forcer. Grâce aux mouvements anticolonialistes et de contestation culturelle des années 1960, les États occidentaux ont pris du recul face à l'assimilation forcée, au profit de visions plus ouvertes de la coexistence et de la prise en compte de la différence.

C'est dans cette mouvance que le gouvernement fédéral a adopté la politique du multiculturalisme en 1971, sous le premier ministre Pierre-Elliott Trudeau. Une *Loi sur le multiculturalisme canadien* a été sanctionnée en 1988. L'État québécois insiste plutôt sur l'interculturalisme depuis des décennies, une vision qui diffère de la politique officielle du multiculturalisme canadien, quoi qu'en disent ceux pour qui il s'agit de la même mouture.

François Rocher et moi soutenons que si les objectifs peuvent être identiques sous bien des aspects, il n'en demeure pas moins que les deux idéologies politiques peuvent diverger sur l'une de ses dimensions centrales et structurantes. Cette dimension est celle de l'identification explicite de la société au sein de laquelle la reconnaissance du pluralisme se déploie et des conditions qui y sont associées. La promotion que fait le gouvernement fédéral du caractère bilingue et multiculturel du Canada court-circuite les orientations québécoises. La politique canadienne du multiculturalisme vise le renforcement du sentiment d'appartenance au Canada et la valorisation de la citoyenneté canadienne, alors que l'interculturalisme québécois, qui a aussi pour objectif la protection des minorités, vise à promouvoir les valeurs québécoises (en dépit de la confusion qui règne dans ce domaine), à susciter le sentiment d'appartenance au Québec et la promotion de la langue officielle du Québec, et ceci, en l'absence d'une citoyenneté québécoise clairement affirmée (Labelle et Rocher, 2011). L'affirmation du caractère central de la langue française, comme langue publique commune, est sapée par la politique canadienne du bilinguisme et sa confirmation par les tribunaux (Woehrling, 2008).

En somme, il n'est pas inutile de rappeler que le débat sur l'interculturalisme québécois est grandement déterminé par l'enjeu irrésolu portant sur le statut de la société d'accueil, à savoir le jeu des tensions et des rapports de force entre le Canada et le Québec. Deux modèles ou idéologies d'aménagement de la diversité ethnoculturelle sont en présence et se font concurrence au sein de la fédération canadienne. Ces stratégies sont source de confusion au sein de la société québécoise et font obstacle à une prise en compte de la diversité conséquente par l'État du Québec et à une représentation de la citoyenneté québécoise qui soit à la fois territoriale et pluraliste. À cet égard, on comprendra que la force symbolique du multiculturalisme tient moins au fait qu'il sert à décrire le caractère pluriel de la démographie canadienne, qu'à affirmer haut et fort, de manière non équivoque, l'importance accordée au respect de la diversité au sein de la société canadienne soucieuse de sa propre cohésion sociale et politique. Il s'agit d'un conflit fondamental qui porte sur l'allégeance attendue des citoyens, sur l'identification de la *polis* au sein de laquelle se réalise le rapprochement et où le dialogue interculturel prend place (Labelle et Rocher, 2011).

Ensuite, l'interculturalisme propose un modèle de société différent de celui de la « mosaïque » associée à l'idéologie traditionnelle du multiculturalisme canadien. En théorie, l'interculturalisme prêche la compréhension mutuelle, les échanges, un « vivre ensemble » partagé. Or, sur le terrain et en fonction des résultats, la différence n'est pas si grande. Car, comme l'écrit Josée Boileau dans son éditorial du 6 septembre 2011 : « Une fois sortis du boulot, Québécois de souche et nouveaux arrivants, à quelques exceptions près, s'ignorent superbement. Qui en parle? Qui prend à bras-le-corps la méfiance des gens d'ici et «l'entre-soi» de ceux qui arrivent?» (Boileau, 2011, p. A8).

Avec son statut de province canadienne, le gouvernement du Québec ne pourrait pas adopter une loi sur l'interculturalisme (ce qui n'est pas nécessairement souhaitable), car il est subordonné à l'article 27 de la Constitution canadienne «selon lequel toute interprétation de la *Charte canadienne des droits et libertés* doit concorder avec l'objectif de promouvoir le maintien et la valorisation du patrimoine multiculturel des Canadiens».

L'interculturalisme demeure donc un métadiscours symbolique, plutôt flou, qui prône le rapprochement et le dialogue tout en insistant sur les valeurs communes. Ce métadiscours est stationnaire et se situe encore bien loin de l'horizon politique de la citoyenneté, lequel est tout aussi bloqué dans le contexte canadien (Labelle et Rocher, 2011).

Rappelons qu'en 1986 l'Assemblée nationale a adopté une Déclaration sur les relations interethniques et interraciales qui faisait suite à l'appui donné à la proclamation par l'Organisation des Nations Unies de la deuxième Décennie de la lutte contre le racisme et la discrimination raciale. En 2008, le gouvernement du Québec s'est doté d'une politique de lutte contre le racisme, *La diversité : une valeur ajoutée. Politique gouvernementale pour favoriser la participation de tous à l'essor du Québec* (Québec, 2008). Il reste beaucoup à faire sur un terrain ouvert aux influences des réseaux internationaux xénophobes et porteurs d'enjeux qui ne vont pas s'amenuiser à l'avenir.

L'indépendance permettrait au Québec de clarifier les choses en matière d'aménagement de la diversité, du moins au plan normatif, un terrain qui s'avère miné de contresens, les uns accablant tantôt le multiculturalisme, tantôt l'interculturalisme (sous-entendu l'immigration) de tous les péchés du monde (communautarisme, ghettoïsation, accommodements raisonnables, délitement de l'identité nationale, etc.), et ce, dans la plus parfaite confusion des genres.

Conclusion

L'immigration au Canada est un domaine de compétence partagée. Si le gouvernement du Québec a des pouvoirs considérables, ils ne sont pas ceux d'un État nation souverain. En plus de réaliser l'ensemble du processus de sélection de l'immigration (dont les demandeurs d'asile et l'humanitaire), un Québec souverain définirait les catégories d'immigration, les conditions d'admission et de renvoi, de même que les conditions d'obtention de la citoyenneté québécoise. Il agirait de façon autonome sur la scène internationale afin de signer les traités internationaux, de conclure des accords bilatéraux ou multilatéraux et de développer une conception propre de l'aide au développement à propos de la question de l'immigration. Le ferait-il ? De quelle manière ? Voilà l'enjeu.

Quant à la philosophie du « vivre ensemble », elle est actuellement l'objet de contradictions flagrantes. Le régime canadien entretient une vision du multiculturalisme qu'aucun gouvernement québécois n'a entérinée formellement ou informellement et qui a des effets délétères sur la façon dont les nouveaux arrivants et les minorités perçoivent leurs modalités d'appartenance au Québec. Pour sa part, la nation québécoise prône le pluralisme tout en étant elle-même réduite à une reconnaissance strictement culturelle ou symbolique au sein de l'ensemble canadien.

En principe, la souveraineté permettrait de répondre plus adéquatement aux défis posés par l'immigration et l'intégration. Cela concerne les questions de fond que sont l'intégration économique et linguistique, les inégalités, la protection des minorités, la participation et la délibération politiques, mais également le rapport aux symboles et aux référents nationaux. C'est dans cet esprit que Josée Boileau conclut.

> *Ce qui complique la donne de l'immigration au Québec, c'est qu'il est un pays sans le nom, sans le pouvoir d'imposer tous ses choix, sans une histoire assumée. L'immigrant se perd dans ces paradoxes, s'en tient loin. Ce n'est, paraît-il, plus la mode d'en parler, mais l'arrière-fond de ce débat s'appelle toujours la souveraineté* (Boileau, 2011, p. A8).

Par ailleurs, les positions prises par le Parti québécois et autres instances souverainistes posent un certain nombre de problèmes. Y a-t-il lieu de légiférer sur l'identité québécoise ? Comme beaucoup d'autres, je pense que non. L'identité nationale ne peut être prescrite par la loi, ce que rappelle le Conseil de l'Europe (2008). Si l'apprentissage et la connaissance de l'histoire sont incontournables, tenter de définir l'identité nationale et se fixer sur ses racines est plus risqué.

Y a-t-il lieu de parler de citoyenneté québécoise alors que nous sommes en régime fédéral ? Ne risque-t-on pas de créer une citoyenneté de seconde classe ou sans grande signification ? Interrogé sur la question, Me André Binette ne croit pas que le droit canadien puisse s'accommoder d'une citoyenneté québécoise, et les tribunaux statueraient que la citoyenneté est une compétence fédérale exclusive. Me Binette fait état d'un traité interne qui a permis à une des Premières Nations de créer sa propre citoyenneté (les Nishgas en Colombie-Britannique, dans les années 1990). Il s'agirait d'un cas unique, qui a eu lieu sous un gouvernement libéral, pour lequel il a fallu juridiquement l'accord du Canada : « De plus, de tels traités sont automatiquement constitutionnalisés, ce qui les met sur le même pied que la compétence fédérale sur la citoyenneté et en réduit la portée. Il n'en serait pas ainsi d'un amendement au Code civil ou à une autre loi québécoise. » Alors, pourquoi le Parti québécois cherche-t-il à agir sur ce terrain ?

> *Mon avis sur cette question est que le PQ, sachant cela, cherche délibérément un terrain d'affrontement sur l'identité nationale qu'il aura choisi. Il y a un peu de stratégie dans tout cela, avec l'espoir de mobiliser l'opinion publique, parce que sur le plan juridique, l'issue me paraît prévisible. Une citoyenneté provinciale à laquelle se rattachent des effets juridiques, comme l'éligibilité à des élections municipales, me paraît contraire à la Constitution canadienne. La citoyenneté québécoise pourrait être insérée dans une Constitution du Québec. Celle-ci prévaudrait sur l'ensemble des lois québécoises. La Constitution québécoise serait toutefois elle-même soumise à la Constitution canadienne tant que le Québec ferait partie du Canada (communication personnelle, 30 juillet 2011).*

Dans le chapitre 12 sur l'accession à l'indépendance du Québec, Mᵉ André Binette propose, avec Gilbert Paquette, un régime présidentiel qu'il serait difficile d'obtenir à l'intérieur du Canada. Rappelons que pendant le Forum sur la citoyenneté de 2000, tenu par le Parti québécois, certains députés fédéraux (avec en tête Stéphane Dion) avaient affirmé que le Canada ne laisserait pas le Québec se doter d'une Constitution. Le Québec essuierait un refus avant même de se rendre au point d'adopter une citoyenneté.

D'autres questions importantes doivent être clarifiées dans le projet de pays et ne sont pas abordées pour le moment. Comment se transmet la citoyenneté? Comment se conjuguent le principe d'attribution (la citoyenneté est involontaire et automatique) et le principe d'acquisition (fait volontaire qui requiert une action positive de la part du demandeur)? Qu'en est-il de la double citoyenneté, particulièrement de la double citoyenneté québécoise et canadienne? Au référendum de 1995, le gouvernement du Québec avait proposé de reconnaître la double citoyenneté aux citoyens du Québec qui voudraient conserver leur citoyenneté canadienne. L'inverse, c'est-à-dire la reconnaissance de la citoyenneté québécoise aux citoyens canadiens qui y auraient droit resterait évidemment une prérogative du gouvernement canadien. Dans un contexte de mondialisation, la réponse à ces questions est d'une importance capitale pour susciter l'appui des immigrants et des minorités d'implantation plus ancienne qui sont impliqués, à juste titre, dans les affaires de leur pays d'origine.

Une réponse articulée sur toutes ces questions, comme d'ailleurs sur l'ensemble des politiques publiques, contribuerait à donner un sens concret et positif, source de fierté, au rêve québécois d'indépendance.

Références

Boileau, J. (2011). « Immigration. Le fond du débat ». *Le Devoir*, 6 septembre, p. A.8.

Canada (2011a). *Découvrir le Canada. Les droits et responsabilités liées à la citoyenneté*, Ottawa, Sa Majesté la reine du chef du Canada, représentée par le ministre de la Citoyenneté et Immigration Canada.

Canada (2011b). *Loi sur la citoyenneté*, L.R.C., 1985, ch. C-29, Ottawa, ministère de la Justice, à jour le 9 avril 2011. http://laws-lois. justice.gc.ca/PDF/C-29.pdf (consulté le 20 juillet 2011).

Castels, S. (2010). « Understanding Global Migration : A Social Transformation Perspective ». *Journal of Ethnic and Migration Studies*, 36 (10), 1565-1586.

Conseil de l'Europe (2008). *Le livre blanc sur le dialogue interculturel. Vivre ensemble dans l'égale dignité*, Strasbourg.

Haut-Commissariat des Nations Unies pour les réfugiés. (2010). *UNHCR Global Trends 2010*. http://www.unhcr. org/4dfa11499.html (consulté le 21 juillet 2011).

Labelle, M. (2011). « Le débat migratoire se recentre sur la culture et la religion ». Dans M. Fahmy (dir.), *L'État du Québec*, p. 260-270, Montréal, Boréal.

Labelle, M. (2008). « Une identité qui se redéfinit au contact d'une immigration de plus en plus diversifiée ». Dans R. Laliberté (dir.), *À la rencontre d'un Québec qui bouge, Introduction générale au Québec*, p. 45-50, Paris, Éditions du CTHS.

Labelle, M., Rocher, F. (2011). *Les limites indépassables de l'interculturalisme en contexte canadien : un chemin semé d'embûches*. Symposium international sur l'interculturalisme, Montréal, mai.

Labelle, M., Rocher, F., Antonius, R. (2009). *Immigration, diversité et sécurité : les associations arabo-musulmanes face à l'État au Canada et au Québec*, Québec, Les Presses de l'Université du Québec.

Labelle M., Rocher F. (2004). « Debating Citizenship in Canada : The Collide of Two Nation-Building Projects ». Dans P. Boyer, L. Cardinal et D. Headon (dir.), *From Subjects to Citizens. A Hundred Years of Citizenship in Australia and Canada*, Ottawa, University of Ottawa Press, pp. 263-286.

Marois, P. (2007). Discours de Pauline Marois prononcé lors de la Conférence nationale des présidents et présidentes, 20 octobre 2007. www.vigile.net/La-Loi-sur-l-identité-québécoise (consulté le 15 février 2011).

Mouhoub, M. (2005). *Les nouvelles migrations. Un enjeu Nord-Sud de la mondialisation*, Paris, Universalis.

OCDE (2010). *Perspectives des migrations internationales : SOPEMI- Édition 2010*, résumé en français http://www.oecd.org/dataoecd/12/29/45612894.pdf. (consulté le 24 juin 2011).

Organisation internationale du travail. (2011). *Convention concernant le travail décent pour les travailleuses et les travailleurs domestiques.* http://www.ilo.org/wcmsp5/groups/public/@ed_norm/@relconf/documents/meetingdocument/wcms_157837.pdf (consulté le 21 juillet 2011).

Organisation des États américains. (2011). *Déclarations et résolutions adoptées par l'Assemblée générale.* 41e Assemblée générale, 5-7 juin, San Salvador http://www.oas.org/fr/41ag (consulté le 21 juillet 2011).

Portes, A. (2010). « Migration and Social Change : some Conceptual Reflections ». *Journal and Migration Studies*, 36 (10), 1537-1563.

Québec, Assemblée nationale. (2007a). *Projet de loi n° 195. Loi sur l'identité québécoise*, Québec, Éditeur officiel du Québec.

Québec, Assemblée nationale. (2007b). *Projet de loi n° 196. Constitution québécoise*, Québec, Éditeur officiel du Québec.

Québec, ministère de l'Immigration et des Communautés culturelles (2011a). *L'immigration au Québec.* Consultation 2011-2015, Québec, Gouvernement du Québec.

Québec, ministère de l'Immigration et des Communautés culturelles. (2011b). *L'apport de l'immigration au développement durable.* Consultation 2011-2015, Québec, Gouvernement du Québec.

Québec, ministère de l'Immigration et des Communautés culturelles (2008). *La diversité : une valeur ajoutée. Politique gouvernementale pour favoriser la participation de tous à l'essor du Québec*, Montréal, Direction des affaires publiques et des communications du ministère de l'Immigration et des Communautés culturelles.

Sassen, S. (2000). « Le travail mondialisé. Mais pourquoi émigrent-ils ? » *Le monde diplomatique*, novembre, 4-5.

Wihtol de Wenden, C. (2009). *La globalisation humaine*, Paris, PUF.

Woehrling, J. (2008). « La Charte de la langue française : les ajustements juridiques ». Dans P. Georgeault et M. Plourde (dir.), *Le français au Québec : 400 ans d'histoire et de vie*, Montréal, Fides, p. 354-360.

Chapitre 5

Le territoire du Québec souverain

André Binette

1. Le territoire de la province de Québec

1.1. Le territoire de 1867

Après la fondation de Québec en 1608, le territoire de la Nouvelle-France a évolué considérablement. À son apogée, au XVIIIe siècle, il s'étendait jusqu'en Louisiane et au golfe du Mexique au sud, et jusque dans l'ouest du Canada et des États-Unis actuels. À l'est, il comprenait l'Acadie et une partie des provinces maritimes du Canada.

Au moment de la Conquête, confirmée par le traité de Paris de 1763, ce vaste territoire est entièrement devenu une possession britannique, à l'exception des îles Saint-Pierre et Miquelon. Pendant un bref moment historique, de 1763 à la déclaration unilatérale d'indépendance des États-Unis de 1776, la majeure partie de l'Amérique du Nord faisait partie de l'Empire britannique. L'indépendance des États-Unis fut confirmée par un autre traité signé en France, le traité de Versailles de 1783.

Ces transferts de souveraineté ont été réalisés sur des territoires ancestraux occupés depuis des temps immémoriaux par des peuples autochtones, sans que le consentement de ces derniers fût obtenu ou jugé nécessaire. Ces territoires traditionnels ont été graduellement occupés plutôt que conquis. Chacune des puissances européennes ou issues de la colonisation européenne en Amérique du Nord, à l'exception de l'Espagne, a signé des traités afin d'aménager la coexistence avec les Premières Nations, une fois que sa souveraineté a été établie dans ses relations avec les autres États alors reconnus par le droit international. Ces traités avec les Premières Nations n'étaient pas considérés comme faisant partie de l'ordre juridique international, mais relevaient plutôt du droit interne de chaque État concerné.

Le gouvernement britannique a procédé à un redécoupage territorial, créant, en 1791, au moyen de l'Acte constitutionnel adopté par le Parlement de Londres, ses colonies du Haut et du Bas-Canada, qui constituent les bases actuelles de l'Ontario et du Québec[23]. D'autres lois britanniques ont modifié quelque peu le territoire de ces colonies.

En 1840, après la révolte avortée des Patriotes et un soulèvement parallèle au Haut-Canada pour obtenir le gouvernement responsable, ces colonies furent réunies et appelées la province du Canada. Cette situation dura jusqu'en 1867, lorsque la fédération canadienne fut créée avec, au départ, quatre provinces fédérées, le Québec, l'Ontario, la Nouvelle-Écosse, le Nouveau-Brunswick, auxquelles six autres provinces s'ajoutèrent par la suite. Le Canada n'était pas alors un État souverain, puisqu'il ne l'est devenu formellement qu'en 1931 avec l'adoption d'une autre loi constitutionnelle britannique, le Statut de Westminster. Il s'agissait plutôt, entre 1867 et 1931, d'une colonie autonome de l'Empire, désignée sous le vocable de Dominion. Le Québec et l'Ontario de 1867 correspondaient pour l'essentiel aux territoires du Haut et du Bas-Canada, qui étaient beaucoup plus limités que leur territoire actuel.

Dans la perspective du droit britannique, qui est devenue celle du droit canadien, tout le nord des provinces actuelles du Québec et de l'Ontario, soit la majeure partie de ces provinces, relevait directement de la Couronne britannique avant 1867, et est devenu un territoire fédéral peu de temps après. Il en a été de même des Prairies, qui sont demeurées fédérales jusqu'en 1905, année de la création des provinces de la Saskatchewan et de l'Alberta.

---

23. Acte constitutionnel, 31 Geo. III. c. 31 [R.-U. 1791].

Dans le cas du Québec, selon le droit canadien de l'époque, le territoire provincial de 1867 s'arrêtait *grosso modo* sur une ligne située un peu au nord du lac Saint-Jean et de l'Abitibi.

La *Loi constitutionnelle de 1871* prévoyait une procédure à suivre pour la modification du territoire d'une province. Cette procédure, qui a été reprise à l'article 43 de la *Loi constitutionnelle de 1982*, exige des lois parallèles du Parlement fédéral et de la ou des provinces concernées, qu'il s'agisse d'ajouter de nouvelles parties du territoire ou d'en retrancher. Cette règle constitutionnelle canadienne se trouve ainsi à garantir l'intégrité du territoire du Québec dans le cadre fédéral que nous connaissons, c'est-à-dire tant que le Québec sera une province canadienne.

1.2. Les ajouts territoriaux de 1898 et 1912

En 1898 et en 1912, des lois fédérales et québécoises[24] adoptées conformément à la procédure établie par la *Loi constitutionnelle de 1871* ont agrandi considérablement le territoire de la province de Québec, tel que défini par la *Loi constitutionnelle de 1867* (art. 6). En 1898, le territoire terrestre fut étendu vers le nord jusqu'à la limite sud de la baie James environ. En 1912, il fut étendu à nouveau pour recouvrir l'ensemble de ce qui s'appelait autrefois le Nouveau-Québec, et que l'on désigne aujourd'hui sous le nom de Nunavik. Ces deux ajouts correspondent à environ 60 % du territoire du Québec, soit 960 000 kilomètres carrés sur 1 500 000 approximativement.

Ces agrandissements correspondent aussi au territoire de la Convention de la Baie James et du Nord québécois, conclue en 1975 sous la pression d'un recours judiciaire intenté par les Cris et les Inuits, les deux principales nations autochtones qui vivaient sur ce territoire. Les lois de 1912 avaient assujetti le transfert de ces territoires ancestraux au règlement des revendications de ces peuples. En 1970, le rapport de la Commission d'étude sur l'intégrité du territoire du Québec, présidée par le géographe et juriste Henri Dorion, concluait que cette condition n'avait pas été remplie. Une convention complémentaire, la Convention du

---

24. Loi concernant la délimitation des frontières nord-ouest, nord et nord-est de la province de Québec, S.C. 1898, c.3, et S.Q. 1898, c. 6 ; Loi concernant l'agrandissement du territoire de la province de Québec par l'annexion de l'Ungava, S.C. 1912, c. 45, et S.Q. 1912, c. 7.

Nord-Est québécois, a été signée en 1978 avec les Naskapis, une Première Nation de quelques centaines de personnes située dans une réserve près de Schefferville. Les conditions prévues par le transfert de territoire de 1912 ont maintenant été remplies en regard de ces trois Premières Nations.

Il existe aussi une autre perspective du territoire québécois issue du droit français d'avant la Conquête. Cette interprétation est mise de l'avant par certains juristes québécois (Brun, 1992; Dorion et Lacasse, 2011). Selon cette approche, la Couronne française détenait des droits sur la totalité, ou la quasi-totalité, du territoire québécois actuel. Ces droits auraient été transmis à la Couronne britannique, qui les a remis au Canada. Devant l'imprécision des textes ayant servi de fondement à la création de la province de Québec, notamment l'Acte de Québec de 1774, le territoire québécois aurait en réalité compris dès 1867 toutes les régions nordiques qu'on prétend lui avoir ajoutées en 1898 et en 1912. Aucun ajout n'était nécessaire, ni, en réalité, n'a eu lieu.

Cet argument est destiné à contrer la partition du Québec au moment de l'accession à l'indépendance. Il est intéressant et peut être utile, mais ne semble pas nécessaire. Les partitionnistes soutiennent que le territoire ajouté à la province de Québec après 1867 devrait en être retranché au moment de l'indépendance. En réalité, ce point de vue partitionniste est sans aucun fondement juridique, car, comme nous le verrons plus loin, le droit international garantit la stabilité des frontières des États fédérés qui accèdent à l'indépendance au moyen du principe de l'*uti possidetis juris*. La date de référence aux yeux du droit international est le jour de l'indépendance, et non le jour où tel ou tel territoire fut rattaché au Québec. La règle de l'*uti possidetis* garantit l'intégrité du territoire terrestre du Québec à partir de l'indépendance tout comme la Constitution canadienne le garantit avant, et il n'existe aucun intervalle entre l'application de ces deux ordres juridiques. Selon cette approche, il est donc indifférent de savoir si les territoires de 1898 et de 1912 faisaient ou non déjà partie du Québec en 1867.

1.3. La délimitation de la frontière du Labrador en 1927

L'imprécision de la frontière du Labrador telle que délimitée par une loi britannique a donné lieu à une controverse durable qui a défavorisé le Québec. Lorsque les lois sont imprécises, il revient souvent aux tribunaux de fixer les frontières. En 1927, cette question fut portée devant le Comité judiciaire du Conseil privé. Rappelons qu'à l'époque, Terre-Neuve ne faisait pas encore partie du Canada et que le Conseil privé était le plus haut tribunal de l'Empire britannique. Ce tribunal était, dans cette affaire, appelé à trancher un différend frontalier entre deux États autonomes de l'Empire, le Canada et Terre-Neuve. Le Québec était représenté par un avocat, au sein de la représentation canadienne, qui n'a pas joué un rôle majeur. La décision du Conseil privé a été très favorable à Terre-Neuve et lui a attribué une portion du Labrador qui s'étendait beaucoup plus loin à l'intérieur des terres que ce qui était raisonnablement prévu. Dans un ouvrage récent, Henri Dorion et Jean-Paul Lacasse (2011) rappellent que quelques années plus tôt, le gouvernement du Québec, alors dirigé par Alexandre Taschereau, avait rejeté une offre de vente du Labrador par Terre-Neuve, qui éprouvait de lourdes difficultés financières (p. 253). Dans le cas du Labrador, une incertitude demeure relativement à la démarcation précise sur le terrain de la frontière délimitée dans ses grandes lignes par le jugement du Conseil privé. Dorion et Lacasse emploient leur expertise géographique pour souligner avec rigueur que cette démarcation soulève de nombreux problèmes techniques dont les juristes et hommes d'État ne soupçonnent généralement pas l'existence (p. 92-97). Ils ne croient pas sérieusement possible de remettre ce jugement en question, en raison notamment des nombreux actes de reconnaissance de cette limite frontalière et de l'incohérence du gouvernement du Québec (p. 84 et 91).

Cette opinion est sûrement fondée en ce qui concerne le droit canadien, étant donné l'exigence d'obtenir le consentement de la province de Terre-Neuve, qui d'ailleurs est maintenant désignée sous le nom de Terre-Neuve-et-Labrador, pour modifier ce que la Constitution canadienne reconnaît comme étant son territoire. Elle l'est également au regard du droit international, puisque la règle de *l'uti possidetis* ne garantit le maintien que des territoires déjà possédés par les États fédérés au moment de leur accession à l'indépendance.

1.4. L'étendue très limitée du territoire maritime de la province de Québec

La frontière nordique de la province de Québec est une aberration puisqu'elle s'arrête au rivage. Les très nombreuses îles qui se trouvent parfois à quelques mètres et qui sont fréquentées depuis des millénaires par les Cris et les Inuits ne se trouvent pas au Québec, mais au Nunavut. Il en est de même des droits de pêche ou sur les ressources naturelles, ainsi que de la compétence sur la protection de l'environnement. Les peuples autochtones du Québec qui fréquentent ces eaux détiennent des droits ancestraux reconnus par le gouvernement fédéral sur un territoire maritime situé à l'extérieur du Québec. Dans l'éventualité où le réchauffement climatique conduirait le Québec à construire un port dans l'Arctique pour desservir les nombreux navires qui passeront désormais par le pôle Nord pour relier l'Asie à l'Europe ou au nord-est de l'Amérique, ce port serait situé au Nunavut.

Comment a-t-on pu en arriver là? La loi fédérale de 1912 et la loi québécoise correspondante ont retranché les îles et les eaux qui jouxtent cet ajout de territoire terrestre, alors qu'auparavant les îles, les eaux et le Nunavik faisaient partie d'un même district fédéral. Le prétexte donné par Ottawa à l'époque, qu'il fallait tenir compte des besoins fédéraux en matière de navigation et de défense, n'est guère convaincant.

En 2006, les Inuits du Nunavik québécois ont conclu une entente avec le gouvernement fédéral afin de confirmer leurs droits sur ces îles et ces eaux, sans que le gouvernement du Québec ait le moindre commentaire à formuler publiquement, ce que Dorion et Lacasse lui reprochent. Ils y voient une occasion manquée de revendiquer un réaménagement de la délimitation de cette frontière (p. 258).

En ce qui a trait au golfe Saint-Laurent, la thèse de la propriété fédérale, qui est prédominante, est combattue par le gouvernement du Québec, qui met de l'avant celle de la propriété interprovinciale qu'aucune autre province ne soutient de nos jours. Le professeur Henri Brun avait affirmé dès 1970 devant la Commission Dorion que la thèse des provinces ne tenait pas la route en droit canadien (Brun, 1970). Cette thèse tire sa source d'une entente interprovinciale de 1964 qui partageait le golfe entre les provinces riveraines, dont le Québec. Cette entente ne fut cependant jamais avalisée par le gouvernement fédéral, et encore moins constitutionnalisée. Une décision de la Cour suprême en 1967 au sujet de la Colombie-Britannique ne permet guère de douter que, de manière générale, et y compris au Québec, le territoire provincial s'arrête au rivage[25].

À noter cependant que la Cour d'appel de Terre-Neuve (1983) a attribué une mer territoriale de trois milles marins à cette province pour des motifs historiques[26]. Sans doute pour des raisons politiques, le gouvernement fédéral s'est désisté de l'appel de ce jugement devant la Cour suprême du Canada. Les motifs de la Cour suprême dans une affaire connexe au sujet du plateau continental au large de Terre-Neuve font voir clairement qu'elle n'aurait pas accepté une telle exception pour cette province, si elle avait eu l'occasion de se prononcer[27]. Ces circonstances particulières ont fait en sorte que le territoire maritime de Terre-Neuve est par conséquent plus étendu que celui du Québec et des autres provinces du littoral canadien.

La récente entente Québec-Ottawa sur le bassin pétrolier Old Harry ne fait d'ailleurs que le confirmer, en renvoyant à un tribunal d'arbitrage la délimitation interprovinciale, qui ne

25. *Reference: Offshore Mineral Rights of British Columbia,* (1967) R.C.S. 792 (Cour suprême du Canada).

26. *Re Mineral and Other Natural Resources of the Continental Shelf,* (1983) 145 D.L.R. (3d) 9 (Nfld. C.A.). Dans ce jugement, le plus haut tribunal de la province a décidé que Terre-Neuve avait droit à une mer territoriale parce qu'elle avait été un État souverain avant de faire partie du Canada. Le jugement s'appuie sur le Statut de Westminster de 1931 qui avait reconnu la souveraineté canadienne et celle de certaines autres colonies britanniques. Dans le cas de Terre-Neuve, le Statut lui avait cependant accordé la faculté de devenir souveraine au moyen d'une loi adoptée par la législature de la colonie. Cette loi ne fut jamais adoptée.

27. *Renvoi relatif au plateau continental de Terre-Neuve* (1984) 1 R.C.S. 86 (Cour suprême du Canada). Dans cette affaire, qui ne portait pas sur la mer territoriale, la Cour suprême a rejeté l'argument à l'effet que Terre-Neuve avait accédé à la souveraineté en 1931, ce qui signifie qu'elle n'aurait probablement pas accordé une mer territoriale à cette province si elle avait pu décider de l'appel du jugement déjà mentionné de la Cour d'appel sur cette question (voir ci-dessus, note 25).

servira qu'à des fins purement administratives de répartition des redevances que le gouvernement fédéral devra éventuellement verser à ces provinces pour le développement pétrolier qui pourrait y avoir lieu.

Il est clair qu'en droit canadien, le territoire maritime des provinces s'arrête, en principe, au rivage. Le golfe Saint-Laurent, la baie d'Hudson et le détroit d'Hudson sont des territoires fédéraux. L'entente Old Harry sur l'exploitation pétrolière dans le golfe ne fait que permettre au gouvernement actuel de Québec de sauver momentanément les apparences en masquant, pour un temps, cette réalité juridique canadienne qu'il est désormais le seul à nier. On verra plus loin qu'il en sera tout à fait autrement lorsque le Québec deviendra souverain.

1.5. Les droits fonciers autochtones et le territoire de la province de Québec

La province de Québec a reçu ses terres publiques en 1867 sous réserve des droits fonciers autochtones. L'article 109 de la *Loi constitutionnelle de 1867* est la disposition qui confère, en principe, aux provinces le droit de propriété sur le territoire, sous réserve des intérêts préexistants. Les tribunaux ont considéré que les droits fonciers autochtones, dont le plus important est le titre indien (ou titre aborigène), constituent de tels intérêts. Ces droits ont été confirmés par l'article 35 de la *Loi constitutionnelle de 1982* et précisés par certaines ententes de nature territoriale telles que la Convention de la Baie-James et du Nord québécois, qui recouvre la majeure partie du territoire du Québec.

Onze nations autochtones ont été reconnues par l'Assemblée nationale en 1985 : les Innus, situés au nord-est du Québec ; les Naskapis, près de Schefferville ; les Inuits, au Nunavik, qui est le Grand Nord québécois ; les Cris de la Baie-James ; les Algonquins (qui se considèrent des Anishinabeg en Abitibi et en Outaouais) ; les Mohawks, dans la région de Montréal ; les Attikameks, en Mauricie ; les Malécites, dans le Bas-du-Fleuve ; les Hurons (qui se considèrent des Wendats), à Québec ; les Abénaquis, près de Trois-Rivières ; et les Micmacs, en Gaspésie. Certains souhaitent la reconnaissance par l'Assemblée nationale d'une douzième nation, les Métis, dont les droits sont explicitement reconnus par la *Loi constitutionnelle de 1982* et par les tribunaux dans d'autres provinces, mais dont l'existence au Québec n'a pas encore été définitivement démontrée.

Seuls les Cris, les Inuits et les Naskapis bénéficient des avantages des deux traités modernes au Québec, qui sont la Convention de la Baie-James et du Nord québécois et la Convention du Nord-Est québécois. Cette situation inéquitable a créé une disparité économique majeure entre les nations autochtones qui sont bénéficiaires de ces conventions et les autres. Les nations bénéficiaires ont reçu des capitaux très importants pour assurer leur développement économique de manière autonome en investissant et en créant des entreprises et de l'emploi. Il en a résulté quelques succès notables, tels qu'Air Inuit et des sociétés cries de développement et de construction. Ces capitaux créent un partenariat économique entre Premières Nations et Québécois et constituent une forme de reconnaissance des droits de ces Premières Nations sur leurs territoires traditionnels.

Cependant, les droits de trois autres nations qui fréquentaient traditionnellement le territoire de la Convention de la Baie-James et du Nord québécois, les Innus (autrefois appelés les Montagnais), les Attikameks, qui vivent en Haute-Mauricie, et les Algonquins Anishinabeg ne sont pas reconnus par cette Convention. Ils ont même été éteints en regard du droit canadien par la loi fédérale de mise en œuvre de la Convention, ce qui a causé à ces nations un préjudice considérable qui continue de s'amplifier. C'est un fait unique dans l'histoire canadienne. Des droits de nations non signataires d'un traité ont été éteints par une loi fédérale sans aucune forme de compensation. Un tel geste aurait sans doute été juridiquement impossible après l'adoption de l'article 35 de la *Loi constitutionnelle de 1982*.

Plusieurs hypothèses ont été mises de l'avant pour expliquer le fait que ces nations ont été écartées de l'accès aux avantages de la Convention, notamment l'urgence, à l'époque, de faciliter le financement des barrages de la Baie-James par Hydro-Québec. Les Premières Nations exclues comptent, dans de nombreux cas, certaines des communautés les plus pauvres du Québec, vivant dans des conditions de sous-développement dramatique. À cette disparité économique s'ajoute une disparité linguistique, car les nations autochtones bénéficiaires, en plus de parler leur propre langue, sont surtout anglophones, alors que leurs voisins non bénéficiaires sont très majoritairement francophones, comme dans le cas des Innus et des Attikameks. Le partenariat économique dont jouissent les bénéficiaires de la Convention devrait être étendu à ces autres nations qui sont géographiquement et culturellement plus proches des Québécois et de leur évolution.

En 1994, le gouvernement de Jacques Parizeau, bénéficiant des travaux du négociateur Guy Coulombe nommé quelques années plus tôt par le gouvernement de Robert Bourassa, avait formulé une proposition globale aux Attikameks et aux Innus qui allait dans ce sens. Cette proposition fut apparemment bien reçue dans un premier temps, mais dans le contexte référendaire du temps n'a pas pu aboutir. Le gouvernement fédéral, principal interlocuteur des nations autochtones en vertu de la Constitution canadienne, n'avait sans doute aucun intérêt à ce que ces questions soient réglées dans ce contexte.

Les Premières Nations revendiquent aussi des droits sur leurs territoires traditionnels dans plusieurs autres régions du Québec, dont la Côte-Nord, la Mauricie, l'Abitibi et la Gaspésie. Dans l'ensemble, les Premières Nations concernées n'ont toutefois pas réussi jusqu'ici à faire reconnaître ces droits, que ce soit par la voie des tribunaux, ce qui exige des ressources financières considérables qui ne sont généralement pas à la portée des Premières Nations, ou par la conclusion d'un traité, ce qui les prive des avantages économiques considérables consentis aux Cris et aux Inuits par la Convention de la Baie-James et du Nord québécois. Ni le gouvernement du Québec ni le gouvernement du Canada actuels ne semblent disposés à accorder une priorité élevée au règlement de ces revendications, comme le démontrent la trentaine d'années écoulées en vain et à grands frais dans la négociation dite de l'« Approche commune » avec les Innus. Celle-ci a tout de même donné lieu à la négociation d'une entente de principe en 2004 entre les gouvernements du Québec et du Canada et quatre des neuf communautés innues ; cette entente de principe contient des éléments innovateurs qui pourraient se retrouver dans un futur traité, mais elle n'a pas eu, jusqu'ici, les suites escomptées.

1.6. La garantie constitutionnelle du territoire actuel de la province de Québec

Comme nous l'avons vu, la Constitution canadienne interdit de modifier le territoire de la province de Québec sans son consentement et celui du Parlement fédéral et de toute autre province concernée. Cette garantie est à la fois un avantage et un inconvénient. Elle a l'avantage de viser non seulement le territoire de la province tel qu'il était en 1867, mais aussi les acquis subséquents. Elle soustrait toutefois le territoire du Labrador aux revendications du Québec, et empêche ce dernier de remédier à son absence de territoire maritime tant qu'il fera partie de la fédération canadienne.

2. Le territoire du Québec souverain

2.1. La garantie des frontières terrestres internationales du Québec souverain

Une étude commandée en 1992 par la Commission d'étude des questions afférentes à l'accession du Québec à la souveraineté (ci-après dénommée la « Commission sur la souveraineté »), une commission parlementaire spéciale de l'Assemblée nationale créée à la suite de la Commission Bélanger-Campeau, avait établi que, dans l'éventualité de la souveraineté du Québec, le droit international garantissait que le nouvel État souverain conserverait tout le territoire terrestre de la province de Québec (Frank et autres, 1992). Cet avis (ci-après dénommé « l'Avis des cinq experts ») est conforme à la règle de l'*uti possidetis* et à une pratique internationale bien établie dans le cas des anciennes colonies et des États fédérés qui accèdent à l'indépendance. Les États fédérés qui faisaient partie de l'URSS, de la Tchécoslovaquie et de la Yougoslavie ont tous conservé leurs frontières internes à titre de frontières internationales. Dans le dernier cas, la Serbie a voulu remettre cette règle en question par la force, mais la communauté internationale est vigoureusement intervenue pour la protéger.

L'étude de 1992 avait été réalisée par cinq experts, dont le professeur français Alain Pellet, qui était alors le président de la Commission du droit international de l'ONU, et la professeure britannique Rosalyn Higgins, une future présidente de la Cour internationale de justice. Les trois autres experts, des juristes britannique, américain et allemand, faisaient également autorité. Aucune autre étude internationale d'un poids comparable n'a jamais été réalisée au sujet du territoire du Québec.

Les questions posées par la Commission étaient les suivantes[28] :

1. Dans l'hypothèse de l'accession du Québec à la souveraineté, les frontières du Québec souverain seraient-elles les frontières actuelles, qui comprendraient les territoires attribués au Québec par les lois fédérales de 1898 et de 1912, ou celles de la province de Québec au moment de la formation de la fédération canadienne en 1867 ?

2. Dans l'hypothèse de l'accession du Québec à la souveraineté, le droit international ferait-il prévaloir le principe de l'intégrité territoriale (ou uti possidetis*) sur les revendications visant à démembrer le territoire du Québec, plus particulièrement :*

les revendications des autochtones du Québec qui invoquent le droit à l'autodétermination des peuples au sens du droit international ;

les revendications de la minorité anglophone, notamment en ce qui concerne les régions du Québec où cette minorité est concentrée ;

les revendications des personnes résidant dans certaines régions frontalières du Québec, quelle que soit l'origine ethnique de ces personnes ? (par. 1.01)

D'entrée de jeu, les auteurs précisent que les différends territoriaux internes, notamment ceux qui concernent le golfe Saint-Laurent et le Labrador, deviendraient des différends internationaux advenant l'indépendance :

Au plan strictement juridique, la réponse aux questions posées n'implique pas qu'une position soit prise sur la configuration exacte du territoire actuel du Québec et le tracé de ses limites

---

28. L'auteur du présent texte était le coordonnateur de la recherche juridique pour la Commission. À ce titre, j'ai eu le privilège de rédiger les questions posées aux cinq experts et de les rencontrer à Paris pour une séance de travail le 15 mars 1992, comme en fait foi le paragraphe 1.07 de leur avis.

externes. Les signataires n'ignorent pas que certaines portions de ces limites font l'objet de contestations, notamment en ce qui concerne celle avec le Labrador, le partage éventuel du golfe du Saint-Laurent et plus généralement, des espaces marins adjacents au Québec. Mais il n'est pas utile de revenir sur ces problèmes aux fins de la présente étude : quelles que soient les limites actuelles, juridiquement correctes, la question se pose de la même manière ; il s'agit de savoir si, au regard du droit international, le Québec est en droit de les conserver en cas d'accession à l'indépendance ou si la survenance de celle-ci entraînerait — ou pourrait entraîner — ipso facto des modifications à ce tracé.

En revanche, il convient de noter que, si cette éventualité se produisait, le différend changerait de nature — de purement interne, il deviendrait international et devrait être réglé conformément aux règles du droit des gens [c'est-à-dire le droit international public] par des moyens pacifiques (par. 1.04 et 1.05).

Les cinq experts concluent à l'unanimité que le Québec souverain conserverait la totalité du territoire terrestre de la province de Québec.

Il apparaît donc qu'aucune circonstance particulière n'est de nature à tenir en échec le principe bien établi du droit international selon lequel, une fois l'indépendance du Québec acquise, le nouvel État aurait droit à voir l'intégrité de son territoire respectée dans le cadre de ses limites actuelles (par. 2.37).

Ils précisent qu'il n'existe aucun intervalle entre la garantie constitutionnelle offerte au territoire du Québec dans la fédération canadienne et celle qui découle du droit international après l'indépendance :

Au demeurant, dans le cas du Canada et du Québec, l'intégrité territoriale de celui-ci est garantie, avant l'indépendance, par les règles constitutionnelles de celui-là et le serait, après l'accession éventuelle du Québec à la souveraineté, par les principes bien établis et impératifs du droit international général. Il n'y a pas place pour une situation intermédiaire dans laquelle s'appliqueraient des règles différentes.

Lorsque la sécession se produit dans le cadre d'une circonscription territoriale bien définie, les anciennes limites de celle-ci constituent les frontières du nouvel État (principe de l'uti possidetis juris). La pratique internationale récente ne laisse aucun doute sur ce point lorsque l'État prédécesseur est une fédération, et traduit l'existence d'une opinio juris *généralisée en ce sens.*

Ces règles ne sont pas tenues en échec par les circonstances dans lesquelles certains territoires ont été rattachés au Québec. Seul importe l'instantané territorial au moment de l'accession à la souveraineté.

Si celle-ci se produit, le Québec héritera de l'intégrité du territoire qui est aujourd'hui le sien et de toutes les compétences relatives à celui-ci qui sont actuellement exercées par les autorités fédérales, notamment et y compris sur les réserves indiennes (par 4.01).

Concernant les territoires qui auraient été annexés au Québec en 1898 et en 1912 à la condition que la province continue de faire partie du Canada, les cinq experts sont clairs.

À cet égard, nous faisons nôtre l'opinion exprimée par le professeur Henri Brun devant la Commission : « Toute cette idée que le Québec puisse perdre une partie de son territoire parce qu'il ne respecterait pas certaines conditions découle en réalité de l'application de notions de droit civil destinées à régir des relations interindividuelles de droit privé, à une situation qui, de par sa nature, relève exclusivement du droit constitutionnel. Les tenants de cette théorie s'expriment en l'occurrence comme s'il s'était agi, entre le fédéral et le Québec, de contrats de prêts ou de mandats entre personnes privées, c'est-à-dire comme s'il s'était agi de terres ou autres propriétés qu'une personne aurait alors mises à la disposition d'une autre personne afin que cette dernière en jouisse pendant un certain temps sous certaines conditions. Alors qu'en fait, c'est d'un phénomène juridique d'une tout autre nature dont il s'agit.

Pour l'essentiel, il ne s'agit pas ici de terres et de propriétés, mais bien de territoire et de souveraineté. Ce que le Québec a reçu en 1898 et 1912, c'est d'abord le pouvoir constitutionnel, pour sa Législature, de faire des lois pour ces territoires. » (par. 2.31)

Les cinq experts concluent que la thèse partitionniste qui s'appuie sur les modifications antérieures du territoire du Québec pour le limiter à celui de 1867 est sans fondement :

Il s'est fréquemment produit, dans le contexte colonial, qu'une puissance administrante modifie les limites administratives entre ses diverses possessions ; nul n'a cependant jamais prétendu que celles-ci devaient accéder à l'indépendance dans le cadre des limites antérieures. La date critique est celle de l'accession à la souveraineté… (par. 2.31)

Trois des cinq experts qui ont signé cet avis ont réitéré leur position devant la Cour suprême du Canada dans le *Renvoi relatif à la sécession du Québec* de 1998, mais la Cour suprême n'a pas cité leurs textes[29].

Le droit international garantit les frontières terrestres des États fédérés qui accèdent à l'indépendance. N'en déplaise à Pierre Elliott Trudeau, le Canada est divisible, mais le Québec ne l'est pas. L'avantage de la règle de l'*uti possidetis* est qu'elle permettrait au Québec souverain de conserver le territoire terrestre possédé par la province de Québec au moment du passage à la souveraineté. Elle ne permettrait toutefois pas de revendiquer ce que la province ne possède pas au moment de la souveraineté, à savoir le Labrador.

Le principe juridique de l'*uti possidetis* ne s'applique toutefois pas au droit de la mer, ni à la succession d'États en matière de territoire maritime, qui procèdent d'une logique différente, celle des droits inhérents d'un État souverain.

2.2. L'accroissement considérable du territoire maritime du Québec souverain

Un État fédéré qui accède à l'indépendance bénéficie de l'*uti possidetis* en ce qui a trait à son territoire terrestre. Il bénéficie, de plus, et séparément, des droits inhérents de tout État souverain en ce qui a trait à son territoire maritime, quelle qu'ait été l'étendue de ce dernier dans le cadre de la Constitution de l'État prédécesseur.

---

29. [1998] 2 R.C.S. 217. L'auteur du présent chapitre était le responsable de la recherche sur les questions de fond en droit constitutionnel et international pour *l'amicus curiae* (l'ami de la Cour), Me André Joli-Cœur, nommé par le plus haut tribunal pour exprimer le point de vue souverainiste dans cette affaire.

Les cinq experts se sont aussi prononcés sur le territoire maritime du Québec souverain, même si cette question était distincte de celles qui leur avaient été posées. Les savants auteurs ont affirmé que le Québec souverain aurait un droit inhérent à un territoire maritime beaucoup plus important que celui de la province de Québec, car la logique propre au droit international de la mer est différente de celle relative au territoire terrestre. La règle de *l'uti possidetis* ne s'applique pas aux espaces maritimes. Le *statu quo* que représenterait le maintien d'une frontière internationale située sur le rivage serait absurde, et ne peut être envisagé. Voici ce qu'on peut lire dans l'Avis des cinq experts sur ce point :

> Il ne nous paraît pas entrer dans notre mandat de traiter de manière détaillée du problème des frontières maritimes qui a du reste fait l'objet par ailleurs d'une présentation exhaustive à la Commission[30].

> Il nous semble que les frontières terrestres du Québec ne sont pas forcément transposables en matière de délimitation maritime. On doit en effet considérer qu'en théorie, tous les États côtiers ont un droit inhérent à des mers territoriales, des zones contiguës et des plateaux continentaux ainsi qu'à une zone économique exclusive. Conformément à l'adage traditionnel, souvent repris, la terre domine la mer. C'est donc la souveraineté que l'État exerce sur son territoire terrestre qui conditionne le titre que cet État détient sur les espaces maritimes[31].

> Il n'est donc nullement évident que, quand bien même les eaux immédiatement adjacentes aux côtes du Québec seraient aujourd'hui considérées comme des eaux intérieures canadiennes, les principes applicables à la succession d'États tiendraient en échec les règles universellement acceptées en matière d'attribution des espaces marins. Il nous semble au contraire que, comme tout État, le Québec, dans l'hypothèse de son accession à la souveraineté, pourrait revendiquer l'application de ces règles et faire valoir son droit inhérent à la souveraineté territoriale ou à des droits souverains sur les mers adjacentes à ses côtes, étant entendu :

---

30. Les auteurs font allusion à l'étude de Charney, J. (1992a), *The Maritime Boundaries of Quebec*.
31. Les références contenues dans le texte original sont omises.

- *que si la baie et le détroit d'Hudson, voire le golfe du Saint-Laurent, étaient considérés comme des baies historiques, assimilées à des eaux intérieures, la question se poserait de savoir si ces espaces devraient être partagés entre les États riverains ou s'il conviendrait de les considérer comme des baies historiques relevant conjointement de ceux-ci, à la manière du régime juridique probablement applicable au golfe de Fonseca;*
- *et que les droits de passage ou de pêche acquis par les États tiers devraient en tout état de cause être respectés* (par. 2.35-2.36).

Une étude sur le territoire maritime du Québec souverain a été réalisée par le regretté professeur américain Jonathan Charney pour le compte de la Commission sur la souveraineté (Charney, 1992a)[32]. Le professeur Charney était une sommité en droit international de la mer, un conseiller juridique de la US Navy et président de la American Society of International Law.

Il conclut également que le territoire maritime du Québec souverain serait considérablement plus étendu que celui de la province de Québec. Le Québec souverain aurait normalement droit, comme tout autre État, à une mer territoriale de 12 milles marins et à une zone économique exclusive de 188 milles additionnels, pour un total de 200 milles dans le golfe Saint-Laurent, la baie James, la baie d'Hudson et le détroit d'Hudson au nord du Nunavik. Des négociations avec le Canada seraient nécessaires afin de délimiter avec précision les territoires maritimes des deux États souverains qui se partageraient ces eaux, notamment autour des Îles-de-la-Madeleine, puisque ces territoires maritimes ne s'étendent pas sur 400 milles marins de part et d'autre.

À noter que le professeur Charney ne reconnaissait pas la souveraineté canadienne dans le golfe Saint-Laurent, étant donné la relativement faible largeur de son embouchure entre Terre-Neuve et la Nouvelle-Écosse, ni en général dans les eaux

---

32. L'étude de Charney mentionnée en note 29 a par la suite été publiée dans une revue juridique américaine : Charney, J. (1992b). Le professeur Charney a témoigné en 1992 devant la Commission sur la souveraineté. Son étude est accessible à la bibliothèque de l'Assemblée nationale et dans certaines bibliothèques universitaires, comme l'ensemble des travaux de la Commission.

de l'Arctique. Sa position était conforme à celle du gouvernement de son pays, qui a toutefois choisi de ne pas souligner de tels différends avec un allié. Puisque le Canada peut revendiquer une zone économique exclusive de 200 milles de part et d'autre de ses rives dans le golfe, ce qui couvre l'ensemble de cet espace, ce différend est actuellement théorique, mais pourrait reprendre son importance au moment de l'indépendance du Québec et devrait alors favoriser ce dernier.

Le professeur Charney estimait que le Canada avait de meilleures chances d'établir que la baie d'Hudson est une mer intérieure parce qu'il s'agirait d'une baie historique et que son embouchure est plus étroite. Ce n'était pas encore toutefois définitivement établi à ses yeux. Si cela s'avérait, la question se poserait alors de savoir si cette mer intérieure pourrait être attribuée conjointement au Québec souverain et au Canada, ou si elle devrait être séparée entre les deux États[33].

Par ailleurs, le professeur Charney était d'avis que si les îles de la baie d'Hudson et du détroit d'Hudson étaient enclavées et demeuraient canadiennes, le Québec pourrait néanmoins obtenir la souveraineté sur des eaux situées au-delà.

Voici un extrait de la conclusion de son étude pour la Commission sur la souveraineté :

Il est impossible de dire avec certitude où seraient situées les frontières maritimes du Québec s'il devenait un État indépendant. D'abord, toutes ces frontières maritimes sont matière à négociation avec le Canada. En raison des complexités et des incertitudes qui entourent la délimitation des territoires maritimes et de l'interdépendance nécessaire entre le Québec et le reste du Canada, une solution négociée au problème de la frontière maritime et aux usages accessoires des eaux territoriales doit être envisagée.

[…] À notre avis, il existe dès arguments forts en faveur d'un droit de nature juridique à une juridiction maritime dans le golfe Saint-Laurent, même si selon le régime juridique actuel la province de Québec ne semble pas avoir compétence sur ces espaces maritimes. […] Des arguments fondés sur l'équité

---

33. L'Avis des cinq experts a évoqué ces possibilités (par. 2.35 et 2.36).

peuvent être tirés du droit international, qui favorisent l'accès à la haute mer et la juridiction maritime. Ces arguments favorisent l'acquisition par le Québec de la juridiction sur certaines parties de la baie d'Hudson, du détroit d'Hudson et du golfe Saint-Laurent.

[...] Il est probable que la taille réduite des espaces mentionnés ait pour effet de donner à la ligne équidistante, ajustée afin de tenir compte des îles adjacentes, une place importante. Les îles de la baie d'Hudson situées près de la côte pourraient bien être enclavées de manière à donner au Québec des frontières situées plus à l'ouest. Un résultat similaire pourrait être obtenu dans le détroit d'Hudson. On pourrait donner plein effet aux Îles-de-la-Madeleine comme dans l'entente interprovinciale de 1964, mais il pourrait être nécessaire de réduire cet effet par un enclavement ou une atténuation proportionnelle (Charney, 1992, p. 577).

Il va sans dire que sur le plan maritime, la souveraineté du Québec serait nettement plus avantageuse que le statut de province à l'intérieur de la fédération canadienne. Le droit international de la mer attribue d'emblée une mer territoriale et une zone économique exclusive à tout État côtier (de même qu'un plateau continental là où la géographie sous-marine s'y prête) en présumant qu'il s'agit d'un attribut de la souveraineté. Il reste toutefois à en négocier les modalités pour chaque cas particulier tel que celui du Québec. Le principe de l'équidistance, fréquemment utilisé dans de telles circonstances, serait applicable, mais différentes hypothèses de délimitation des frontières maritimes peuvent être invoquées lors de telles négociations en se fondant sur les précédents internationaux. Elles peuvent concerner par exemple l'étendue du territoire maritime québécois autour des Îles-de-la-Madeleine ou d'autres particularités géographiques du golfe Saint-Laurent, de la baie d'Hudson ou du détroit d'Hudson.

Si le Canada devait refuser de négocier la délimitation des espaces maritimes ou que ces négociations étaient infructueuses, il serait possible pour le Québec souverain de s'adresser à la Cour internationale de justice ou à toute autre instance internationale appropriée.

2.3. La succession aux propriétés et aux traités fédéraux relatifs au Québec

Le Québec souverain deviendrait automatiquement partie aux traités internationaux relatifs à ses frontières terrestres signés dans le passé par le Royaume-Uni et le Canada. L'article 11 de la Convention de Vienne sur la succession d'États en matière de traités de 1978 atteste que :

Une succession d'États ne porte pas atteinte en tant que tel :

a) à une frontière établie par un traité ; ni

b) aux obligations et droits établis par un traité et se rapportant au régime d'une frontière.

Cette disposition a pour effet de garantir la stabilité de la frontière internationale existante avec les États-Unis :

La conséquence qui en résulterait en cas d'accession du Québec à la souveraineté est que ni lui ni les États-Unis ne pourraient remettre en cause la délimitation de la frontière résultant des accords conclus entre le Canada (ou, en son nom, par la Grande-Bretagne) et les États-Unis, notamment le traité d'Ashburton-Webster de 1842 et le traité canado-américain de 1908 relatif à la démarcation de la frontière internationale (Avis des cinq experts, par. 2.22.).

Le traité d'Ashburton-Webster avait été négocié par la Couronne britannique au nom de ses colonies canadiennes. Celles-ci ne détenaient pas alors la capacité juridique de négocier des traités avec des États souverains, puisque non seulement le Canada n'existait pas encore, mais qu'il n'a obtenu une telle capacité, en pratique, que dans la période entre les deux guerres mondiales (Morin et Woehrling, 1992, p. 387).

Le Québec souverain obtiendrait d'office la propriété des parcs, bases militaires, ports et aéroports fédéraux, et ce, sans compensation puisqu'il renoncerait en contrepartie à la part des propriétés fédérales situées à l'extérieur du Québec que ses contribuables ont financée. Il recevrait de plus l'entière juridiction sur les parties du territoire québécois actuellement soumises à une compétence fédérale spécifique, comme les réserves indiennes et les bases militaires :

D'une façon générale, conformément au principe rappelé par l'article 15, paragraphe 1.a, de la Convention de Vienne du

8 avril 1983, les biens d'État immeubles de l'État prédécesseur situés dans le territoire auquel se rapporte la succession d'États passent à l'État successeur.

[…] Il en va a fortiori ainsi de portions de territoire sur lesquelles sans avoir de droit de propriété à proprement parler, les autorités fédérales ont une juridiction exclusive. Le principe même de souveraineté implique l'exclusivité et la plénitude des compétences du nouvel État sur l'ensemble de son territoire. L'accession à l'indépendance entraînerait, ipso facto, *et sans qu'il soit besoin d'une convention spéciale, le transfert des compétences, notamment législatives, réservées au Parlement ou au gouvernement fédéraux par la Constitution canadienne, aux autorités québécoises.*

Ceci vaut notamment pour les réserves indiennes qui font, même dans la situation actuelle, partie intégrante du territoire du Québec. Il en irait de même pour les bases et les camps militaires, pour les mêmes raisons (Avis des cinq experts, par. 2.22.).

Le Québec devrait assumer une part de la dette canadienne, dont la proportion exacte serait à négocier, car elle pourrait tenir compte de nombreux facteurs (part de la population canadienne, part des impôts payés, etc.). Ces principes sont bien établis par le droit international et ont été mis en œuvre à de nombreuses reprises, par exemple, lors de l'accession à l'indépendance de plusieurs colonies des empires britannique et français, telles que l'Inde et le Pakistan ou encore en Afrique. La négociation sur la dette est entièrement distincte du transfert automatique et inconditionnel de la propriété des biens fédéraux situés au Québec, car la dette canadienne n'a pas toujours été acquise, tant s'en faut, relativement au développement du territoire.

2.4. La non-pertinence du droit constitutionnel canadien

Le droit constitutionnel canadien cesse de s'appliquer au Québec au moment où la province de Québec devient un État indépendant. Il en est de même des lois fédérales. Des ententes de nature territoriale avec le Canada peuvent être conclues avant ou après ce moment. Le Québec peut légalement devenir indépendant avec tout son territoire au regard du droit international, avec ou sans l'accord du Canada, par exemple au moyen d'une déclaration unilatérale d'indépendance. C'est ce qu'a fait clairement voir l'Avis sur le Kosovo, un jugement de la Cour internationale de justice du 22 juillet 2010, qui a établi la légalité en droit international des déclarations unilatérales d'indépendance non conformes au système juridique de l'État prédécesseur. Le *Renvoi relatif à la sécession du Québec* (1998*)*, un jugement de la Cour suprême du Canada rendu en 1998, avait également admis cette possibilité.

L'obtention de l'indépendance au moyen d'une déclaration unilatérale d'indépendance ne remet en question ni le principe de *l'uti possidetis,* ni les droits inhérents du nouvel État sur son territoire maritime tel qu'établi par le droit international.

2.5. Les droits fonciers des Premières Nations dans le Québec souverain

Certains droits fonciers des Premières Nations dans le Québec souverain pourront être garantis par le droit international ou une entente particulière avec le Canada. Le Québec souverain pourra exiger la renégociation de traités avec les Premières Nations auxquels il aura adhéré à titre de province (p. ex. la Convention de la Baie James) ou auxquels il n'a pas adhéré, mais qui sont relatifs à des eaux ou à des îles qui feront désormais partie de son territoire (p. ex. le traité Canada-Nunavut sur les îles et les eaux au large du Nunavik). Le Canada ne sera plus partie à de telles ententes, et le Québec lui succédera.

Il pourrait être dans l'intérêt du Québec de s'engager à rouvrir la Convention de la Baie-James (elle a déjà été modifiée une quinzaine de fois depuis sa signature), particulièrement dans le cas des Premières Nations qui ont été exclues des avantages de la Convention même si elles fréquentaient ce territoire depuis des millénaires (les Algonquins, les Attikameks et les Innus). Ces Premières Nations sont toutes ou en grande partie francophones et pourraient jouer un rôle plus important et positif au moment de l'indépendance du Québec si leurs griefs légitimes étaient satisfaits.

Pourquoi, par exemple, le Québec ne mettrait-il pas fin aux coupes forestières intensives dans le parc De La Vérendrye et ne confierait-il pas la gestion ou la cogestion du parc aux Algonquins? Pourquoi ne dédommagerait-il pas les Innus pour le développement du réseau hydroélectrique Manicouagan-Outardes dans la même mesure qu'il l'a fait pour les Cris à la Baie-James ? Pourquoi ne faciliterait-il pas le retour des Malécites dans une réserve près de Cacouna pour remplacer celle dont ils ont été spoliés il y a plus d'un siècle ? De telles interventions éclairées seraient nettement dans l'intérêt bien compris du Québec.

Outre le fait qu'ainsi de graves injustices pourront être remédiées, ce serait une bonne manière d'éviter que le Canada ou d'autres États tirent prétexte de la question autochtone pour refuser la reconnaissance du Québec ou pour faire pression sur lui. Les Premières Nations, comme en 1995, pourraient lors d'un prochain référendum acquérir momentanément une plus grande visibilité internationale et chercher plus activement à améliorer leur situation, ce qui est légitime. Dans le cas des Cris et des Inuits, s'ils sont à nouveau tentés par le partitionnisme comme en 1995, le Québec pourra rappeler avec plus de force et avec justesse que les avantages consentis par la Convention de la Baie-James et ses nombreuses conventions complémentaires, dont la Paix des Braves de 2001 et des ententes comparables pour les Inuits et les Naskapis, trouvent peu d'équivalents sur la planète.

Il faudra toutefois éviter toute ambiguïté au sujet de la souveraineté dont les Premières Nations se réclament à l'occasion. Il ne peut s'agir que d'un droit à l'autonomie originaire, tel que le connaissent le droit international et le droit américain. Un tel droit signifie que l'autonomie est inhérente et ne dérive ni des lois fédérales ou québécoises, ni de la Constitution. Il ne confère pas un droit à la partition du Québec, ni un droit de veto à l'encontre de l'accession du Québec à la souveraineté au même titre que tout autre État. Cela est particulièrement vrai des territoires de la Convention de la Baie-James de 1975 et de la Convention du Nord-Est québécois de 1978 :

> *Ces deux Conventions ont opéré le transfert au Québec des droits traditionnels des peuples autochtones en échange de droits nouveaux et sont à l'origine d'un nouveau partage de compétences entre les autorités fédérales et provinciales ; l'accession du Québec à la souveraineté aurait pour effet de concentrer entre les mains du gouvernement québécois l'ensemble de ces*

compétences exactement comme cela se produirait pour toutes les compétences aujourd'hui partagées entre les instances fédérales et provinciales. Telle est la portée fondamentale de l'accession à l'indépendance et les Cris, les Inuits ou les Naskapis ne seraient pas davantage fondés à s'y opposer que n'importe quel propriétaire d'un bien quelconque qui, du fait de l'indépendance, perdrait, par exemple, la possibilité de saisir les juridictions fédérales dans tous les cas où cela est aujourd'hui possible (Avis des cinq experts, par. 2.34).

L'Avis des cinq experts précise que les peuples autochtones détiennent en vertu du droit international des droits étendus sur leurs terres et territoires ancestraux, mais que ces droits ne constituent pas des droits de souveraineté :

Ainsi, contrairement à ce qui se produit pour les minorités non autochtones, le droit international contemporain tend à reconnaître à ces peuples des droits étendus sur leurs terres et territoires ancestraux. Mais, quelle que soit la valeur juridique des textes qui traduisent cette tendance, ils ne vont pas jusqu'à reconnaître à ces terres et territoires un statut séparé de celui du territoire de l'État et ces droits ne s'apparentent en aucune manière à des droits de souveraineté (par. 3.31).

L'adoption de la Déclaration des Nations Unies sur les droits des peuples autochtones en 2007 n'a pas remis en question cet énoncé. Cette Déclaration contient de nouvelles normes qui reconnaissent des droits très étendus aux peuples autochtones sur leurs territoires ancestraux. Cependant, sa disposition finale, l'article 46 (par. 1) précise que la Déclaration ne peut servir à remettre en question l'intégrité territoriale ou l'unité politique d'un État souverain :

Article 46

Aucune disposition de la présente Déclaration ne peut être interprétée comme impliquant pour un État, un peuple, un groupement ou un individu un droit quelconque de se livrer à une activité ou d'accomplir un acte contraire à la Charte des Nations Unies, ni considérée comme autorisant ou encourageant aucun acte ayant pour effet de détruire ou d'amoindrir, totalement ou partiellement, l'intégrité territoriale ou l'unité politique d'un état souverain et indépendant.

Cette disposition vise autant les peuples autochtones qui vivent dans le Canada actuel que ceux qui vivront dans le Québec souverain.

Même si le consentement des Premières Nations à l'indépendance du Québec n'est pas requis par le droit international, qui s'en remet à l'effectivité du nouvel État pour fonder sa légalité, ce consentement est hautement souhaitable du point de vue moral et politique. Ce consentement, du moins celui de la majorité des Premières Nations officiellement reconnues par l'Assemblée nationale, est possible à obtenir si des négociations particulières et approfondies sont engagées. **Il faut se donner pour objectif de réaliser la souveraineté du Québec en alliance avec les Premières Nations.** Un tel objectif est ambitieux mais réalisable.

Une entente de nation à nations pourra être conclue afin d'exprimer le consentement des Premières Nations à l'indépendance du Québec. Cette entente devrait comprendre les éléments suivants :

- l'inscription des droits fondamentaux des nations autochtones dans la Constitution du Québec et la reconnaissance du droit international applicable ;
- la création d'un tribunal spécialisé pour résoudre les différends entre les nations autochtones, le Québec et les tiers relativement à ces droits constitutionnels ;
- la recomposition de l'Assemblée nationale ou d'une chambre haute du Parlement québécois, appelée Chambre des Régions, afin d'y réserver des places aux représentants des nations autochtones.

Un dialogue constant et approfondi doit être entrepris dans les meilleurs délais, car une entente de cette importance doit être longuement préparée. Elle signalera un nouveau départ dans les relations entre la nation québécoise et les Premières Nations, fondé sur l'amitié et le respect mutuel. Cette entente constituera une alliance historique et économique et devra notamment donner suite à la Déclaration des Nations Unies sur les droits des peuples autochtones adoptée en 2007, et ratifiée récemment par le Canada. Cette alliance, à laquelle les nations autochtones voudront probablement donner une dimension spirituelle conforme à leur vision des rapports entre les peuples et la nature, sera un élément fondamental de l'identité et du développement du Québec indépendant. Elle représentera l'engagement irréversible du Québec de voir désormais les nations autochtones comme des partenaires essentiels et permanents.

Références

Brun, H. (1970). *Le territoire du Québec et le golfe*. Étude effectuée pour le compte de la Commission d'étude sur l'intégrité du territoire du Québec, Rapport de la Commission, vol. 7.3.3, Québec.

Brun, H. (1992). *Le territoire du Québec à la jonction de l'histoire et du droit constitutionnel*, C. de D., 33 (4) 927-943.

Canada (2006). *Accord sur les revendications territoriales des Inuits du Nunavik*, Ottawa, ministère des Travaux publics et des Services gouvernementaux.

Charney, J. (1992a). « The Maritime Boundaries of Quebec ». Dans Commission d'étude sur les questions afférentes à l'accession du Québec à la souveraineté. Exposés et études, volume 1. *Les attributs d'un Québec souverain*, p. 493-577, Québec, Assemblée nationale.

Charney, J. (1992b). « Maritime Jurisdiction and the Secession of States : the Case of Quebec », *Vanderbilt Journal of Transnational Law*, 25 (3) 343-428.

Cour suprême du Canada, (1967). *Offshore Mineral Rights of British Columbia*, R.C.S. 792.

Cour suprême du Canada, (1998). *Renvoi relatif à la sécession du Québec*. 2 R.C.S 217.

Dorion, H. et Lacasse, J.-P., (2011). *Le Québec : territoire incertain*, Québec, Septentrion.

Franck, T., Higgins, R., Pellet, A. Shaw, M. et Tomuschat, C. (1992). « L'intégrité territoriale du Québec dans l'hypothèse de l'accession à la souveraineté ». Dans Commission d'étude des questions afférentes à l'accession du Québec à la souveraineté, Exposés et études, vol. 1, *Les attributs d'un Québec souverain*, p. 377-461, Québec, Assemblée nationale.

Morin, J.-Y. et Woehrling, J. (1992). *Les Constitutions du Canada et du Québec*, Montréal, Les Éditions Thémis.

Newfoundland Court of Appeal (1983). *Mineral and Other Natural Resources of the Continental Shelf*, 145 D.L.R. (3d) 9.

Organisation des Nations Unies (1969). « Convention de Vienne sur le droit des traités », *Recueil des Traités*, 1155, 331.

Organisation des Nations Unies (2007). *Déclaration des Nations Unies sur les droits des peuples autochtones*, New York, Assemblée générale des Nations Unies.

Parlement de Londres (1791). *Acte constitutionnel*, 31 Geo. III. c. 31 [R.-U.].

Chapitre 6

Un pays de régions démocratiques et autonomes

Louis Bernard

Introduction

Ce n'est pas spontanément qu'on pense au Québec souverain comme devant être, fondamentalement, un Québec radicalement différent du Québec actuel. Plus naturellement, on imagine le passage de l'état de province à l'état de pays comme une simple évolution linéaire. Ce sera, peut-on croire, le même Québec, mais un peu plus gros. Ce sera comme si on mettait un peu plus d'air dans un ballon, qui deviendrait certes plus volumineux, mais qui resterait essentiellement le même. Mais cela est une idée fausse.

Au contraire, l'accession du Québec à sa souveraineté sera l'occasion d'une transformation radicale de ce Québec que nous connaissons aujourd'hui. Ce sera la naissance d'un Québec nouveau, tout comme la Révolution tranquille des années 1960 a donné naissance à un nouveau Québec. Le Québec souverain sera, à terme, aussi différent du Québec actuel que ce dernier est différent du Québec d'avant la Révolution tranquille. Et cela ne sera nulle part plus évident qu'en ce qui concerne la nécessaire régionalisation qui accompagnera forcément la souveraineté.

1. La régionalisation rêvée

Socialement, le Québec est un pays de régions ; politiquement, toutefois, c'est un pays unitaire. C'est pourquoi on parle, depuis des décennies, d'une nécessaire régionalisation, c'est-à-dire de la reconnaissance des régions comme de véritables entités politiques ayant des pouvoirs et des ressources fiscales qui leur soient propres.

Les régions actuelles du Québec n'ont aucun pouvoir politique. Même si, avec le temps, elles ont développé une véritable identité sociologique et un fort sentiment d'appartenance, elles ne sont, juridiquement, que de simples régions administratives. D'où une réaction d'impuissance et de frustration qui se développe et s'amplifie à mesure que s'accentue le clivage entre les grandes villes et les régions-ressources, et entre les régions plus prospères et celles qui le sont moins.

Mais ce discours de la nécessaire régionalisation du Québec est resté purement verbal et, malheureusement, n'a jamais eu de suites concrètes. Les promesses ont été nombreuses, les engagements, innombrables, les rencontres et sommets, multiples. Mais sans jamais déboucher sur des résultats tangibles. Sans jamais qu'il y ait une véritable décentralisation des pouvoirs et des ressources en faveur d'instances politiques régionales (Coalition pour un Québec des régions, 2007).

Il y a donc, chez nous, un véritable blocage qui nous empêche de procéder à une réforme qui, non seulement, est réclamée depuis longtemps, mais serait grandement bénéfique à la démocratie québécoise. Pourquoi ce blocage, cette impossibilité d'agir ?

1.1. Pourquoi régionaliser ?

Demandons-nous d'abord pourquoi il serait bon de régionaliser le Québec. À cette question, il y a plusieurs réponses.

La première tient évidemment à l'existence même des régions comme une réalité sociologique qui conditionne la vie d'un grand nombre de Québécois. Ceux-ci s'identifient spontanément à leur région et ils ont à cœur de travailler à son développement. Ils sont Gaspésiens, Abitibiens, Montréalais, etc., comme ils sont citoyens du Québec. Le premier motif de la régionalisation, c'est donc de mobiliser cette fierté régionale afin de stimuler la contribution des régionaux au succès et au développement de leur région.

La deuxième raison, c'est qu'il faut reconnaître la diversité régionale. Les besoins du Saguenay–Lac-Saint-Jean ne sont pas ceux de l'Outaouais ou de la Capitale nationale. Ceux de la Gaspésie ne sont pas ceux de la Montérégie. Ceux de la grande région métropolitaine de Montréal sont particuliers. Tout cela est évident, mais ne se reflète que difficilement dans la réalité politique du Québec. Car dans toutes les mesures et politiques qui émanent du gouvernement québécois, il est souvent impossible de traiter une région différemment des autres. C'est plutôt la règle du « mur à mur » ou du *one size fits all* qui s'applique. Une politique qui est, par définition, « nationale » peut difficilement s'appliquer différemment d'une région à l'autre.

La troisième raison sera déterminante dans le cadre d'un Québec souverain. L'Assemblée nationale ne pourra pas alors, même physiquement, combiner l'exercice des pouvoirs qu'elle héritera du Parlement fédéral avec l'exercice de ses pouvoirs actuels. Trop, c'est trop. Il faudra nécessairement qu'un bon nombre de ces pouvoirs soient délégués à d'autres instances : autrement, le Québec deviendrait non seulement l'un des pays les plus centralisés de la planète, mais sa gouvernance serait inefficace parce qu'embourbée. Comme nous le verrons, la région est l'instance la mieux placée pour exercer plusieurs de ces pouvoirs décentralisés.

La quatrième raison se réfère à l'équilibre des pouvoirs nécessaire à toute démocratie vivante. Une société aussi complexe que le Québec ne peut dépendre d'un seul lieu de pouvoir et il est souhaitable que plusieurs foyers de vie démocratique existent sur l'ensemble du territoire. Les diverses forces politiques qui représentent les différents courants d'opinion doivent avoir l'occasion de se développer au sein des régions afin d'enrichir la discussion publique qui est essentielle à la vie démocratique de la nation.

La cinquième raison est complémentaire des deux précédentes : par la régionalisation, on rapproche l'exercice du pouvoir aussi près que possible des citoyens afin d'améliorer la qualité de la démocratie québécoise et la participation des citoyens à la conduite des affaires publiques. On peut ainsi mettre en œuvre le «principe de subsidiarité» selon lequel la répartition des pouvoirs entre les différents niveaux de gouvernement doit se faire de manière à donner la responsabilité d'une action publique, lorsqu'elle est nécessaire, à la plus petite entité capable de s'en occuper elle-même. Plus l'exercice du pouvoir est éloigné du citoyen, plus la démocratie devient difficile. Et, à l'inverse, plus le pouvoir est proche du peuple, plus celui-ci peut faire valoir sa volonté.

1.2. Quelle régionalisation?

Ce n'est pas tout de dire que le Québec doit être régionalisé: il faut dire de quelle régionalisation on parle, car il y a plusieurs sortes de régionalisation. À cet égard, il faut éviter de réserver le vocable de «région» aux seules régions rurales ou éloignées des grands centres. Au contraire, les grandes villes sont elles-mêmes soit des régions, soit une partie importante de leur région. La décentralisation des pouvoirs doit donc se faire aussi bien au profit des régions urbaines que des régions rurales.

Déjà, le Québec connaît deux formes de régionalisation (Ministère des Affaires municipales, des Régions et de l'Occupation du territoire, 2010a). Il y a, premièrement, une régionalisation faite «à partir d'en bas» qui se vit au niveau des municipalités régionales de comté (MRC) et des communautés urbaines ou régionales; et il y a, deuxièmement, une régionalisation faite «à partir d'en haut» qui touche les 17 régions administratives auxquelles on a donné, avec la création des conseils régionaux d'économie sociale (CRÉS), une dimension quasi politique, mais sans aucun pouvoir. Ces deux sortes d'instances régionales sont, en réalité, complémentaires: l'une relève du palier local et est composée de structures supramunicipales exerçant, au niveau de la région d'appartenance, des pouvoirs délégués par les autorités locales, tandis que l'autre relève du palier national et est composée de structures infranationales exerçant des pouvoirs délégués par les autorités nationales.

Dans plusieurs cas, surtout dans celui des grandes villes, ces deux formes de régionalisation se rejoignent. Ainsi, la ville de Laval est à la fois une municipalité, une MRC et une région administrative (n° 13); elle est également membre de la Communauté métropolitaine de Montréal. Dans plusieurs cas, il y a des chevauchements et des incongruités : dans l'île de Montréal, qui forme la région 06, il n'y a pas de MRC mais une «agglomération», et la Communauté métropolitaine de Montréal englobe deux agglomérations, deux villes-MRC, quatre MRC en totalité, six MRC en partie et cinq régions administratives (en tout ou en partie).

Par conséquent, tout effort de décentralisation et de régionalisation impliquera, au moins à terme, une rationalisation des structures et une coordination des actions des différents paliers de gouvernement afin d'éviter le fouillis et de maximiser les résultats. Comme point de départ pour la réflexion, on peut dès maintenant envisager un double mouvement : pour ce qui est des régions d'appartenance, on peut prévoir le renforcement des MRC, celles-ci devenant progressivement le lieu principal du pouvoir local ; et pour ce qui est des grandes régions, la mise sur pied de nouvelles structures politiques ayant des pouvoirs et des ressources autonomes.

1.3. Le pouvoir local

La décentralisation des pouvoirs au niveau local a une longue histoire au Québec, et personne ne la remet en cause. Mais cette décentralisation n'a malheureusement pas réussi à suivre l'évolution de la réalité locale de sorte que, malgré les progrès accomplis, elle doit encore faire l'objet de réformes importantes.

Avec le progrès des moyens de communication terrestres et électroniques, avec l'urbanisation croissante du territoire et avec la concentration des institutions de santé, d'éducation et de culture, l'environnement immédiat du citoyen s'est élargi bien au-delà de la paroisse et du village qui formaient, il y a à peine une décennie, la grande majorité de nos municipalités québécoises. On a donc dû finalement se rendre à l'évidence : nos municipalités locales étaient devenues trop petites et trop nombreuses, et il fallait procéder à un regroupement, non seulement dans les milieux ruraux, mais également dans les milieux urbains. Cela a été fait, non sans peine, au début des années 2000. Dans la plupart des cas, l'opération fut couronnée de succès, mais beaucoup de problèmes restent à régler, notamment sur la Rive-Sud de Montréal et dans l'île de Montréal elle-même.

De plus, la réalité locale est devenue plus complexe et de nouvelles fonctions sont apparues, notamment dans les domaines de l'aménagement, du transport en commun, de l'habitation sociale, de l'assainissement des eaux, de l'environnement et de la sécurité publique. Très souvent, ces nouvelles fonctions ne pouvaient s'exercer efficacement que de concert avec les municipalités voisines. On a donc pensé, à la fin des années 1970, à structurer cette concertation intermunicipale en lui donnant un cadre juridique, la municipalité régionale de comté (MRC).

Présentement, le pouvoir local comporte donc deux niveaux : celui de la municipalité locale et celui de la MRC (Ministère des Affaires municipales, des Régions et de l'Occupation du territoire, 2006). Généralement, c'est la municipalité locale (qui, historiquement, est née en premier) qui forme la cellule de base, celle qui est élue directement par les citoyens et qui a la capacité de taxer ; la MRC, plus récente, se compose de conseillers municipaux et est financée par les quotes-parts provenant des municipalités membres. Assez récemment, les choses ont commencé à changer. D'une part, le préfet, qui dirige la MRC, peut désormais être élu au suffrage universel de tous les citoyens de son territoire : neuf MRC ont choisi de faire ce changement. D'autre part, à la suite des regroupements municipaux, il y a maintenant quatorze villes qui sont à la fois des municipalités locales et des MRC : dans ces cas, on peut donc dire que l'ensemble du pouvoir local est exercé par la ville-MRC.

Dans le cas des grandes municipalités urbaines, un autre modèle est apparu : celui de la ville-centre et des arrondissements ou des quartiers. Dans cet arrangement, la cellule de base est celle de la ville-centre, mais des pouvoirs limités de décision, voire même de taxation, sont conférés au niveau inférieur, celui de l'arrondissement.

On peut penser qu'avec le temps, si les choses continuent à évoluer dans le même sens, ces deux modèles vont finir par se rapprocher. C'est ainsi qu'en combinant les deux modèles et en les projetant dans l'avenir, on peut envisager que les MRC deviennent éventuellement la cellule de base du pouvoir local ayant ses propres élus, ses propres pouvoirs de réglementation et sa propre capacité de taxer, les municipalités membres (lorsqu'il y en a) ne conservant que des pouvoirs de réglementation et de taxation limités (comme c'est le cas actuellement pour les arrondissements montréalais).

Cette évolution irait également dans le sens d'une plus grande autonomie fiscale du pouvoir local. À l'heure actuelle, les municipalités locales n'ont que deux sources principales de revenus autonomes : la fiscalité foncière et la tarification. La dernière a évidemment des limites, puisqu'elle est reliée à la fourniture d'un service. Il ne reste donc que l'impôt foncier pour financer l'ensemble des services municipaux qui ne peuvent pas être tarifés. Or, l'impôt foncier, s'il a ses avantages, notamment sa grande stabilité, a aussi ses limites et ses inconvénients. D'où les pressions des villes pour se voir octroyer de nouvelles sources de taxation, notamment celles qui portent sur la consommation ou les transports. Évidemment, de tels pouvoirs fiscaux ne peuvent être exercés que sur un territoire qui a une certaine dimension : plus la municipalité sera grande, plus ses pouvoirs pourront être étendus, et plus elle pourra faire valoir ses arguments pour un élargissement de ses pouvoirs fiscaux.

Il se peut que l'évolution soit différente, mais cela ne devrait pas empêcher une plus grande et une meilleure décentralisation des pouvoirs au niveau local, celui de la région d'appartenance. Les structures sont déjà en place, et il s'agit surtout de poursuivre l'évolution déjà en cours, de redéfinir les pouvoirs respectifs des différentes instances et d'atteindre le degré maximum de décentralisation que permettra ce renforcement du pouvoir local.

Car une plus grande décentralisation des pouvoirs au niveau local est primordiale. C'est là, en effet, qu'on peut espérer développer une véritable démocratie de participation. Plus les questions politiques sont proches des citoyens, de leur vie et de leurs besoins quotidiens, plus ceux-ci sont intéressés et, surtout, en mesure de s'impliquer activement. Dans notre démocratie de représentation, la participation active des citoyens laisse souvent à désirer : c'est une carence qui est de plus en plus déplorée et qui se traduit par le désintéressement de plus en plus prononcé à l'égard des élections.

L'implication active du citoyen à la vie politique de son arrondissement, de son quartier ou de sa ville est un élément essentiel de son implication dans la vie politique de sa région et de sa nation. C'est à ce niveau que peuvent le mieux s'exprimer ses interrogations, ses opinions et ses aspirations.

1.4. Le pouvoir régional

Là où le changement amené par la régionalisation sera encore plus grand et plus significatif, c'est au niveau de la grande région. À l'heure actuelle, comme on l'a souligné, les régions sont des entités purement administratives, sans représentation démocratique, sans pouvoirs réglementaires et sans capacité fiscale. Il s'agit d'en faire de véritables gouvernements régionaux, démocratiques et autonomes.

Voyons ce que cela signifie.

2. Les structures juridiques

2.1. Les territoires régionaux

Nous ne partons pas de zéro : le Québec a été divisé, depuis de nombreuses années, en régions. Dans les années 1960, il y en avait dix ; il y en a maintenant dix-sept (Ministère des Affaires municipales, des Régions et de l'Occupation du territoire, 2010b). Cette réalité a subi l'épreuve du temps et ne semble pas soulever de contestation. Aux fins de la discussion, nous tenons donc pour acquis que les territoires régionaux actuels pourront servir de base à la régionalisation politique qui est envisagée.

Il faut cependant souligner que certains cas sont particuliers. On pense notamment à la région métropolitaine de Montréal et, dans une moindre mesure, à celle de la Capitale nationale.

Le cas de Québec est le plus simple. Il serait normal, en effet, que la région 03, située sur la rive nord, et la région 12, située sur la rive sud, aient, chacune, leur propre gouvernement régional et que les problèmes particuliers qui se posent, au niveau métropolitain, entre ces deux régions dans le territoire actuel de la communauté métropolitaine de Québec soient réglés, soit au moyen d'ententes organiques entre les deux régions, soit par le maintien révisé des structures actuelles de la Communauté métropolitaine de Québec.

Dans le cas de Montréal, la régionalisation nécessiterait des changements plus importants. On pourrait, cependant, en profiter pour régler une situation qui est actuellement problématique en donnant à la métropole les structures politiques dont elle a besoin pour assurer son dynamisme et son développement, et qui, présentement, lui font cruellement défaut. Ainsi, on pourrait faire en sorte que le territoire régional montréalais soit celui de la Communauté métropolitaine de Montréal, que les régions 06 (île de Montréal) et 13 (Laval) soient intégrées dans la nouvelle région métropolitaine et que le gouvernement régional remplace le Conseil de la CMM. Cela entraînerait évidemment un redécoupage des régions des Laurentides, de Lanaudière et de la Montérégie, et possiblement de la carte des MRC. Laval continuerait à être une ville-MRC, mais ne serait plus une ville-région. Les agglomérations de Montréal et de Longueuil resteraient en place tant que leurs structures ne seraient pas redéfinies dans ce nouveau contexte.

2.2. Les gouvernements régionaux

Le gouvernement de chaque région serait exercé par un Conseil régional, élu démocratiquement et ayant ses propres pouvoirs réglementaires et ses propres revenus fiscaux.

Il serait intéressant que le Conseil régional soit élu selon un système de vote proportionnel. Cela permettrait de mieux refléter la diversité sociale et territoriale de la région, tout en assurant une plus grande stabilité dans la composition du gouvernement régional. Cela permettrait également au Québec de se familiariser avec ce mode de scrutin que plusieurs préconisent pour l'ensemble du Québec et d'en apprécier les mérites et les inconvénients. Il est à souligner, par ailleurs, que les structures politiques des gouvernements régionaux n'ont pas à être absolument identiques les unes aux autres et qu'elles pourraient s'ajuster aux caractéristiques démographiques et territoriales de chacune des régions. Ainsi, la région pourrait, ou non, être subdivisée en circonscriptions électorales. Le chef du gouvernement régional pourrait être élu au suffrage universel, ou être choisi par le Conseil régional. Le nombre de conseillers pourrait varier d'une région à l'autre. Le Conseil régional pourrait, ou non, se donner un comité exécutif.

Les règlements du Conseil régional auraient force de loi. Afin d'éviter les conflits et les chevauchements, il appartiendrait à l'Assemblée nationale de régler les rapports entre le niveau local et le niveau régional, et les MRC et les municipalités locales continueraient à dépendre directement du gouvernement québécois, et non du Conseil régional.

Normalement, les élections aux Conseils régionaux auraient lieu simultanément à date fixe, à tous les quatre ans, mais à une date différente de celle des élections locales (par exemple, deux ans après ces dernières). Elles se feraient en vertu de règles semblables à celles qui régissent déjà nos processus électoraux. L'existence de partis politiques régionaux serait permise, mais pas nécessaire — comme c'est le cas actuellement au niveau local.

2.3. Les compétences régionales

C'est en fixant la liste des compétences régionales qu'on peut voir toute la différence entre le Québec actuel et un Québec souverain et régionalisé.

Soulignons d'abord que, dans un Québec ayant acquis sa pleine souveraineté, l'Assemblée nationale héritera de toutes les compétences actuellement exercées par le Parlement canadien. Cela sera tout un changement. Ainsi, l'ordre du jour de ses travaux devra désormais comprendre des sujets comme le Code criminel, les télécommunications et les transports, les banques et les institutions financières, de même que la défense et les questions internationales, et plusieurs autres. Il va sans dire que tous ces sujets mobiliseront une grande partie de son temps et de ses travaux. Ce qui rendra nécessaire un transfert vers les gouvernements régionaux de matières importantes qui sont présentement traitées sur le plan québécois.

Pour faire le choix de ces matières, on peut s'inspirer du principe de subsidiarité qui veut que l'on confie chaque responsabilité publique au gouvernement capable de s'en occuper qui est le plus proche du citoyen. Moins il y aura de distance entre le citoyen et l'exercice d'une fonction, mieux la démocratie se portera, plus il y aura de flexibilité dans la définition et l'administration des programmes gouvernementaux, plus les besoins diversifiés des citoyens seront adéquatement servis. C'est ainsi qu'on peut penser que les compétences des gouvernements régionaux pourraient inclure les matières suivantes :

- la santé de première ligne, y compris les hôpitaux généraux et les centres d'hébergement ;
- les services sociaux ;
- l'habitation ;
- l'éducation préscolaire, primaire et secondaire ;
- les services de garde publics et privés ;
- le transport en commun et le transport scolaire ;
- la main-d'œuvre ;
- le développement économique régional et l'économie sociale ;
- le tourisme ;
- le commerce, y compris les heures d'ouverture ;
- la chasse et la pêche, les zecs et les parcs autres que de conservation ;
- la gestion de la forêt et du plan d'aménagement forestier ;
- l'aménagement, en coordination avec les MRC ;
- la culture et l'implantation et la gestion des équipements culturels ;
- la préservation du patrimoine ;
- la protection de la nature et de l'environnement.

Naturellement, les régions se verraient transférer la propriété des équipements dont ils auraient la responsabilité de gestion.

Sur l'ensemble de ce réaménagement, deux remarques s'imposent. La première concerne le gouvernement national. Il est clair que celui-ci conserverait un droit de regard et d'orientation générale sur les matières confiées aux gouvernements régionaux. Il devrait, au besoin, contribuer à leur financement.

La deuxième remarque concerne les gouvernements locaux (municipalités et MRC). Là aussi, il est clair que la loi devra délimiter précisément les pouvoirs locaux et régionaux dans les matières qui seront de compétence commune afin qu'ils soient harmonisés. Il pourra, par contre, y avoir « interdélégation » volontaire de pouvoirs d'un palier à l'autre.

Dans le *Livre blanc sur la décentralisation* publié par le gouvernement du Parti québécois en 1995, on prévoyait que le budget de l'ensemble des gouvernements régionaux pourrait atteindre le tiers du budget total du Québec, une fois récupérées les sommes présentement versées à Ottawa. Cela voudrait dire, en date d'aujourd'hui, quelque 30 à 33 milliards de dollars, soit environ la moitié du budget actuel du Québec. On voit donc toute l'ampleur de la décentralisation que permettrait la constitution de véritables gouvernements régionaux vraiment autonomes.

2.4. La fiscalité régionale

Pour avoir de vrais gouvernements, les régions doivent avoir leurs propres pouvoirs de taxation. Elles doivent être fiscalement autonomes. Sur quelles sources de taxation pourront-elles compter?

Compte tenu de l'ampleur de leurs besoins, elles devront pouvoir compter sur plusieurs sources de revenus. La première, et la plus naturelle, est l'impôt sur le revenu des particuliers. Afin de simplifier les choses pour les contribuables, un système de «taxe sur taxe» pourrait être mis sur pied, semblable à celui qui a cours actuellement dans les autres provinces canadiennes. Il s'agit, pour chaque région, d'imposer un impôt égal à un pourcentage de l'impôt qui est payable à Québec; cet impôt serait perçu par l'Agence du revenu du Québec et remis à la région qui l'a imposé. Il n'y aurait donc qu'une seule déclaration de revenus à remplir par le contribuable. Le pourcentage de l'impôt régional pourrait évidemment varier d'une région à l'autre, mais à l'intérieur de limites fixées par Québec.

Toujours à l'intérieur de limites fixées par Québec, une région pourrait également imposer une taxe sur les biens et services. Cette taxe serait également perçue par Québec et remise à la région qui l'a imposée.

Il est à remarquer que de telles taxes régionales ne feraient que remplacer les taxes semblables qui sont imposées à l'heure actuelle par le gouvernement fédéral. Le fardeau fiscal du contribuable québécois n'en serait donc pas augmenté. Il pourrait même être diminué, dans la mesure où le nouveau système fiscal serait plus efficace et plus juste. On doit souligner, à cet égard, que les Québécois paient déjà, à l'heure actuelle, quelque 22 G $

146

en impôt fédéral sur les particuliers, et quelque 7,5 G $ en TPS, ce qui, ensemble, pourrait combler la quasi-totalité des budgets régionaux.

Par ailleurs, étant donné que la richesse fiscale varie d'une région à l'autre, un système de péréquation devrait être mis en place par lequel l'État québécois ferait des transferts financiers compensatoires aux régions moins riches, de façon à ce que tous les Québécois puissent avoir accès à la même qualité de services, quelle que soit la région où ils vivent.

3. La mise en place de la régionalisation

Nous avons décrit jusqu'à maintenant ce que pourrait vouloir dire une véritable régionalisation d'un Québec souverain. Il s'agit, précisons-le, d'une illustration, non d'un projet tout ficelé. Au contraire, la mise en place d'un tel système décentralisé devra se faire avec la participation active des milieux régionaux. C'est aux régions elles-mêmes qu'il revient de définir comment elles veulent s'insérer dans la gouverne du Québec nouveau.

La mise en place de la régionalisation doit donc commencer par une vaste opération de consultation et de discussion publiques.

Une telle opération implique des discussions approfondies avec les habitants et les organismes de chacune des régions. Il ne s'agit pas de simples consultations conduites par une commission parlementaire ou une commission d'enquête ; il s'agit plutôt d'un véritable exercice de démocratie partici- pative. Un exercice de ce genre a précédé la mise sur pied, en 1978, de la centaine de MRC créées dans le cadre de la Loi sur l'aménagement et l'urbanisme. La première étape de ce proces- sus pourrait être la publication d'un livre blanc dans lequel le gouvernement proposerait une esquisse de la régionalisation envisagée, énoncerait les principaux principes à respecter et soulèverait un certain nombre de questions auxquelles chaque région serait appelée à répondre. On y préciserait également le processus de participation qui serait suivi pour mettre en œuvre cette régionalisation. Ce livre blanc serait publié sous la responsabilité d'un ministre spécifiquement nommé pour prendre la charge de la régionalisation du Québec.

Le ministre responsable de la régionalisation mettrait alors en place un groupe directeur, composé d'un mandataire gouvernemental, de fonctionnaires et d'experts. Ce groupe se rendrait dans chacune des régions afin de rencontrer, dans des réunions de travail, les organismes représentatifs des différents milieux régionaux (politiques, économiques, sociaux, culturels, etc.) ainsi que les citoyens de la région dans des assemblées publiques.

Lors de ces rencontres, le groupe directeur discuterait avec les intervenants de leurs préférences quant aux modalités de la régionalisation qui pourraient s'appliquer à leur région. Par exemple, quelles devraient être les compétences dévolues à la région ? Quels devraient être ses pouvoirs fiscaux ? Souhaiterait-on que le chef du gouvernement régional soit élu au suffrage universel ou nommé par les membres du Conseil régional ? Combien de membres devraient être élus au Conseil régional ? Devrait-il y avoir ou non, à l'intérieur de la région, des circonscriptions électorales pour l'élection des membres du Conseil régional ?

De toutes ces discussions émergeraient sans doute des points de convergence et des points de divergences, qui feraient l'objet d'un rapport du groupe directeur remis au ministre responsable de la régionalisation, qui le rendrait public. Cela permettrait alors à la discussion de se poursuivre à l'échelon national. À cette étape, une commission parlementaire pourrait être appelée à recevoir les représentations des citoyens et des groupes sur le rapport du groupe directeur. Puis, à la lumière des travaux de la commission parlementaire, le gouvernement serait en mesure de préparer et de déposer à l'Assemblée nationale un projet de loi mettant en œuvre la régionalisation du Québec.

Tout au long de ce processus, on pourrait mettre à l'essai l'utilisation des nouveaux moyens électroniques de dialogue social, comme cela se fait présentement en Islande pour la rédaction d'une nouvelle constitution.

On voit donc qu'il s'agit ici d'un processus long et complexe, qui prendra du temps et qui ne peut pas s'improviser à la dernière minute. C'est pourquoi il importe que le gouvernement québécois prépare la régionalisation en même temps qu'il préparera la souveraineté du Québec. Les deux opérations, d'ailleurs, vont de pair. Sous peine de subir un encombrement bureaucratique inextricable, il ne peut y avoir de souveraineté sans décentralisation politique en faveur des régions. Mais il ne peut y avoir de décentralisation véritable que dans un Québec souverain. C'est ce que nous allons voir maintenant.

4. La souveraineté : une condition préalable

La régionalisation que nous avons décrite ci-dessus exigera que le Québec transfère aux régions la responsabilité de sujets qui, dans le régime actuel, sont au cœur de la vie politique québécoise : santé de première ligne, éducation primaire et secondaire, réseau de garde, main-d'œuvre, etc. Au total, le Québec devrait transférer aux régions près des deux tiers du budget qu'il consacre actuellement aux programmes relevant de l'Assemblée nationale. Il est clair que jamais le Québec ne consentira à s'amputer de la sorte de ses ressources et responsabilités s'il ne reçoit pas, en échange, des pouvoirs et des ressources qui, à l'heure actuelle, sont l'apanage du gouvernement fédéral. Il serait irresponsable de la part du Québec de se faire ainsi hara-kiri et de laisser le champ libre au gouvernement fédéral de le court-circuiter en faisant affaire directement avec les régions, comme il réussit déjà à le faire avec les grandes municipalités en matière d'infrastructures ou avec les universités en matière de recherche. D'ailleurs, quel poids resterait-il au gouvernement québécois dans ses discussions avec le gouvernement fédéral s'il s'était dépouillé de ses prérogatives dans ces domaines cruciaux qui font précisément l'objet des principales discussions fédérales-provinciales ?

L'autorité politique du gouvernement québécois serait considérablement amoindrie si les sujets qui préoccupent le plus les citoyens québécois étaient dorénavant de la responsabilité des régions, sans que d'autres sujets d'intérêt national viennent les remplacer à Québec. Si la guerre et la défense, les communications et les médias, l'avortement, l'euthanasie et le droit criminel, le transport aérien, ferroviaire et maritime, la monnaie et les banques, les relations extérieures et le commerce international continuent de se discuter à Ottawa, et si la santé et l'urgence dans les hôpitaux, le décrochage scolaire et le réseau des garderies se discutent dorénavant dans les régions, qui s'intéressera à ce qui se passe à Québec? Les Québécois seront privés de leur gouvernement national.

Cela est impossible et cela n'est pas souhaitable. C'est pourquoi il faut bien comprendre qu'il ne peut y avoir de véritable décentralisation des pouvoirs en faveur de nos régions que dans un Québec qui exerce l'ensemble des pouvoirs d'un État, c'est-à-dire dans un Québec souverain.

Cela étant dit, rien n'empêche de préparer le terrain avant la souveraineté. Comme on l'a dit, la mise en place d'un tel réaménagement politique est complexe et prendra du temps. Il pourrait dès lors être intéressant de faire une ou deux expériences pilotes pour amorcer la réflexion et tester certaines hypothèses. On pourrait, par exemple, désigner, avec le consentement des intéressés, une ou deux régions où l'on mettrait en branle le processus décrit ci-dessus. La liste des pouvoirs décentralisés pourrait, au début, être plus limitée et le financement pourrait rester provisoirement à la charge de Québec. Mais cela permettrait d'illustrer plus clairement ce que pourrait être une véritable régionalisation et les avantages qui en découleraient pour les citoyens dans un Québec souverain.

Car il vaut la peine de souligner, en terminant, que la possibilité de procéder à une véritable décentralisation des pouvoirs et des ressources en faveur de nos régions est un argument puissant pour convaincre les Québécois que la souveraineté est non seulement souhaitable, mais nécessaire. Trop souvent, la souveraineté est vue comme un simple échange de pouvoirs entre deux bureaucraties: on ne voit pas qu'en récupérant les pouvoirs exercés à Ottawa, c'est l'ensemble des pouvoirs de l'État qu'on rapproche ainsi des citoyens et que c'est la démocratie québécoise qui s'en trouvera grandement renforcée.

En réalité, ce sont les citoyens québécois eux-mêmes qui, par la souveraineté, obtiendront plus de pouvoirs sur leurs affaires publiques. Ce sont eux qui, directement, profiteront de l'accroissement des pouvoirs que permettra la souveraineté. Plus de pouvoirs sur les matières qui, présentement, se discutent à Québec et qui, dorénavant, se discuteront dans leur région ; et plus de pouvoirs sur les matières qui, à l'heure actuelle, se discutent à Ottawa dans un Parlement où ils sont en forte minorité, et qui se discuteront désormais à Québec dans une Assemblée nationale qu'ils contrôleront entièrement.

Si les Québécois comprennent que la souveraineté leur assurera un pouvoir démocratique accru sur un grand nombre de questions qui les touchent de près, ils comprendront mieux pourquoi toutes les nations du monde tiennent tant à leur souveraineté. Un Québec souverain est un Québec plus démocratique.

C'est pourquoi préparer la régionalisation, c'est préparer la souveraineté. Et vice versa.

Références

Assemblée nationale du Québec (1978). *Loi sur l'aménagement et l'urbanisme.*

Coalition pour un Québec des régions (sous la direction de Bouchard, Bernier, M. et autres. (2007). *Libérer les Québecs : décentralisation et démocratie,* Montréal, Écosociété.

http://www.mamrot.gouv.qc.ca/pub/organisation_municipale/organisation_territoriale/organisation_municipale.pdf

Gouvernement du Québec (1995). *Livre blanc sur la décentralisation.*

Ministère des Affaires municipales, des Régions et de l'Occupation du territoire (2010a). *L'organisation municipale et régionale au Québec en 2010.*

Ministère des Affaires municipales, des Régions et de l'Occupation du territoire (2010b). *Le portrait des régions,* http://www.mamrot.gouv.qc.ca/developpement-regional-et-rural/portrait-des-regions

Ministère des Affaires municipales, des Régions et de l'Occupation du territoire (2006). *L'organisation municipale du Québec.*

Chapitre 7

Éducation, recherche et innovation dans un Québec indépendant

Gilbert Paquette

Introduction

En préface du livre vert *Pour une politique québécoise de la recherche scientifique,* Camille Laurin écrivait en 1978 : «Lorsque sa politique ne sera plus complémentaire d'une politique fédérale sans rapport avec ses besoins propres, lorsqu'il n'en sera plus réduit à compenser avec des miettes les carences d'une politique qui lui est imposée de l'extérieur, lorsque, en somme, il aura assumé la pleine maîtrise de son développement scientifique aussi bien que général, il pourra bien plus facilement apporter sa propre contribution au débat et élaborer des solutions qui valent pour lui comme pour les autres pays.» (Gouvernement du Québec, 1979, p. 3).

Ce rappel n'est pas inutile, car on le verra, la situation, en 2011, quant au contrôle par le Québec de ses secteurs de l'éducation, de la recherche et de l'innovation, est restée dans le même contexte de dépendance.

Pourtant, beaucoup de choses ont changé en trente-trois ans. Comme l'ensemble des nations occidentales, le Québec doit faire face à la mondialisation des marchés et à l'intégration économique. L'informatisation massive de la société change nos modes de vie et nos manières de travailler et d'apprendre. Encore plus qu'avant, le Québec doit miser à fond sur l'éducation, la recherche et l'innovation pour un développement économique durable, pour lutter contre la pauvreté et l'exclusion sociale, assurer le développement des régions, favoriser la participation citoyenne et enrichir notre identité culturelle.

Ce chapitre est divisé en trois grandes sections. La première traite de l'éducation au Québec dans le régime constitutionnel canadien. Elle montre que malgré la Constitution, qui fait de l'éducation un secteur réservé aux provinces, le gouvernement canadien, utilisant principalement son pouvoir de dépenser, intervient de plus en plus et plus massivement, surtout dans l'enseignement postsecondaire. La deuxième section est consacrée à la recherche et témoigne des progrès du Québec, malgré un déséquilibre persistant dans le financement du gouvernement fédéral, lequel est toujours l'acteur public majeur dans ce domaine. La dernière section présente ce que le Québec pourrait faire de plus en récupérant tous les attributs d'un pays indépendant.

1. L'éducation au Québec dans le régime canadien

Le site Internet du Conseil des ministres de l'Éducation du Canada (CMEC) nous rappelle qu'au Canada, « il n'y a ni ministère fédéral de l'Éducation ni système national intégré d'éducation », ce que plusieurs au Canada anglais déplorent régulièrement d'ailleurs. En effet, la *Loi constitutionnelle de 1867* du Canada stipule que, dans « chaque province, la législature pourra exclusivement décréter des lois relatives à l'éducation ». Donc, « les ministères de l'Éducation sont responsables de l'organisation, de la prestation et de l'évaluation de l'éducation primaire et secondaire, de la formation technique et professionnelle et de l'enseignement postsecondaire » (CMEC).

Cet article de la Constitution canadienne crée un sentiment de fausse sécurité dans ce domaine particulièrement vital pour le Québec qu'est l'éducation. Or, dans ce domaine comme dans d'autres, le Québec n'est pas souverain, car il est soumis aux multiples mécanismes par lesquels les Pères de la Confédération et leurs successeurs ont jeté les bases d'un déséquilibre de plus en plus important entre un gouvernement central fort (dit « national ») et des provinces subalternes dont les décisions peuvent être contrées ou désavouées au moyen de six pouvoirs centraux (Paquette, 2010).

Selon Ernest D. Hodgson, auteur d'une étude pour l'Association canadienne d'éducation, « Ottawa, par le biais de programmes touchant les provinces, les territoires, les conseils scolaires, les groupes et organismes bénévoles et, en dernier lieu, les particuliers, offre des services, distribue une aide financière, exerce une influence ainsi que divers degrés de contrôle, et produit même certaines interférences » (Hodgson, 1977, p. 26).

L'auteur cite ensuite un certain nombre de moyens d'intervention qu'il classifie dans un continuum allant de général et indirect à particulier et direct.

Tableau 1   Interventions du gouvernement fédéral en éducation, recherche et innovation

Général et indirect ⬇ Particulier et direct	• Services fédéraux offerts sur demande à toutes les écoles canadiennes • Versements généraux inconditionnels aux provinces • Versements inconditionnels aux provinces pour l'éducation • Versements conditionnels aux conseils scolaires et aux écoles privées • Subventions spéciales aux écoles et aux conseils scolaires • Aide indirecte aux étudiants • Aide conditionnelle à des particuliers, groupes et organismes • Intervention par l'intermédiaire de fonctionnaires fédéraux

L'examen de toutes ces questions dépasse évidemment le cadre de ce chapitre, mais nous en traiterons brièvement trois qui sont particulièrement préoccupantes en regard de la priorité que la société québécoise veut à bon droit accorder à l'éducation.

1.1. Aide directe conditionnelle à des particuliers, groupes et organismes

Les interventions d'Ottawa en éducation sont en flagrante contradiction avec la soi-disant compétence exclusive du Québec en éducation. Depuis la publication des documents préparés par Pierre Elliott Trudeau pour la Conférence constitutionnelle de 1968-1969 (Trudeau, 1969, p. 11-15), Ottawa soutient qu'il a le droit, unilatéralement, à n'importe quel moment, d'exercer une forme de compétence parallèle à celle des provinces dans tous les domaines d'activité attribués aux provinces par l'article 92 de la Constitution de 1987. L'éducation ne fait pas exception.

Le gouvernement canadien maintient qu'il ne viole pas la Constitution en offrant de l'argent aux particuliers, groupes et organismes puisque personne n'est obligé d'accepter. Bien sûr, Ottawa réglemente la gestion de ces fonds publics, posant certaines conditions à leur utilisation. C'est ainsi que les programmes concernant les bourses du millénaire versées aux étudiants, les chaires de recherche du Canada, l'infrastructure du savoir et les institutions, comme la Fondation canadienne pour l'innovation ou Génome Canada, ont été mis en place avec les impôts que nous payons à Ottawa. À la suite du référendum de 1995, ces initiatives s'inscrivaient dans une politique générale de plus grande visibilité de l'État canadien auprès des citoyens dans le domaine de l'éducation et de la recherche. Elles visaient à assurer une plus grande présence de l'État fédéral dans le domaine de l'éducation supérieure au Canada, une intrusion directe dans un champ de compétence exclusif des provinces. Elles étaient animées par l'espoir de s'attirer une plus grande loyauté de la part des universitaires québécois. Bref, ces mesures s'inscrivaient dans une vaste entreprise de construction nationale au détriment de l'autonomie du Québec.

Ce type d'intervention d'Ottawa crée des interférences et des incohérences dans les programmes que l'État du Québec a la responsabilité d'assumer. À titre d'exemple, les chaires de recherche du Canada créent des obligations nouvelles pour les universités, qui doivent utiliser leurs propres fonds pour payer les infrastructures de support, sans compter que les priorités et les critères d'attribution sont déterminés par un processus défini dans une optique pancanadienne plus ou moins conforme aux orientations du Québec.

Un autre exemple est celui de la Fondation canadienne pour l'innovation qui finance des infrastructures de recherche à hauteur de 40 %, un autre 40 % devant être fourni par le ministère provincial et l'autre 20 % par l'institution bénéficiaire. Un troisième exemple, les bourses du millénaire attribuées aux étudiants par-dessus la tête des provinces, qui rompent la nécessaire cohérence à assurer entre les frais de scolarité, les prêts et bourses du Québec et les autres programmes de sécurité du revenu.

On ne peut s'attendre à ce que cessent ces pratiques contraires à l'esprit du fédéralisme et, surtout, des besoins du Québec. La politique canadienne en matière de subventions évolue clairement vers une pratique de versements conditionnels directs aux personnes, aux organismes et aux institutions, plutôt que de transferts inconditionnels aux provinces. Bien qu'il existe plus d'une centaine d'accords fédéraux-provinciaux de partage des frais, le gouvernement fédéral a indiqué sa réticence à en négocier de nouveaux s'ils ne satisfaisaient pas à la condition d'un « consensus national » en leur faveur. Pour le Québec, cela signifierait rentrer dans le moule prévu par Ottawa ou se priver du retour de nos taxes dans le système d'éducation québécois.

1.2. Les réductions des versements inconditionnels aux provinces en matière d'éducation

Les paiements inconditionnels aux provinces ont évolué au cours des années. Ils sont regroupés actuellement en trois programmes : la péréquation, le transfert canadien en matière de santé (TCS) et le transfert canadien en matière de programmes sociaux (TCPS) regroupant le financement de l'aide sociale et de l'enseignement postsecondaire. C'est ce dernier qui nous intéresse ici, bien qu'il soit difficile de le dissocier de l'ensemble puisqu'Ottawa restructure régulièrement ses programmes.

Lorsqu'on regarde l'évolution de ces transferts fédéraux au Québec (Ministère des Finances du Canada, 2011), on constate que ce mécanisme de retour de nos impôts fédéraux n'offre aucune garantie du maintien des services éducatifs. Les règles du jeu sont régulièrement modifiées unilatéralement par Ottawa. On note que les transferts à degré élevé de redistribution (comme la péréquation) sont maintenant nettement inférieurs aux transferts répartis au prorata de la population, comme les subventions à l'enseignement postsecondaire, comme l'indique la figure 1 (Gouvernement du Québec, 2011, p. A32).

Figure 1 — Évolution des transferts fédéraux aux provinces

Principaux transferts fédéraux aux provinces, 1980-1981 à 2011-2012 (en pourcentage du PIB)

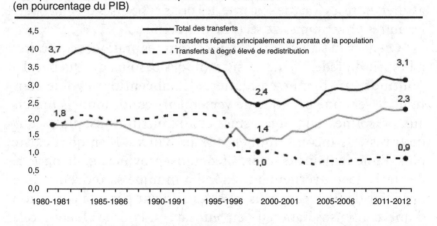

Note : Les transferts à degré élevé de redistribution sont ceux dont la part des provinces est très différente de leur poids démographique (RAPC et péréquation). Par ailleurs, les transferts répartis principalement au prorata de la population sont les suivants : FPÉ éducation, FPÉ santé, TCSPS, TCS et TCPS.
Source des données : Ministère des Finances du Canada et ministère des Finances du Québec.

On voit également sur le graphique la diminution drastique ayant pris effet en 1996-1997, laquelle perturbe encore fortement les budgets provinciaux et ceux des universités. Le 5 octobre 1994, le ministre fédéral des Ressources humaines et du Développement des compétences, Lloyd Axworthy, dévoilait sa réforme des programmes sociaux dans un livre vert dans lequel on apprenait que les transferts aux provinces pour l'éducation postsecondaire seraient coupés à partir de 1996-1997, à leur niveau de 1993-1994. À l'époque, on estimait que cela entraînerait un manque à gagner de 324 à 700 millions $ par année pour les universités québécoises. On calculait que la réforme Axworthy représenterait une coupe de 3,64 milliards $ au total pour l'éducation postsecondaire entre 1994 et 2001.

La tendance des quinze dernières années a confirmé que la part du financement des dépenses sociales assumées par le gouvernement fédéral, incluant l'éducation postsecondaire, est passée de 22,9 % à 13,9 % entre le milieu des années 1980 et la période allant de 2001-2002 à 2005-2006 (Gouvernement du Québec, 2002, p. 15). En coupant unilatéralement dans ses paiements de transferts, le gouvernement canadien a pu engranger des surplus faramineux qu'il a réinvestis en partie sous forme de paiements directs aux personnes et aux organismes, par-dessus la tête des provinces, pendant que les gouvernements québécois, qu'ils soient fédéralistes ou souverainistes, étaient étranglés financièrement, obligés de couper dans les secteurs vitaux de la santé et l'éducation.

À la suite des diminutions des transferts fédéraux dans l'enseignement postsecondaire, on a assisté à des hausses importantes des frais de scolarité dans les provinces anglophones. Au Québec, on a préféré, jusqu'à tout récemment, geler les frais de scolarité, plaçant ainsi les universités en situation déficitaire. Plutôt que de compenser les déficits universitaires par un rétablissement des transferts, Ottawa a préféré lancer, après 1995, une pluie de subventions directes aux particuliers et aux universités.

En 2006, la Conférence des recteurs et des principaux des universités du Québec (CREPUQ), appuyée par les étudiants, les professeurs et le gouvernement du Québec, a demandé que les transferts en éducation postsecondaire soient rétablis à la hauteur de ce qu'ils étaient en 1994-1995. Peine perdue. En 2007, à la fin de la campagne électorale provinciale, le gouvernement Harper a annoncé pompeusement la fin du déséquilibre fiscal en injectant quelques miettes en augmentation des transferts, que Jean Charest s'est empressé de transformer en baisses d'impôt à la veille des élections. Devant cette réponse des deux gouvernements, les administrations universitaires ont changé leur fusil d'épaule pour obtenir du gouvernement du Québec une hausse importante des frais de scolarité dans le budget 2011-2012, imitant ainsi les autres provinces.

Force est de constater que le Québec est fortement dépendant des transferts fédéraux quant à ses choix en éducation. La vraie cause des déficits universitaires et de la hausse actuelle des frais de scolarité décrétée par Québec tient au fait que nous envoyons cette année près de 50 milliards à Ottawa en taxes et impôts que le gouvernement central décide de dépenser à sa guise, dans les transferts aux provinces, en éducation ou ailleurs.

Cela a aussi un impact sur le niveau des impôts du Québec. « Le Québec dispose d'une capacité fiscale de 6 088 $ par habitant avant péréquation et de 7 072 $ par habitant après péréquation, alors que la moyenne des dix provinces est de 7 436 $ par habitant. Pour pouvoir offrir un niveau de services comparable aux autres provinces, le Québec doit par conséquent imposer un fardeau fiscal additionnel de 364 $ à la moyenne canadienne. » Pour offrir davantage de services publics, il doit accepter « un fardeau fiscal additionnel ». Comme le souligne l'annexe au budget du Québec pour 2011-2012, « il est faux d'affirmer que c'est avec la péréquation que le Québec finance des services publics plus généreux que la moyenne canadienne. C'est par des impôts et taxes plus élevés » (Gouvernement du Québec, 2011, p. A8).

1.3. Sous-financement des universités et collèges francophones au Québec et au Canada

Regardons maintenant l'impact de cette situation générale sur le financement global des universités et des collèges au Québec et au Canada. Les chiffres démontrent que le système universitaire anglo-québécois est financé à un niveau qui dépasse de loin la proportion d'anglophones au Québec (Lacroix et Sabourin, 2004 ; Chevrier 2008). Le système universitaire francophone, quant à lui, est financé en dessous du poids démographique des francophones, au Québec comme dans les autres provinces. Le gouvernement fédéral et celui du Québec cautionnent ce sous-financement du système franco-québécois.

- Pour l'année 2006, les trois universités anglophones du Québec recevaient 27 % des subventions du gouvernement du Québec, soit le triple de la population québécoise de langue anglaise (8,2 %). Il s'agit d'un accroissement par rapport à 2002-2003 où on notait 23,2 % du financement accordé aux universités anglophones.

- De son côté, le gouvernement fédéral faisait encore « mieux » : la Fondation canadienne pour l'innovation, depuis sa fondation jusqu'en 2011, a versé un total de 721 751 432 $ aux universités et collèges francophones du Québec, contre 383 015 772 $ aux trois universités anglophones, soit près de 35 % du total, ce qui représente un financement du quadruple du poids démographique des anglophones au Québec.

- Ce déséquilibre est également présent dans l'attribution des chaires de recherche du Canada. En 2002, les universités francophones du Québec obtenaient 230 chaires sur 302, soit 76,1 % du total, tandis que les universités anglophones du Québec obtenaient 72 chaires sur 302, soit 23,8 % du total.

Si on regarde la situation d'ensemble au Canada, toujours en 2002-2003, quant au financement de l'enseignement universitaire en langue minoritaire dans chaque province, on constate que les revenus totaux attribués au français dans les universités hors Québec atteignaient 342 millions de dollars en 2002-2003. Comparativement, la part attribuée à l'anglais au Québec atteignait 1,227 milliard de dollars, soit presque quatre fois celle attribuée au français hors Québec.

Si l'on utilise le critère de la langue maternelle (599 787 Anglo-Québécois et 986 922 francophones hors Québec en 2001), on peut calculer le ratio du pourcentage de financement par rapport au pourcentage de la population de la minorité. Un ratio de 1 signifie une situation d'équité, alors qu'un ratio plus grand que 1 représente un surfinancement. Sur la figure 2, on note qu'aucune minorité de langue française hors Québec n'est en situation d'équité, alors que la minorité anglophone du Québec est financée au triple de sa population. C'est un déséquilibre énorme et une injustice inscrite dans le système canadien.

Figure 2 : Revenus totaux consacrés aux institutions universitaires en langue minoritaire (anglais au Québec, français dans les autres provinces)

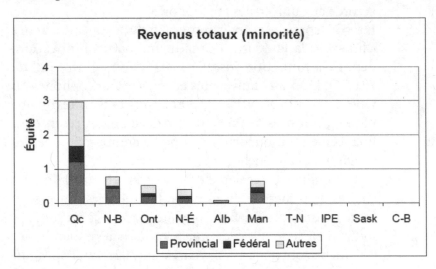

Les conséquences de ce sous-financement des universités de langue française sont multiples.

- Le financement des institutions universitaires et la vitalité linguistique des communautés minoritaires sont liés, comme le démontre le chapitre de cet ouvrage sur la langue.
- Le recensement de 2001 indiquait au Québec que seulement 23 % des francophones âgés de 25 à 34 ans détenaient un diplôme universitaire comparativement à 31 % des anglophones de la même classe d'âge (les allophones ayant un taux de diplomation de 30 %). Même si le financement n'explique pas tout, il y a là une corrélation directe.
- Les données du ministère de l'Éducation du Québec indiquent que, pour 2002, les universités anglophones remettaient 29 % des baccalauréats, 25 % des maîtrises et 33 % des doctorats. Il y a corrélation avec le surfinancement des universités anglophones au Québec.
- Le Québec est la seule province où les revenus des institutions de la majorité sont inférieurs au poids démographique de celle-ci. Rétablir l'équité aurait signifié en 2002-2003 un ajout de plusieurs centaines de millions de dollars dans le

financement des universités francophones du Québec, soit à peu près le manque à gagner des universités à la suite des diminutions des transferts fédéraux.

2. La recherche et l'innovation au Québec dans le régime canadien

Nous avons souligné plus haut l'impact au Québec de certaines initiatives fédérales en matière de recherche, telles que les chaires de recherche du Canada ou la Fondation canadienne pour l'innovation. Examinons maintenant le tableau d'ensemble.

2.1. Les progrès de la recherche et de l'innovation au Québec

En 1971, l'effort de recherche du Québec se situait à 0,7 % de son PIB, le même pourcentage qu'en 1961, accusant un retard important par rapport à celui de l'Ontario et de la plupart des pays industrialisés. La Révolution tranquille était passée à côté de la recherche et de l'innovation.

Le gouvernement de René Lévesque avait entrepris de corriger la situation avec la publication de la *Politique québécoise de la recherche scientifique*, en 1978 et, en 1979, une politique de l'innovation, *Le virage technologique*. L'auteur a collaboré à la rédaction de ces deux politiques et fut chargé de leur réalisation dans le cadre d'un nouveau ministère de la Science et de la Technologie. Les gouvernements du Québec qui se sont succédé ont poursuivi cet effort, de sorte qu'aujourd'hui la dépense intérieure de recherche et développement (DIRD) au Québec est de l'ordre de 7,2 milliards $ par an, représentant 2,72 % de son produit intérieur brut (PIB). Ce résultat représente 27,7 % du total canadien et place le Québec en septième place au sein des pays de l'OCDE, au-dessus de l'Ontario (2,44 % du PIB) et de la moyenne canadienne (2,02 % du PIB).

Comme on peut le constater sur le tableau 2 quant à la répartition des dépenses de recherche et développement (R-D) selon la provenance de 2005 à 2009, le secteur des entreprises commerciales est responsable à lui seul de plus de 50 % des dépenses de R-D au Québec. Le gouvernement fédéral (15,8 %) a toujours un rôle prépondérant par rapport au gouvernement du Québec (5,4 %), un effet du déséquilibre fiscal entre les deux paliers de gouvernement. À cela il faut toutefois ajouter l'effort de recherche des collèges et des universités, mais qui est lui aussi de plus en plus influencé par les politiques et le financement du gouvernement canadien quant à ses orientations.

Tableau 2

Structure de financement des dépenses de R-D intra-muros (DIRD), Québec, 2005 à 2009					
	2005	**2006**	**2007**	**2008**	**2009**
Administration fédérale	17,1	15,4	15,5	16,1	15,8
Administration provinciale	5,3	5,0	4,8	4,9	5,4
Entreprises commerciales	52,1	55,5	52,7	53,4	52,8
Enseignement supérieur	16,2	15,2	14,5	15,9	16,3
OSBL	2,2	2,3	2,3	3,0	3,0
Étranger	7,1	6,6	10,1	6,8	6,8
Source : Statistique Canada, *Tableau 358-0001 Dépenses intérieures brutes en recherche et développement, selon le type de science et selon le secteur de financement et le secteur d'exécution*, CANSIM, janvier 2012. Compilation : Institut de la statistique du Québec.					

2.2. L'iniquité du financement de la recherche

Ces progrès du Québec ont été réalisés malgré un déséquilibre constant entre les investissements d'Ottawa au Québec et en Ontario, favorable à cette dernière. Le tableau et le graphique de la figure 3 (Statistique Canada, 2010) indiquent l'ampleur de ce déséquilibre entre 1994 et 2008.

Figure 3 — Répartition des dépenses fédérales de R-D en millions $ selon la province de financement, de 1994 à 2008. (Source : Statistique Canada, CanSIM, tableau 358-0011)

	Qc	Ont.	Autres prov.	Canada
1994	635	1540	919	3 094
1995	610	1523	856	2989
1996	566	1452	796	2814
1997	565	1462	786	2813
1998	570	1504	756	2830
1999	697	1630	889	3216
2000	844	1733	983	3560
2001	1038	1994	1 063	4095
2002	1055	2046	1 150	4251
2003	1099	2222	1 205	4526
2004	1111	2223	1 317	4651
2005	1244	2521	1 487	5252
2006	1225	2563	1 438	5226
2007	1275	2712	1 496	5483
2008	1303	2793	1 580	5676
TOTAL	13837	29918	16721	60476
	Qc	Ont.	Autres prov.	Canada
%	22,88	49,47	27,65	100

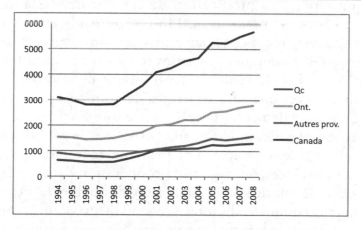

Sur les 60,476 milliards $ investis par Ottawa au cours de la période de 1994 à 2008, 29,918 milliards $ des dépenses, soit près de 50 % du total, ont été effectuées en Ontario, contre 13,837 milliards $ au Québec. Le surfinancement de l'Ontario s'explique en partie par l'établissement de centres de recherche fédéraux dans la région de la capitale « nationale », soit vingt-sept centres du côté ontarien et aucun dans l'Outaouais québécois. Les politiques

« fédérales » de soutien à la recherche scientifique, génératrices de milliers d'emplois de haut niveau, ont défavorisé systématiquement le Québec.

2.3. Qui décide des orientations de la recherche et de l'enseignement supérieur ?

En 1999, le gouvernement canadien a créé un groupe de travail sur la commercialisation des résultats de la recherche universitaire. Selon les auteurs, « l'idéal serait que les entreprises canadiennes aient la capacité de s'approprier toutes les innovations issues de la recherche universitaire et d'en tirer profit » (Conseil consultatif des sciences et de la technologie, 1999, p. 1). Deux documents, regroupés sous le titre *Le savoir, clé de notre avenir* (Gouvernement du Canada, 2002a) et rédigés par le ministère du Développement des ressources humaines et Industrie Canada, fixent au gouvernement canadien des cibles à atteindre pour l'enseignement supérieur en termes d'obtention de diplômes, un champ de compétence exclusif aux provinces. La publication de ces documents a donné suite au Sommet national sur l'innovation et l'apprentissage où le gouvernement canadien a pris certains engagements. Il se proposait notamment de trouver avec les universités une solution au problème des coûts indirects de la recherche et d'élaborer avec elles des stratégies de commercialisation. Il s'engageait également à faire en sorte que l'Association des universités et collèges du Canada (AUCC) et le gouvernement fédéral concluent un accord de principe-cadre, par-dessus la tête des provinces, qui régirait la coopération dans la réalisation des objectifs de l'innovation, à savoir doubler la recherche et tripler la commercialisation. On voulait aussi, après consultation des provinces, mettre en place l'« Institut canadien sur l'apprentissage qui renseignera les Canadiens et permettra de prendre des décisions éclairées » (Gouvernement du Canada, 2002b, p. 58-59).

Toute cette effervescence autour de la « stratégie d'innovation du Canada » montre à quel point le gouvernement canadien veut intervenir de plus en plus massivement dans l'enseignement supérieur, pour imposer ses orientations stratégiques. D'importantes ressources sont consacrées à la commercialisation de la recherche. Par ailleurs, les diminutions récentes dans le financement des bourses en sciences humaines et dans la recherche sur le climat démontrent que les choix de financement du gouvernement canadien en matière de recherche sont fortement influencés par le biais idéologique du parti au pouvoir à Ottawa.

Quant au gouvernement du Québec, il a adopté un modèle hybride, empruntant à la fois au modèle européen d'internationalisation des études et au modèle anglo-saxon de commercialisation. Il se distingue également par un financement public proportionnellement plus élevé de l'enseignement supérieur par rapport aux frais de scolarité. Québec poursuit une politique d'internationalisation des études se donnant pour objectif de «former des citoyennes et des citoyens porteurs de valeurs humanistes et démocratiques, capables d'évoluer de manière responsable dans un marché du travail et un monde globalisés» (Ministère de l'Éducation du Québec, 2002, p. 13-17). Il souhaite «accroître et faciliter la mobilité des connaissances et des personnes» et «mettre en place les conditions pour rendre accessibles le savoir-faire et les programmes québécois d'éducation et de formation à un plus grand nombre de partenaires canadiens et internationaux». Ce dernier objectif rejoint la volonté de commercialisation, mais en l'élargissant par rapport à celle du gouvernement canadien.

On constate que la stratégie québécoise ressemble en plusieurs points à la stratégie européenne d'internationalisation de l'enseignement supérieur: dans les deux cas, ce sont les États plutôt que le marché qui prennent la responsabilité de rendre les établissements plus compétitifs internationalement. Plusieurs pays d'Europe pratiquent notamment la gratuité scolaire. La Commission européenne investit des sommes considérables dans la recherche réalisée dans plusieurs pays. Le choix du terme «internationalisation» plutôt que celui de «mondialisation» dénote une sorte d'ouverture à un certain modèle de rechange, un peu moins étroitement associé au néolibéralisme (Brouillette et Fortin, 2004).

3. Québec province ou Québec indépendant

L'urgence de maîtriser les transformations économiques et sociales dans la société du savoir exige un ensemble cohérent de mesures, au cœur desquelles se trouvent l'éducation et la recherche et, en particulier, l'enseignement postsecondaire.

3.1. Québec province : vers une plus grande intervention du gouvernement « national » en éducation

Plusieurs intervenants au Canada anglais réclament depuis longtemps une stratégie nationale (donc fédérale) des ressources humaines englobant diverses compétences provinciales comme l'éducation postsecondaire (EP), la recherche et le développement, la formation continue, l'emploi et la sécurité sociale. Ils déplorent la dispersion des politiques entre Ottawa et les provinces qui ne permettrait pas d'avancer aussi vite que d'autres sociétés. Le dédoublement des ministères et des politiques entre les deux paliers de gouvernement fait que les décisions collectives sont lentes à venir, lorsqu'elles ne se contredisent pas carrément.

Le Conseil canadien de l'apprentissage, organisme créé et financé par le gouvernement canadien dans le domaine de l'éducation, donc par nos taxes, partage cette orientation. Il a publié en 2007 un véritable plan de prise en charge de l'enseignement postsecondaire par Ottawa (Conseil canadien de l'apprentissage, 2007). Dans la partie IV de ce rapport, on présente une comparaison avec d'autres pays fédéraux, soulignant que « ces pays ont mis au point des systèmes nationaux d'information ainsi que des stratégies nationales (ou, dans le cas de l'UE [Union européenne], supranationales) relatives à l'EP afin d'éclairer leurs processus de planification et décisionnels. Or, le Canada n'a pas pris de telles mesures. Ainsi [...] en l'absence d'une approche plus coordonnée et plus cohérente, le Canada échoue non seulement à maximiser l'efficacité et l'efficience de son secteur de l'EP, mais il risque également de prendre du retard par rapport aux pays qui se sont dotés d'un cadre national en cette matière. »

On y prône l'« établissement et le suivi des buts et des objectifs nationaux », « la production périodique de rapports sur le rendement et les progrès », «la reddition de comptes et l'établissement de points de repère ne se limitant pas aux établissements postsecondaires ». Cela nous mènerait bien loin du respect de la Constitution canadienne, ouvrant grand la porte à un ensemble de règles bureaucratiques gérées par des fonctionnaires fédéraux, imposant leur vision uniforme de l'avenir de leur pays. Mais cela n'inquiète pas les auteurs du rapport puisque, en conclusion, ils affirment que «le Canada n'a pas le temps de s'illusionner ni de s'enliser dans des batailles entourant les champs de compétence fédéraux et provinciaux compte tenu de son classement par rapport à d'autres pays industrialisés » (p. 173).

Voilà un langage qui risque fort de plaire à une nette majorité des Canadiens hors Québec, convaincus qu'il ne peut y avoir de politique cohérente de développement technologique et d'informatisation sans une intégration plus étroite des politiques d'éducation et de recherche et des politiques économiques. Pour eux, cela signifie un gouvernement central moderne, efficace, cohérent, centralisé à Ottawa, avec une certaine décentralisation de l'administration dans des provinces appliquant les politiques nationales.

Pour nous, Québécois, qui faisons le même constat de l'incohérence des politiques gouvernementales, une seule question se pose. Devons-nous placer le gouvernement national à Québec ou à Ottawa? La réponse devient évidente. Nation annexée, de plus en plus minoritaire au Canada, il serait dramatique que nous devenions plus dépendants encore, surtout pas dans ce monde en perpétuel changement où nous vivons et où vivront les prochaines générations. Autant il est nécessaire pour le Québec de se doter d'un projet national fondé sur la concertation et la solidarité québécoise, autant il est nécessaire d'intégrer pleinement notre développement à l'évolution internationale.

3.2. L'indépendance est nécessaire pour les progrès en éducation et dans la recherche

L'éducation de base, l'enseignement supérieur et la recherche sont en pleine mutation, sous le triple impact du développement de la « société du savoir », des technologies d'information et de communication et de la mondialisation économique. On assiste à un changement de paradigme marqué par la gestion par résultat, l'accroissement de l'autonomie des établissements, l'approche par compétence, la multidisciplinarité, la recherche commercialisable, la formation à distance et les échanges internationaux.

Ces orientations peuvent être favorables à l'essor du Québec sur les plans économique, social et culturel, ainsi qu'à sa participation à une autre mondialisation, pourvu que nous contrôlions nos propres affaires. Elles recèlent aussi des effets pervers qui doivent être contrés par notre gouvernement national, comme : une soumission aveugle à une logique de production et de commercialisation, la mise en veilleuse du rôle social de l'État, l'anglicisation de la société, la remise en cause de la démocratie universitaire et de l'accessibilité à l'éducation et à la recherche.

Dans ce contexte international mobile, l'avenir du Québec repose de façon vitale sur la capacité de faire nos choix en éducation et en recherche sur le plan budgétaire, sur celui de la législation et de la réglementation et sur celui de la concertation économique et sociale entre les divers intervenants au Québec.

Sur le plan budgétaire, l'examen des crédits du gouvernement du Québec des quinze dernières années (Conseil du Trésor du Québec, 2010-2011, p. 156-157) démontre que les dépenses en éducation ont augmenté moins vite que le PIB par habitant, indice de la richesse collective. Pendant la période de 1997-1998 à 2011-2012, le PIB a augmenté en moyenne de 5,11 % par année, alors que les dépenses en éducation n'ont crû que de 4,26 % en moyenne. Dans l'ensemble, les revenus du gouvernement du Québec croissent moins vite que ses dépenses, particulièrement dans le domaine de la santé, ce qui a un impact sur les autres secteurs comme l'éducation et la recherche. Au chapitre de la recherche, on retrouve un maigre investissement de 80 millions dans le budget 2011-2012. Alors que tous conviennent qu'il faudrait prioriser l'éducation et la recherche, le gouvernement du Québec n'en a tout simplement pas les moyens.

Pendant ce temps, nous nous privons d'une grande partie de nos recettes fiscales : environ 50 milliards de dollars pour

2010-2011 versés sous forme de taxes et d'impôts à l'État canadien, qui les gère en fonction d'intérêts et d'objectifs déterminés par un parlement et un gouvernement où nous sommes de plus en plus minoritaires.

Le rapatriement de tous nos budgets au Québec est essentiel pour dégager une marge de manœuvre d'investissement dans l'éducation et la recherche, marge qui pourrait être dégagée notamment par la réduction de moitié du budget de la défense et par l'élimination des généreux financements fédéraux aux industries des énergies fossiles d'Alberta, de l'énergie atomique et de l'automobile en Ontario.

Sur le plan législatif, l'indépendance permettra d'orienter l'évolution de l'éducation et de la recherche en fonction de nos valeurs, de nos besoins et de nos stratégies, en mettant fin à l'incohérence des politiques de deux gouvernements.

On a vu les interventions croissantes du gouvernement canadien qui utilise nos taxes et nos impôts pour intervenir bien au-delà de son rôle constitutionnel. Le financement de la recherche est principalement fédéral et les interventions récentes d'Ottawa dans les programmes de chaires de recherche, les bourses aux étudiants ou avec la Fondation canadienne pour l'innovation orientent fortement le système d'éducation postsecondaire. Dans la situation actuelle, les universités et le fédéral sont des alliés naturels, fût-ce par-dessus la tête des provinces, car les autres provinces l'acceptent, au fond, et le milieu universitaire québécois est dans le besoin. Effectivement, les universités et les chercheurs québécois sont de plus en plus dépendants du gouvernement fédéral.

La récupération de tous nos pouvoirs législatifs nous apportera un ensemble d'outils essentiels pour l'éducation et la recherche, notamment le contrôle du secteur stratégique des brevets et des droits d'auteur. Nous pourrons orienter les politiques de recherche et d'innovation de façon à en maximiser l'impact, non seulement pour le développement économique, mais aussi pour la valorisation des énergies renouvelables, la protection de l'environnement, les programmes de solidarité sociale et le respect du caractère français du Québec. La responsabilité d'établir nos traités internationaux nous permettra de concrétiser la stratégie d'internationalisation de l'éducation et de la recherche adoptée par le Québec et pour laquelle il a très peu de moyens actuellement.

Sur le plan de la concertation socioéconomique, les orientations économiques, sociales et culturelles de l'éducation, de la recherche et de l'innovation ne sont pas l'affaire uniquement du gouvernement. Un effort de concertation des acteurs analogue à celui amorcé en 1983-1984 dans la foulée du document *Le virage technologique* devient plus nécessaire que jamais. Il doit regrouper les principaux dirigeants des universités, des entreprises, des syndicats, des groupes communautaires et du gouvernement dans le but de démocratiser les choix de société et d'assurer plus de cohérence dans l'action des divers intervenants économiques et sociaux. Dans le contexte d'une « autre mondialisation », la collaboration soutenue des différents acteurs socioéconomiques est indispensable pour accroître l'effort de recherche et développement, soutenir la valorisation des produits de l'éducation et de la recherche, tout en respectant nos valeurs de maîtrise des impacts sociaux et culturels.

Dans le cadre canadien actuel, une telle concertation est impossible, tant les intérêts et les valeurs des régions canadiennes diffèrent, autant sur le plan économique que social et culturel. Par ailleurs, la concertation doit être coordonnée par un seul gouvernement pour assurer la mise en place d'un ensemble d'actions cohérentes: relations internationales, commerce extérieur, politiques monétaires, fiscales et industrielles, politique du travail et de l'emploi, programmes de soutien au revenu, éducation et recherche et développement. Pour les Canadiens anglais, ce gouvernement doit être leur gouvernement national, celui d'Ottawa. On les comprend. Pour nous, Québécois, la responsabilité doit être à Québec et elle ne le sera que par l'indépendance.

Conclusion – Ce que nous pourrions faire de plus

Pour relever le défi de la société du savoir, de l'évolution technologique et de la mondialisation, l'éducation, la recherche et l'innovation doivent devenir la priorité absolue du Québec de demain. Pour y arriver, il faut un changement de cap important. Pendant que les pays les plus avancés investissent massivement en éducation, le Québec est bloqué, enfermé dans un régime qui ne correspond pas à ses intérêts et qu'il ne peut modifier pour résoudre ces défis collectifs pressants.

Dans l'enseignement secondaire, le décrochage scolaire est inquiétant. Trente-cinq pour cent des élèves n'obtiennent pas le diplôme de fin d'études. Le taux d'abandon atteint jusqu'à 50 % en milieu défavorisé. À Montréal, un élève sur trois est à l'école privée, financée à 60 % par l'État et une contribution de 3 000 $ par année des parents. À l'école publique, les ressources manquent pour la majorité des enfants. En récupérant l'ensemble de nos ressources, nous pourrons mettre fin à l'éducation à deux vitesses et investir à fond dans l'école publique !

Les collèges d'enseignement général et professionnel (cégeps) représentent une innovation québécoise réussie, une force active et un lieu de savoir irremplaçable dans toutes les régions du Québec, notamment grâce aux trente-cinq centres collégiaux de transfert technologique. Au lieu de remettre cette institution en question parce qu'elle n'existe pas ailleurs, nous pouvons donner un deuxième souffle au réseau collégial, entre autres pour soutenir les PME innovatrices et l'économie sociale des régions, adapter et diversifier les programmes de formation technique et assurer l'accessibilité de la formation continue aux adultes sur tout le territoire. Dans la société du savoir, de nouvelles compétences doivent être acquises tout au long de la vie active. La Norvège, avec ses 700 000 personnes en perfectionnement continu sur 4,5 millions d'habitants, nous donne un bel exemple à suivre.

Un Québec indépendant pourra créer un vaste projet d'éducation continue à distance, particulièrement aux niveaux collégial et universitaire, en utilisant les nouvelles technologies de l'information et de la communication, facilitant aux jeunes adultes le retour aux études et la conciliation travail-famille-études, rejoignant les citoyens sur tout le territoire du Québec, stimulant la formation en milieu de travail ou dans les milieux communautaires.

À l'université, notre taux de diplomation est nettement insuffisant, particulièrement chez les francophones. En 2005, le taux d'obtention d'un diplôme de 1er cycle au Québec était de 6,4 % moins élevé qu'en Ontario. Dans cette perspective, il faut non pas augmenter les frais de scolarité, mais les réduire, tout en augmentant les exigences de réussite auprès des étudiants. Nous pourrons également combler le sous-financement des universités francophones, sans dépendre des hauts et des bas des paiements de transferts fédéraux.

Dans le Québec province, privés de ressources par l'étranglement fiscal du Québec, les universités et le monde de l'éducation se tournent, et se tourneront de plus en plus vers le gouvernement canadien dont les initiatives structurantes en éducation, payées avec nos taxes et impôts, augmentent constamment. Aucun champ de compétence provinciale n'échappe au pouvoir de dépenser d'Ottawa. Pendant qu'il est encore temps, nous devons reprendre tous nos outils collectifs, devenir un pays qui assurera un avenir à sa jeune génération, celle de la société du savoir, un pays fondé sur un projet éducatif global, innovateur, productif, démocratique !

Références

Brouillette, V. et Fortin, N. (2004). *La mondialisation néolibérale et l'enseignement supérieur*, Document de travail de la CSQ, http://www.csq.qc.net/sites/1665/documents/d11373.pdf

Chevrier, Marc (2008). « Les disparités du système québécois de financement des universités », *Encyclopédie de la francophonie*, http://bit.ly/xjdKjA

Conseil canadien de l'apprentissage (CCA/CCL) (2007). *L'enseignement postsecondaire au Canada : Des stratégies pour réussir*, http://www.ccl-cca.ca/CCL/Reports/PostSecondaryEducation/Archives2007/index.html

Conseil consultatif des sciences et de la technologie (1999). *Les investissements publics dans la recherche universitaire : comment les faire fructifier*. Rapport du Groupe d'experts sur la commercialisation des résultats de la recherche universitaire.

Conseil des ministres de l'éducation du Canada (CMEC), http://www.cmec.ca/Pages/canadawide_fr.aspx

Conseil du trésor du Québec (2010). *Budget de dépenses 2010-2011*, vol. IV, http://www.tresor.gouv.qc.ca/fileadmin/PDF/budget_depenses/11-12/Volume_IV_FR.pdf

Fondation canadienne pour l'innovation. *Projets financés*, http://www.innovation.ca/fr/Investissements/Projetsfinancés

Gouvernement du Canada (2002a). *Le savoir, clé de notre avenir. Le perfectionnement des compétences au Canada*. La stratégie d'innovation du Canada.

Gouvernement du Canada (2002b), *Sommet national sur l'innovation et l'apprentissage. Sommaire*. La stratégie d'innovation du Canada.

Gouvernement du Québec (1979), *Pour une politique québécoise de la recherche scientifique*, Éditeur officiel du Québec.

Gouvernement du Québec (2002). *Budget provincial de 2002-2003. Orientations budgétaires et financières du gouvernement.*

Gouvernement du Québec (2006). *Un Québec innovant et prospère – Stratégie québécoise de la recherche et de l'innovation.*

Gouvernement du Québec (2011). *Le point sur les transferts fédéraux — Budget 2011-2012*, mars.

Hodgson, E. D. (1977). *Intervention fédérale en éducation*. Canadian Education Association.

Institut de la statistique du Québec. *Indicateurs de la dépense intérieure de la R-D*, http://www.stat.gouv.qc.ca/savoir/indicateurs/rd/dird/dird_financement.htm

Lacroix, F. et Sabourin, P. (2004). Financement des universités, le non-dit. *L'action nationale*, octobre.

Ministère de l'Éducation du Québec (2002), *Pour réussir l'internationalisation de l'éducation… Une stratégie mutuellement avantageuse*, Québec, Gouvernement du Québec.

Ministère des finances du Canada (consulté en août 2011). *Historique des transferts canadiens en matière de santé et programmes sociaux*, http://www.fin.gc.ca/fedprov/his-fra.asp

Paquette, G. (2010). « L'ADN du Canada : un plan pour la centralisation », *Le Devoir*, 7 mai, http://www.vigile.net/L-ADN-du-Canada-un-plan-pour-la

Statistique Canada (2010). *Dépenses fédérales en recherche et développement, par province et territoire d'exécution et de financement, 1993 à 2007*, http://www.statcan.gc.ca/pub/11-402-x/2010000/chap/science/tbl/tbl04-fra.htm

Trudeau, P.E. (1969). *Les subventions fédérales-provinciales et le pouvoir de dépenser du Parlement canadien*, Gouvernement du Canada, document de travail sur la constitution, Imprimeur de la reine, juin.

Chapitre 8

Un XXIe siècle fait sur mesure pour l'économie d'un Québec souverain

Pierre Paquette

Introduction

En mars 2009, dans un texte intitulé *Une nouvelle donne pour la souveraineté du Québec* et portant sur les effets de la crise financière et économique sur notre projet national, j'écrivais: « Les changements qui se dessinent posent des défis nouveaux au Québec. Ces changements de dimensions planétaires ont évidemment un impact sur les réponses que chaque nation doit apporter à ces défis. En y regardant de plus près, on constate que le Canada et le Québec auront des réponses différentes pour chacun des grands défis qui nous attendent. » (Paquette, 2010, p. 132)

Deux ans plus tard, cela s'est avéré exact. Si le Québec était un pays souverain, il aurait répondu bien différemment aux défis de cette crise économique sur fond de catastrophe environnementale appréhendée et de reconfiguration majeure de la scène internationale. Le Québec a des atouts qui ne peuvent véritablement se concrétiser qu'avec sa pleine souveraineté politique.

L'objectif de ce chapitre est de préciser les idées de 2009 à la lumière de ce qui s'est passé depuis et de vérifier si mes analyses d'alors étaient plausibles, tout en apportant les nuances nécessaires. On verra que, comme je le concluais en 2009, le XXIᵉ siècle semble tout à fait être sur mesure pour le Québec.

1. Le retour de l'État

En 2009, j'écrivais: « L'État et les gouvernements sont de retour et la population attend d'eux qu'ils contrôlent le fonctionnement de l'économie et du marché. C'est aussi le retour des projets politiques. **Cela donne une légitimité renouvelée au projet de la souveraineté du Québec.** » (Paquette 2010, p. 134)

Premier élément, cette crise a ramené l'État et l'importance de son intervention pour les pays qui en avaient les moyens. Les États-Unis, l'Allemagne, la France, la Chine et le Brésil se sont dotés de plans de relance musclés ; le Canada, à sa manière, aussi. Mais beaucoup d'autres pays, particulièrement (mais pas exclusivement) ceux qui avaient suivi des politiques ultralibérales comme l'Irlande, ont, au contraire, vu leur souveraineté économique et politique reculer. L'Espagne, la Grèce et le Portugal en sont les exemples les plus frappants, à la merci des spéculateurs et du FMI avec une spirale descendante amorcée pour une décennie pour le moins. Comment penser que les politiques qui ont mené à la crise financière de l'été 2007 auront d'autres effets cette fois-ci ?

Donc, le retour de l'État dans les faits, c'est pour ceux qui en ont les moyens. Par contre, si tous les États ne sont pas de retour, toutes les populations s'attendent à ce que leur État respectif les défende. À preuve, le mouvement citoyen qui s'est propagé en Europe, relayé par les réseaux sociaux, que les médias ont nommé le « mouvement des indignés » et qui atteint aussi l'Amérique du Nord avec le mouvement « Occupons Wall Street ». Dans d'autres circonstances, le printemps arabe est aussi une démonstration de toute cette indignation. Chez nous, les souverainistes n'ont pas été en mesure encore de faire le lien entre la souveraineté du Québec et les réponses que mérite cette indignation généralisée. Les résultats des élections fédérales du 2 mai dernier sont là pour l'illustrer.

Avant d'aborder les choix du gouvernement fédéral face à la crise comme réponse inadéquate pour le Québec, je voudrais répondre à la question suivante : est-ce que le Québec souverain aurait eu les moyens de se retrouver parmi les pays capables d'utiliser leur État pour éviter la spirale descendante ?

2. Le Québec a les moyens de ses ambitions

Depuis la crise budgétaire qui a frappé le Québec et le Canada au début des années 1990, les Québécois ont éprouvé l'impression que les finances publiques étaient fragiles et que le Québec était dans une impasse chronique. Pourtant, le Québec a les moyens de ses ambitions.

En fait, ce ne sont pas les finances publiques du Québec qui sont dans une impasse, mais plutôt celles du **gouvernement** de la province de Québec face au déséquilibre fiscal et au défi démographique. Il n'y a pas de consensus sur les effets qu'aura le vieillissement de la population sur les finances du gouvernement du Québec. Cependant, la plupart des observateurs conviennent que les revenus de l'État seront assez peu affectés, du fait que les revenus supplémentaires tirés des REER et des fonds de pension, qui sont actuellement à l'abri de l'impôt, compenseront à peu près les baisses de revenus de l'État québécois consécutives à la diminution du nombre de personnes en âge de travailler. Certains chercheurs soulignent que les générations montantes de personnes en âge de travailler étant davantage éduquées, la participation au marché du travail sera plus importante, ce qui compensera en tout ou en partie le départ à la retraite de bon nombre de baby-boomers.

D'ailleurs, des études de Statistique Canada basées sur le recensement de 2006 démontrent que les aînés retardent leur retraite et obtiennent une plus grande part de leur revenu sur le marché du travail que ce qui était prévu il y a quelques années. Selon des chiffres récents de l'Institut de la statistique du Québec, les deux tiers des emplois créés de 2000 à 2010 au Québec ont été occupés par des travailleurs âgés de 55 ans et plus.

Là où le bât blesse, c'est en ce qui concerne les dépenses, et en particulier les dépenses du ministère de la Santé et des Services sociaux. La hausse des dépenses de santé pose un risque important au gouvernement du Québec, en particulier à partir de 2015, date vers laquelle le défi démographique commencera à frapper le Québec.

C'est précisément sur ce plan que nuit le déséquilibre fiscal. Au plan structurel, les dépenses du gouvernement du Québec sont appelées à augmenter plus rapidement que ses revenus. À l'inverse, les revenus d'Ottawa sont appelés à augmenter plus rapidement que ses dépenses.

Pour le gouvernement du Québec, il y a donc une impasse budgétaire en vue. Certains y voient une catastrophe. Ce n'est pas notre cas.

Car, s'il est vrai que le gouvernement provincial du Québec n'a pas les moyens de ses ambitions, il en va tout autrement du Québec pris globalement. Quand on prend en compte l'ensemble des finances publiques du Québec, y compris notre part des finances fédérales, le portrait change du tout au tout.

Comme le reconnaissait Jean Charest à Paris en juillet 2007, le Québec a les moyens de devenir un pays souverain. Et s'il en était un aujourd'hui, il serait moins endetté, dans une meilleure situation budgétaire et mieux préparé aux défis du XXIe siècle.

J'ai écrit plusieurs textes sur cet état de fait, mais j'aimerais simplement rappeler qu'en comparant le Québec aux pays occidentaux, nous arrivons à la conclusion que le Québec, en tenant compte de sa part du passif et de l'actif du fédéral, est moins endetté que l'Italie, l'Allemagne et même les États-Unis. Plus généralement, le Québec est moins endetté que la moyenne des pays de l'OCDE.

Le tableau suivant a été construit à partir des chiffres de l'OCDE et faisait partie d'une présentation de Jacques Léonard, ancien président du Conseil du Trésor du Québec, lors d'un colloque du Bloc québécois sur les finances publiques du Québec en juin 2008.

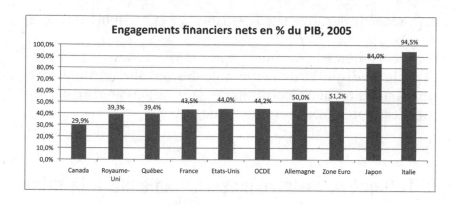

Figure 1 — Base de données des Perspectives économiques de l'OCDE, no. 82

Ces chiffres sont plus révélateurs puisqu'ils précèdent la crise qui a amené plusieurs gouvernements comme celui des États-Unis à s'endetter de façon importante. Il est donc clair que la situation relative du Québec s'est encore améliorée. Autre exemple de la position envieuse du Québec, pour l'exercice 2011, le manque à gagner anticipé en termes de recettes fiscales est de 1,2 % du PIB pour le Québec, de 1,7 % pour le Canada et de 10 % pour les États-Unis.

Malgré ce portrait encourageant de la situation financière du Québec, il faut constater que l'argent du Québec à Ottawa n'est pas sous notre contrôle et que les chances de régler le déséquilibre fiscal sont nulles.

Le déséquilibre fiscal a été partiellement réglé par un relèvement des transferts. Un relèvement insuffisant parce que le transfert pour l'éducation postsecondaire et les programmes sociaux n'a pas été bonifié. C'est 800 millions de dollars par année dont est privé le Québec. Mais supposons qu'il serait rétabli au niveau de 1994-1995 indexé, est-ce qu'on peut sérieusement penser que le fédéral accepterait de transformer l'ensemble de ses transferts en revenus autonomes pour le gouvernement du Québec en cédant les champs fiscaux équivalents ? Est-ce qu'un amendement constitutionnel pour éliminer le pouvoir fédéral de dépenser dans les compétences du Québec est pensable ? Le Bloc québécois l'avait proposé par le biais d'une entente administrative dans le cadre d'un projet de loi. Ce fut une fin de non-recevoir des trois partis canadiens à la Chambre des communes.

Très clairement, la souveraineté est la seule voie pour être capable de disposer de l'ensemble des ressources financières pour que l'État québécois indépendant soit en mesure d'assumer l'ensemble de ses responsabilités.

3. Le Québec et la réponse canadienne à la crise financière et économique

Manifestement, le gouvernement canadien n'a pas pris en compte les besoins du Québec lors de la crise économique qui a suivi la débâcle des marchés financiers. Tout pour l'automobile, concentrée dans le sud de l'Ontario, et pour le pétrole de l'Ouest canadien, rien ou presque pour les régions du Québec et ses secteurs industriels ; l'exemple du secteur forestier en est la pointe de l'iceberg. Cela fait ressortir qu'en temps de crise n'avoir qu'un gouvernement à la direction des opérations est un avantage indéniable. Cela évite des délais non souhaitables devant l'urgence d'agir et assure une cohérence d'action au plan national, ce qui est extrêmement difficile dans le cadre du fédéralisme canadien, où les intérêts de la nation canadienne prévalent sur ceux de la nation québécoise. Le débat sur la prolongation des délais de réalisation des programmes d'infrastructures illustre malheureusement trop bien cette réalité.

Mais il y a plus. Une stratégie de relance s'appuie sur l'engagement de tous les acteurs socioéconomiques (entreprises, municipalités, syndicats…) autour de leur État national en faveur de cette stratégie. Seul l'État peut rallier l'ensemble des composantes de la société et assurer la solidarité sociale nécessaire. Seul l'État québécois a la légitimité et la connaissance de la dynamique sociale pour animer cette concertation nécessaire. Mais dans le système politique actuel, la concurrence de visibilité et de leadership va à l'encontre de cette coordination nécessaire. **La souveraineté du Québec clarifierait les rôles de chacun dans cette stratégie de relance**, en particulier celui des paliers administratifs, dont l'engagement est essentiel. Le même type de réflexion peut être développé concernant l'**économie sociale**, aujourd'hui un axe de développement économique incontournable.

4. La souveraineté et l'économie sociale

La souveraineté sera une source de dynamisme économique importante qui responsabilisera davantage les divers acteurs socioéconomiques du Québec face aux défis d'un monde en mutation. Elle permettra aussi de faciliter le développement d'un secteur essentiel pour la création d'emplois et pour la satisfaction des nouveaux besoins sociaux, celui de l'économie sociale.

Dès le milieu des années 1970 sont apparues au Québec des initiatives locales qui ont développé des activités à petite échelle pour répondre à des besoins de services (marchands et non marchands) qui n'étaient pas pris en charge par l'initiative privée parce qu'ils ne correspondaient pas à une demande solvable selon les termes traditionnels. Quant au secteur public, la difficulté d'adapter son intervention aux situations particulières d'une communauté ne permet pas toujours de prendre en charge certains besoins très spécifiques. L'économie sociale est composée de cette partie de la réalité économique et sociale qui ne se situe ni dans la sphère privée des entreprises à but lucratif ni dans la sphère publique.

La mise en œuvre de ces initiatives implique une collaboration étroite entre les usagers et les producteurs du service. Elle se fait généralement avec l'aide des pouvoirs publics locaux, notamment les municipalités et les organismes de services sociaux.

On remarque que l'offre et la demande pour ces activités sont définies et organisées, souvent selon le mode *démocratique*, par les usagers et les personnes qui y travaillent. Ces activités créent de l'*emploi*, mais produisent aussi de la *solidarité* et *favorisent la cohésion sociale*.

On peut donc globalement définir l'entreprise du secteur de l'économie sociale comme une entreprise de développement solidaire qui a un objectif de rentabilité sociale et cherche à atteindre la viabilité économique. Cette viabilité économique, souvent difficile encore actuellement, s'atteint souvent par un *financement mixte*: subventions de l'État, contributions des usagers, bénévolat des personnes usagères et employées et, parfois, appuis de l'entreprise privée.

Deux grandes catégories de services se sont développées dans une variété de secteurs. La catégorie la plus importante est sûrement celle des services aux personnes, notamment aux personnes âgées ou à mobilité réduite (aide domestique), aux enfants (centres de la petite enfance, aide contre le décrochage…) et à des groupes avec des difficultés particulières dont la nature peut varier, allant du chômage à la maladie mentale.

Ensuite, on retrouve les services collectifs comme le transport d'appoint pour certaines clientèles, le tourisme et les loisirs de proximité, les restaurants populaires de quartier, la récupération, le recyclage, la revente de vêtements ou de déchets industriels ou de collecte sélective, la production culturelle ou encore certaines formes de sous-traitance avec l'entreprise privée ou les pouvoirs publics. Les coopératives de production et d'épargne (caisses d'économie, mutuelles d'assurance…) font partie de cette catégorie. En excluant les grandes coopératives financières et agricoles, le chiffre d'affaires des 6 500 entreprises d'économie sociale au Québec était de 4,3 milliards de dollars en 2006. Tout un potentiel à développer avec la souveraineté du Québec.

5. Souveraineté et stratégie de relance

Une stratégie de relance est axée sur des mesures fiscales, budgétaires, de formation de la main-d'œuvre et de solidarité sociale. Dans tous ces domaines, la souveraineté du Québec créerait une synergie et une cohérence beaucoup plus fortes et efficaces que le régime fédéral actuel. Cela a été démontré aussi bien par la Commission Bélanger-Campeau (Commission sur l'avenir politique et constitutionnel du Québec, 1991) que celle sur l'avenir du Québec, en 1995, et même par le Conseil économique du Canada (Conseil économique du Canada, *Un projet commun : aspects économiques des choix constitutionnels*, 28ᵉ Exposé annuel, 1991).

Reste la politique monétaire. Reconnaissons que la politique monétaire canadienne a peu de latitude par rapport à celle des États-Unis. Dans ce cas-ci, la politique monétaire n'est pas d'une grande efficacité : la baisse du taux directeur auquel les banques se refinancent auprès de la banque centrale ne se traduit pas automatiquement par un crédit moins cher pour les ménages et les entreprises. De plus, lorsque les prix baissent, même si la banque centrale pratique des taux d'intérêt nuls (comme l'a fait pendant plusieurs années la Banque du Japon et comme le fait, pratiquement, aujourd'hui la Banque fédérale des États-Unis), le taux d'intérêt corrigé de l'inflation (et dans certains cas, de la déflation) est, lui, toujours pareil.

Quand les banques préfèrent garder leurs liquidités plutôt que de prêter au secteur privé, c'est à l'État de les recycler sous forme de dépenses publiques. La politique budgétaire passe alors en première ligne ainsi que la pertinence de disposer de tous les leviers de cette politique, à commencer par la perception de tous les impôts, attribut essentiel de la souveraineté du Québec.

Cela dit, ces remarques laissent complètement ouvert le débat sur le choix d'une monnaie pour le Québec devenu souverain.

6. La souveraineté pour diversifier nos marchés

En 2007, seul le surplus commercial de 26 milliards de dollars avec les États-Unis a permis au Québec de contrebalancer partiellement son déficit commercial de 37 milliards de dollars avec le reste du monde (en plus du déficit de 4,2 milliards de dollars avec le Canada). Cette grande dépendance de notre économie nous rend vulnérables (comme le Canada, d'ailleurs) aux aléas de la conjoncture états-unienne. Il faut donc diversifier nos marchés, et l'Europe constitue un partenaire de choix pour le Québec, avec ses 495 millions d'habitants qui génèrent 31 % du PIB mondial. Le Canada et l'Union européenne ont signé une entente-cadre pour lancer les négociations sur un éventuel accord de libre-échange dans les prochains mois. Mais ces négociations risquent d'être ardues, beaucoup plus ardues avec le Canada que si le Québec-pays les entreprenait.

L'objectif des Européens, c'est évidemment le marché états-unien. Le Canada pourrait constituer une tête de pont pour leurs affaires dans le marché nord-américain et leur permettre de profiter des règles de l'ALÉNA. Mais voilà, à mesure que le Canada a calqué ses règles de fonctionnement et ses politiques fiscales sur celles des États-Unis, il est devenu de moins en moins intéressant à cet égard; aussi bien tenter, pour les Européens, de s'entendre directement avec les États-Unis.

Pour des raisons culturelles, le Québec n'est pas complètement aspiré par l'espace états-unien; sur le plan économique, il apporte une plus-value aux Européens.

Le Québec joue déjà en quelque sorte le rôle de pont entre l'Europe et l'Amérique du Nord: 77 % des emplois des entreprises françaises au Canada sont au Québec. C'est 37 % pour les entreprises britanniques et 33 % pour les allemandes. À titre de comparaison, seulement 16 % des emplois d'entreprises états-uniennes se retrouvent au Québec. Et encore, c'était en 2004. Avec les investissements massifs qui ont été effectués en Alberta depuis cinq ans, en majorité par des intérêts des États-Unis, on a toutes les raisons de croire que la part du Québec est encore plus faible aujourd'hui.

La place que tiennent l'État québécois et ses institutions dans le développement économique est proche de la vision européenne. Notre structure fiscale n'exercera pas de pressions à la baisse sur la leur, une des craintes qu'entretiennent plusieurs pays européens à l'égard du Canada. Sur le plan structurel, nos économies sont complémentaires. Le Québec est bien présent dans des secteurs de hautes technologies (aéronautique, pharmaceutique, technologie de l'information, biotechnologie...), dans des secteurs à faible intensité technologique (vêtement, meuble, produits forestiers) et dans les ressources naturelles.

Pour l'Europe, ce sont essentiellement des entreprises de moyenne et de forte intensité technologique ainsi que des produits de marque qui constituent leur base industrielle.

Même dans les domaines de hautes technologies, le Québec et l'Europe sont plus en complémentarité qu'en concurrence. Par exemple, en aéronautique, Bombardier utilise des moteurs Rolls Royce (britanniques) et est déjà un partenaire d'Airbus.

Bref, sur les plans culturel, fiscal et économique, le Québec et l'Europe sont faits pour s'entendre. C'est peut-être à cause du Québec que les Européens ont tant insisté pour que les provinces soient incluses dans le partenariat économique Canada-Union européenne. Ainsi, on peut lire dans le projet d'Accord-cadre que « bien que le gouvernement fédéral négocie et conclue des traités internationaux, ses provinces et territoires sont tenus de mettre en œuvre les obligations ainsi contractées qui relèvent de leur compétence, y compris en promulguant des dispositions législatives si nécessaires ».

On le voit, le projet d'entente, qui couvre non seulement les marchandises et les investissements, mais aussi les marchés publics, la propriété intellectuelle et l'environnement, est très ambitieux. Sur les marchés publics, il faut s'assurer que les règles et exclusions qui régissent les États dans le cadre de l'Union européenne s'appliquent aussi dans le cadre d'un partenariat Europe-Québec. D'ailleurs, Maurizio Cellini, chef de la section économique et commerciale de la délégation de l'Union européenne au Canada, a souligné que c'est l'accès aux marchés publics qui constitue l'élément le plus important. De même, le modèle agricole québécois doit bénéficier des mêmes protections que les modèles européens, tout en respectant son originalité. Je pense ici à la gestion de l'offre, pilier indispensable de l'agriculture et des régions rurales du Québec. L'inquiétude majeure porte sur la façon de négocier du Canada, qui veut mettre le plus de questions possible sur la table, au mépris de la volonté du Québec, tout en provoquant beaucoup de résistance parmi les pays membres de l'Union européenne. Très clairement, les intérêts du Québec sont plus proches de ceux de l'Europe et un Québec souverain arriverait plus facilement à un accord. Avant l'indépendance, il faudra être extrêmement vigilants quant aux négociations menées par le fédéral. **Avec l'indépendance, le Québec pourra renouer avec sa vraie nature : être le pont entre l'Amérique du Nord et l'Europe.**

7. La crise environnementale

Depuis la Révolution industrielle, il était payant de polluer, et ne pas le faire représentait un coût qui minait la capacité concurrentielle d'une économie ou d'une entreprise. Le protocole de Kyoto vise à renverser cette logique, seule manière de corriger les problèmes, en particulier ceux du réchauffement climatique et des émissions de gaz à effet de serre (GES).

Lorsque la logique derrière le protocole de Kyoto se concrétisera, l'ensemble des avantages comparatifs des nations et des économies sera modifié en profondeur. Dans un monde où il est coûteux de polluer et payant de ne pas le faire, **le Québec deviendra une économie avec un avantage majeur du fait de ses énergies propres et renouvelables.**

Avec l'eau, le vent et le soleil, le potentiel d'énergies propres et renouvelables du Québec est immense. La logique de Kyoto, c'est un atout pour l'économie québécoise.

Mais ce n'est pas vu de cette façon par le Canada qui, on le sait, mise sur l'exportation du pétrole issu des sables bitumineux pour créer sa richesse. Pour les partis canadiens, il serait irresponsable de se priver de cette richesse et des emplois qui en découlent. Il s'agit d'un véritable consensus canadien. Pour abrier le tout, le Canada mise sur le captage des GES et du CO_2. Le problème, c'est que la technologie ne sera pas au point avant quinze à vingt ans et qu'elle va coûter très cher à développer. La World Wildlife Fund (WWF) estime que, techniquement, on ne pourra jamais capter plus que 10 % des émissions de gaz à effet de serre. Ce sont des ressources financières et de recherche qui seront détournées du développement d'énergies propres et renouvelables. Les choix budgétaires conservateurs sont éloquents à ce propos. Une grande partie du financement à l'environnement (près d'un milliard de dollars) ira pour le captage et le stockage du carbone, une technologie dont bénéficient exclusivement les grandes pétrolières.

Pendant ce temps, les conservateurs n'investissent pas un sou de plus dans le financement des trois conseils subventionnaires de recherche avec pour conséquence que, notamment, la recherche sur l'éthanol cellulosique est compromise à l'Université de Sherbrooke. On a aussi assisté à des réductions de l'aide au développement de l'énergie éolienne.

Une recherche publiée en 2005 par le Canadian Energy Research Institute a évalué l'impact des investissements dans les sables bitumineux pour le PIB des provinces. De 71 % à 72 % de l'effet des investissements était ressenti en Alberta et à peine 1 % au Québec. Selon l'un des chercheurs, André Plourde, cette répartition demeure toujours valable. On voit à quel point les divergences d'intérêts sont grandes entre le Québec et le Canada.

En avril 2009, j'écrivais : « [...] il est clair que le Canada ne respectera pas ses objectifs dans la première phase de Kyoto et sabotera les discussions de l'après-Kyoto » (Paquette, 2010, p 141).

Le Canada a tout fait à la Conférence de Copenhague de décembre 2009 pour que l'accord final n'ait rien de contraignant. D'ailleurs, malgré la signature de l'Accord de Copenhague, le Canada a poursuivi dans le sens contraire à ses engagements. Résultat : au lieu de réduire ses émissions de gaz à effet de serre de 6 % par rapport à 1990, il les a augmentées de 26,2 % entre 1990 et 2008, un bilan plus désastreux que celui des États-Unis qui ont vu les leurs augmenter de 14 %.

Pendant la durée du protocole de Kyoto 1, c'est l'Europe qui a supporté seule le poids des efforts de réduction de GES. Si les discussions s'enlisent à cause des pays pollueurs comme le Canada, on peut s'attendre à ce que l'idée d'une taxe à l'importation sur les produits provenant des pays délinquants refasse surface au sein de l'Union européenne. Après tout, il s'agit d'une forme de concurrence déloyale, d'autant plus condamnable que le Canada est signataire du protocole de Kyoto.

Une telle taxe sur le carbone pénaliserait au premier chef le Québec-province, qui représente plus du tiers des exportations canadiennes en Europe. Le Québec, qui a fait des efforts et est en voie d'atteindre les cibles de Kyoto, serait le grand perdant de la délinquance du Canada.

Rappelons que les entreprises manufacturières québécoises ont réduit leurs émissions de GES de près de 24 % de 1990 à 2006, soit quatre fois plus que l'objectif fixé par Kyoto, et ce, six ans avant l'échéance. Une entreprise peut fabriquer au Québec en émettant deux à trois fois moins de CO_2 qu'ailleurs dans le monde. Dans un monde où la logique de Kyoto prévaut, c'est un atout inestimable au plan économique. Mais notre appartenance au Canada nous prive de cette possibilité. Ajoutons que le choix de 2005 comme année de référence pour le calcul des réductions de GES par le Canada risque de priver les entreprises québécoises de crédits de carbone. En effet, si l'année 1990 est retenue, ces entreprises pourraient bénéficier de crédits pour la période 1990 à 2006. Des crédits que ces entreprises pourraient échanger à la Bourse du carbone nord-américaine. Le Québec devra tenter de négocier des crédits additionnels avec le Canada, mais la possibilité de transiger à la Bourse européenne, dont l'année de référence est 1990, doit être facilitée dans le cadre de l'Accord de libre-échange avec l'Europe.

Là encore, le Québec avance malgré le Canada, véritable État pétrolier au même titre que l'Arabie Saoudite.

On en a eu une autre preuve (comme si on en avait besoin!) lors de la présentation du secrétaire général de l'OCDE à la Conférence de Montréal 2011. Il a rappelé que des mécanismes de taxation de la pollution et de la surexploitation des ressources naturelles sont des éléments centraux pour assurer la prospérité future par des politiques de croissante verte. Le Canada n'est pas intéressé, a répondu le gouvernement fédéral; et le ministre des Finances, Jim Flaherty, d'ajouter : « On ne fait pas dans les augmentations d'impôt. Nous, on les baisse. » Quel manque de vision au service des intérêts à court terme de l'industrie pétrolière canadienne !

Pour la première fois de façon aussi manifeste, indépendance du Québec, conscience environnementale et prospérité économique vont de pair.

Tous les pays industrialisés, sauf le Canada, préparent l'après-pétrole dont les réserves prouvées sont d'une cinquantaine d'années. Le Québec est bien positionné pour l'après-pétrole. Il n'y a que deux endroits au sein de l'OCDE où le pétrole n'est pas la première source d'énergie : la Norvège et le Québec. Le Québec peut développer son potentiel hydroélectrique, qui demeure important, mais doit aussi investir davantage dans de nouvelles sources d'énergie propres et renouvelables et se doter d'une stratégie de réduction de sa dépendance au pétrole.

En plus d'être riche en énergie, notre structure économique est mieux adaptée à l'après-pétrole : le Québec ne fabrique pas d'automobiles, mais des trains, des métros et des autobus. On sait que le fédéral a aboli son soutien à ces secteurs en limitant le nouveau programme Partenariat technologique Canada au secteur de l'aéronautique et de la défense.

Il y a des investissements très importants à faire dans chacun de ces domaines. Est-ce que le Québec-province en aura les moyens ? C'est douteux. Le Québec-pays aurait beaucoup plus de capacités de préparer l'après-pétrole pour en tirer tous les avantages qu'en restant au sein du Canada, qui s'y refuse. C'est d'autant plus dommage que la crise économique aurait pu être une occasion de poser des conditions au soutien de l'État pour favoriser la reconversion de notre économie en fonction de la nouvelle donne environnementale.

Il est évident qu'au fur et à mesure de la diminution des disponibilités du pétrole qui devrait commencer à se manifester d'ici quinze à vingt ans, le Québec va voir s'accroître ses **avantages comparatifs**, en particulier par la disponibilité sur son territoire d'une énergie propre, fiable et durable. Si on ajoute à cela la réglementation internationale environnementale qui sera nécessairement mise en place, le Québec deviendra une destination de choix pour les entreprises et les investisseurs étrangers.

Le Québec doit sortir du Canada pour profiter pleinement des avantages du XXIe siècle, un siècle taillé sur mesure pour lui.

8. La reconfiguration de la scène internationale

La crise économique actuelle a remis à l'ordre du jour la question de la coopération internationale. Les États-Unis ont constaté leur incapacité à surmonter leurs difficultés économiques sans une forme de coordination avec leurs partenaires. André Pratte, éditorialiste en chef du journal *La Presse*, a tort de penser que cette coordination passe par la soumission du Québec à l'ordre fédératif canadien ou encore aux choix états-uniens. Non seulement Washington n'a pu agir seul, non seulement il n'a pas pu dicter sa conduite aux autres, mais il n'a même pas été, jusqu'à présent, le meneur de jeu parce que d'autres pays, notamment européens et émergents, forts d'expériences différentes, ont su amener des idées plus efficaces. Obama en a pris acte en parlant de l'importance des alliances. Ce qui est vrai pour les États-Unis est encore plus vrai pour le Canada dont le gouvernement demeure un vestige de la révolution néoconservatrice.

9. Pour une mondialisation à visage humain

Le système commercial multilatéral est essentiel. L'alternative au système multilatéral, c'est plus ou moins le retour à la logique des empires où les grandes puissances se construisent des blocs économiques pour s'assurer des marchés. C'est la stratégie des États-Unis depuis quelques années avec leur frénésie d'accords bilatéraux, suivis en cela par le Canada. Pensons aux accords avec la Colombie et avec le Pérou. Il faut donc que les bases de négociations soient revues, sinon l'OMC est menacée de paralysie et même de régression, comme cela semble le cas actuellement. En période de difficultés économiques, les réflexes protectionnistes sont souvent tentants.

Demander aux pays pauvres d'abandonner leur souveraineté agricole en pleine crise alimentaire, c'est inadmissible. Considérer comme loyale la concurrence de produits fabriqués au mépris du droit international en matière d'environnement de travail, c'est maintenant inacceptable. Vouloir restreindre la capacité des États d'assurer le bien-être de leur population au nom de la liberté d'entreprise, c'est une atteinte à la démocratie.

Ces préoccupations sont de plus en plus présentes dans les pays du Nord comme dans ceux du Sud. Malheureusement, le

Canada ne fait pas partie du lot. Le Canada a une base agricole axée sur les céréales, une production pour l'exportation. Sa base économique a pour assise les ressources naturelles, peu affectées par la délocalisation. De plus, il soutient peu ses entreprises et ne voit pas d'urgence à civiliser la mondialisation.

Le Québec, au contraire, **a intérêt à ce que cette mondialisation soit encadrée**. En effet, sur le plan agricole, notre production est centrée vers le marché intérieur, et la gestion de l'offre requiert le maintien de la souveraineté des États sur le plan alimentaire. Sur le plan industriel, le Québec est susceptible de subir des délocalisations sauvages et les effets du dumping social et environnemental.

Les crises économique et environnementale vont favoriser la révision en profondeur des bases de négociations des accords commerciaux. Avec la remise en question de la libéralisation absolue des échanges, l'établissement de règles permettant des échanges équitables sera à l'ordre du jour. Le Canada va continuer à souhaiter une libéralisation débridée, le Québec-pays souhaitera, comme beaucoup d'autres pays, une approche plus équilibrée que ce que le projet néolibéral imposait.

Voilà une occasion d'intégrer au projet souverainiste les préoccupations liées au commerce équitable, à la coopération internationale, à la souveraineté alimentaire, au respect des droits et à l'environnement.

10. Continuer à imaginer le Québec souverain

La situation actuelle préfigure des changements importants au plan politique, économique et international. Pour tous ces changements, le Québec est du côté de la vague qui monte et le Canada est du côté de celle qui descend. Si Wilfrid Laurier, en 1904, avait pu s'imaginer que le XXe siècle serait le siècle du Canada, le XXIe siècle, lui, est indéniablement fait sur mesure pour le Québec.

Pour que le Québec puisse mettre en place une stratégie de développement durable, il est essentiel qu'il récupère l'ensemble des pouvoirs de politique économique actuellement contrôlés par le gouvernement fédéral : fiscalité, dépenses budgétaires, assurance-emploi, politique commerciale, politique de développement sectoriel et régional, politique environnementale…

Dans certains de ces domaines, le Québec pourrait techniquement, sous le régime fédéral actuel, récupérer certains pouvoirs et il ne doit pas s'en priver. Mais il faut être conscient qu'il n'y a aucune ouverture du côté de l'opinion publique canadienne pour de telles négociations. Un colloque conjoint du Bloc et des IPSO l'a démontré de façon évidente en mai 2010. C'est pourquoi seul un Québec souverain pourra avoir la marge de manœuvre politique et financière pour établir des politiques cohérentes là où, actuellement, les initiatives québécoises sont souvent contrecarrées par une myriade de programmes et de mesures en provenance du fédéral qui poursuivent des fins contradictoires à celles du Québec.

Comme nation, nous avons un intérêt fondamental à récupérer tous les leviers pour aller de l'avant vers nos objectifs collectifs de développement social, culturel, économique et environnemental.

Un Québec souverain sera un pays vert et prospère dont la culture et le modèle de développement sont des atouts dans le monde d'aujourd'hui et de demain. La souveraineté du Québec, c'est une extraordinaire entrée dans le XXIᵉ siècle.

Continuons à imaginer le Québec souverain !

Référence

Paquette, P.A. (2010). *Pour la prospérité et la justice sociale : la souveraineté du Québec,* Richard Vézina éditeur.

Chapitre 9

Indépendance, gouvernance et mondialisation : pour qu'il n'y ait plus de frontières entre le Québec et le monde

Guy Lachapelle

Les premières tâches du Québec sur ce plan [les relations inter-nationales et la défense] seront de se faire reconnaître par un nombre suffisant d'autres États, de se faire admettre à l'ONU et dans diverses organisations internationales, de reconnaître l'application au Québec des traités conclus par le Canada à l'exception de ceux qu'il dénoncera expressément, et enfin de remplacer nos forces militaires par un corps de paix.
René Lévesque (1970)

Introduction

La question de la place et du rôle du Québec sur la scène inter-nationale a toujours été au cœur du projet souverainiste. Faire du Québec un État reconnu et respecté dans tous les forums internationaux relève d'une certaine volonté politique et surtout d'une compréhension des enjeux liés aux effets de la mondiali-sation. René Lévesque a toujours été conscient, autant comme journaliste que comme chef du Parti québécois, de la nécessité de bien comprendre les enjeux planétaires afin de pouvoir exercer une influence sur la résolution de conflits, qu'ils soient de nature politique ou économique. En 2002, trois collègues soutenaient d'ailleurs que le Parti québécois était le seul parti au Québec à avoir une vision globale des relations internationales, autant diplomatiques que paradiplomatiques, et le seul qui croit vraiment que le « Québec doit se comporter comme un véritable acteur international » (Beaudoin, Bélanger, Lavoie, 2002). Il faut dire également que le Parti québécois est sans aucun doute le seul parti au Québec à avoir publié régulièrement des énoncés de politique internationale et à avoir autant débattu, dans ses instances internes, des enjeux internationaux (Parti québécois, 2004 ; 2003 ; 2000, 1995, 1993, 1987).

Ce rôle, les gouvernements du Parti québécois l'ont toujours assumé avec droiture et responsabilité. Un Québec souverain l'assumera pleinement. Les relations internationales du Québec ont certes évolué au fil des ans. Elles englobent aujourd'hui des questions de sécurité — surtout depuis les attentats du 11 septembre 2001 —, autant que des objectifs en matière de commerce extérieur (bois d'œuvre, eau, énergie) ou de culture (diversité culturelle). Les gouvernements du Parti québécois ont toujours eu à cet égard une « diplomatie active ». Mais l'indépendance du Québec, comme modèle de transformation sociale et politique, devra s'inscrire dans les nouveaux modèles de gouvernance de ce début de XXI siècle. Créer un nouvel État, dans un monde de plus en plus mondialisé, sera à bien des égards un grand défi. Le Québec devra prendre position sur divers enjeux planétaires et inscrire ses décisions dans la mouvance internationale.

Faire l'indépendance, c'est aussi envisager de nouveaux modèles d'interdépendance, d'abord avec le Canada et les États-Unis, mais aussi avec de plus grands ensembles, comme l'Europe. Si Jean Monnet a cherché à concevoir une architecture institutionnelle originale pour la construction européenne — dont le fondement repose sur la méthode communautaire et la collaboration entre États membres —, le Québec devra lui aussi penser à son nouveau rôle dans le contexte nord-américain. Un nouveau modèle de gestion deviendra nécessaire puisque la géographie nous imposera la reconfiguration de nos liens avec les provinces à l'est et à l'ouest du Québec ainsi qu'avec les États du Sud.

D'autres défis seront au rendez-vous : le rôle du Québec face aux pays émergents, la diversité culturelle et la solidarité internationale devront aussi être au cœur de nos réflexions. Même si ces enjeux sont toujours d'actualité, quel que soit le statut politique du Québec, l'indépendance forcera le nouvel État du Québec à développer une politique étrangère cohérente et responsable. Si la mondialisation a bien démontré que l'État-nation n'est plus le seul acteur pouvant déterminer les confins des identités et des solidarités, les défis resteront de taille pour le pays du Québec, car il faudra préciser les motifs de nos actions continentales et internationales, surtout lorsqu'il s'agira de défendre nos *intérêts nationaux*.

Nous chercherons donc, dans ce chapitre, à établir les « grands principes » et les stratégies qui devraient guider un gouvernement souverainiste autant dans nos relations avec les gouvernements et administrations publiques d'autres pays que dans nos relations avec les corps diplomatiques étrangers. Dans ce sens, la tâche première d'un gouvernement souverainiste sera de démontrer que le Québec est un acteur crédible sur la scène internationale. Même s'il est certainement possible de discuter de ce que sera la politique étrangère d'un Québec souverain, il sera également essentiel pour l'État du Québec indépendant de jouer un rôle actif à la résolution des divers problèmes mondiaux. Pour cela, nous verrons comment la politique internationale d'un État se distingue de sa politique étrangère et comment le gouvernement du Québec a su, malgré les contraintes fédérales canadiennes, se forger au fil des ans une personnalité internationale. Nous examinerons le cas particulier de l'élaboration de la Convention sur la protection et la promotion de la diversité des expressions culturelles où le Québec a su jouer un rôle de premier plan.

1. La mondialisation

L'État souverain du Québec pourra signer des traités, participer à des organisations internationales et réclamer certains droits en vertu des lois internationales. Un gouvernement du Québec souverain aura tous les moyens pour développer son propre réseau diplomatique, signer des ententes, participer à différents forums internationaux tout en cherchant à s'adapter aux règles d'une économie mondialisée. Comme le soulignait René Lévesque, les tâches seront nombreuses afin de favoriser une transition harmonieuse vers la souveraineté. Même si le Québec assumera toutes les responsabilités d'un « État successeur » — il continuera à appuyer les lois canadiennes qu'il estimera en accord avec ses principes internationaux —, il sera certainement jugé par la communauté internationale sur sa capacité et sa volonté politique de jouer un rôle dans les grands débats planétaires actuels. Faire des relations internationales et avoir une politique étrangère cohérente, c'est aussi avoir la conviction que l'on peut contribuer à la résolution de certains problèmes mondiaux (pauvreté, environnement ou désertification, par exemple). Le Québec participera activement à diverses organisations internationales — en particulier au sein de la Francophonie — et aidera par sa voix et ses actions au développement d'autres pays.

L'avenir des relations internationales du Québec sera tributaire de sa volonté de faire de la société québécoise *une société globale*. Dans ce sens, les positions du gouvernement souverainiste devront s'articuler autour de quatre objectifs principaux :

- faire du Québec une société ouverte sur le monde, consciente des grands enjeux mondiaux ;
- mettre les valeurs de démocratie, de liberté, d'égalité, de paix et d'ouverture au centre de ses interventions sur la scène internationale ;
- démontrer que le Québec est une société généreuse, capable d'accueillir l'autre et de bien intégrer ses immigrants ;
- demeurer une société pluraliste dans laquelle tous les citoyens peuvent contribuer au développement de son identité nationale.

Le gouvernement du Québec se doit de jouer un rôle de vigilance de tous les instants par rapport aux décisions prises dans le monde (Fry, 2000-2001 ; Morata et autres, 2004). Ce rôle, l'État du Québec devra l'assumer pleinement et sans doute davantage qu'il l'a fait par le passé. L'État indépendant du Québec continuera certainement à participer à certains forums internationaux, comme Davos, et à présenter au monde ses succès économiques et culturels. Le développement de ses liens économiques avec l'Europe sera certainement au cœur de sa diplomatie commerciale.

Dans ce sens, « le gouvernement du Québec doit prendre tous les moyens pour gérer les effets de la mondialisation sur notre économie et notre vie culturelle. Les transformations planétaires actuelles rendent aujourd'hui impensable pour un [...] gouvernement [comme celui] du Québec de ne pas être actif sur la scène internationale » (Lachapelle et Paquin, 2005, 2004). Il nous faut attirer davantage d'investissements étrangers, de centres de décisions, appuyer nos entreprises exportatrices, développer nos réseaux de communication transnationaux (routes, TGV vers les États américains) et protéger et promouvoir nos intérêts culturels et économiques. La mondialisation a d'ores et déjà des effets considérables sur notre société et sur la gestion quotidienne de nos gouvernements. Comment le gouvernement du Québec pourra-t-il faire face à ces défis, s'il n'est pas en mesure de mettre de l'avant des politiques équitables et de développement durable tout en permettant à nos entreprises d'avoir un caractère plus concurrentiel ? Le Québec sera jugé par ses partenaires à la mesure de sa *bonne gouvernance*.

Il faut aussi noter la multiplication des traités internationaux portant sur des domaines comme l'éducation, la santé, la culture, la gestion des richesses naturelles, l'environnement et la formation professionnelle. C'est pour cette raison qu'il faut s'attendre à voir le nombre de conflits entre le Québec et le gouvernement canadien se multiplier dans le cadre fédératif actuel, à moins que les Québécois estiment que les politiques fédérales sont en accord avec leurs objectifs. En matière de traités internationaux, Ottawa a souvent agi suivant la logique d'un État unitaire, même lorsque l'objet du traité ne relevait pas de ses compétences. Ce phénomène, qualifié d'« effet boomerang », risque de s'amplifier par l'internationalisation et les différents processus d'intégration (ALÉNA, Union européenne). C'est pourquoi le gouvernement du Québec a insisté pour que tout traité fédéral touchant des champs de juridiction du Québec soit approuvé par l'Assemblée nationale du Québec. L'État du Québec doit aussi s'approprier le champ des politiques économiques et du commerce extérieur — domaines laissés trop souvent au gouvernement fédéral —, car la signature d'accords de libéralisation des échanges a des effets sur l'économie québécoise.

2. Politique internationale et politique étrangère : définir et préciser nos intérêts nationaux

Pour jouer un rôle actif sur la scène internationale, il faut d'abord bien comprendre la différence entre avoir une politique internationale et l'objectif de développer sa propre politique étrangère. La politique internationale désigne aujourd'hui l'ensemble des rapports bilatéraux et multilatéraux entre États. La politique étrangère s'intéresse en contrepartie au comportement qu'adopte un gouvernement dans sa gestion de ses relations internationales, et ce, depuis la formulation de ses politiques jusqu'à leur mise en œuvre et leur évaluation. C'est pourquoi on estime en général que la politique étrangère d'un pays englobe à la fois des considérations militaires et de sécurité (ce que les experts appellent les *high politics*) et des considérations liées davantage aux questions concernant certaines politiques ou le commerce international (*low politics*).

Pour notre collègue Nelson Michaud, « il y a relations internationales lorsque deux États établissent des contacts et s'engagent dans des échanges visant à la satisfaction de leurs intérêts mutuels » (Michaud, 2004, p. 135). Ce qu'il faut à tout le moins constater depuis au moins une vingtaine d'années, c'est la multiplication des acteurs sur la scène internationale. Comme plusieurs l'ont observé, lorsque l'on parle de relations internationales aujourd'hui, « ce type d'activité peut aussi être exercé par des entités non souveraines, voire par des entités non étatiques » (Lachapelle et Paquin, 2005, 2004 ; Michaud, 2004, p. 135). C'est pourquoi on parle de plus en plus d'un nouveau phénomène en relations internationales, soit celui des relations paradiplomatiques qui s'exercent parfois en dehors du corps étatique. C'est ainsi que des États non souverains, comme le Québec, des gouvernements locaux, des organisations civiles et privées se sont dotés au fil des ans de véritables stratégies de relations internationales.

Toutefois, faire des relations étrangères relève d'une autre dynamique. Le professeur de sciences politiques Dario Battistella définit une politique étrangère comme suit : elle « constitue la manière première par excellence des Relations internationales, étant donné que l'objet de celles-ci — les interactions se déroulant en dehors de l'espace contrôlé par un seul État — inclut par définition les actions et décisions des États envers les autres acteurs — étatiques et non étatiques — de la scène internationale » (Battistella, 2006, p. 323). Pour Battistella, le Québec aurait une véritable politique étrangère si son gouvernement agissait à deux niveaux : a) s'il utilisait sa diplomatie pour influer l'environnement politique international ; et b) s'il tentait d'y préserver ses intérêts nationaux et de modifier les situations qu'il jugerait contraires à ces derniers. Michaud et Ramet ajoutent trois critères supplémentaires dans leur définition d'une véritable politique étrangère : a) « les actions de l'État répondent à une doctrine internationale définie en fonction des besoins de sa société et en fonction des caractéristiques et des contraintes du système international » ; b) « elles s'opérationnalisent à partir de ressources qui leur sont nommément dédiées » ; c) « elles visent, à terme, autant l'optimisation propre à l'État que l'optimisation du contexte international qu'elles cherchent à influencer » (Michaud et Ramet, 2004, p. 304 ; Michaud, 2004, p. 135). Suivant une telle perspective, il importe donc de bien définir ce que serait la politique étrangère d'un Québec souverain à l'endroit de certains États (on peut penser en particulier à Israël, aux États du Moyen-Orient ou d'Afrique du Nord) ou au sujet de certaines politiques internationales (commerce, environnement, énergie ou transport, par exemple).

C'est alors que la question de nos intérêts nationaux et stratégiques se pose. Nul doute qu'elle sera au centre des préoccupations d'un Québec souverain. Il nous semble d'ailleurs important de définir dès aujourd'hui quels sont les intérêts nationaux du Québec. Par exemple, dans un article récent sur le rôle du Canada sur la scène internationale, et en réaction à divers propos du premier ministre du Canada, M. Stephen Harper, Allan Gotlieb et Colin Robertson écrivaient : « Les intérêts nationaux du Canada sont au centre de notre politique étrangère et n'ont jamais été aussi importants qu'ils le sont aujourd'hui. Il faut donc redonner à notre diplomatie la stature qu'elle avait après la Deuxième Guerre mondiale alors que tout le monde reconnaissait que l'impact de la contribution du Canada dépassait largement sa taille[34] » (Gotlieb et Robertson, 2011). La politique étrangère canadienne devrait donc être totalement autonome et le gouvernement devrait déployer ses meilleures ressources humaines et diplomatiques à cette fin. Ainsi, les intérêts actuels du Canada seraient les suivants : a) signer un nouveau traité avec les États-Unis concernant la sécurité aux frontières ; b) protéger l'accès vers le marché américain de nos ressources énergétiques ; c) développer de nouveaux marchés pour les sables bitumineux de l'Alberta ; d) négocier un traité de libre-échange avec l'Europe et l'Inde ; e) améliorer les relations du Canada avec la Chine ; et f) protéger les intérêts canadiens dans l'Arctique. Ils observent également que le rôle des ambassadeurs canadiens à l'étranger est en constante évolution et qu'il devrait être réévalué, surtout à ce moment où les moyens de communication (Internet, WikiLeaks) modifient leur travail de suivi sur ce qui se passe dans d'autres pays et qu'ils risquent de transformer leur capacité d'action.

Plusieurs théoriciens des relations internationales estiment que l'intérêt national constitue à bien des égards la règle fondamentale qui doit guider l'action de nos gouvernements en matière de politique étrangère. Hans J. Morgenthau écrivait : « [...I]l ne s'agit pas uniquement d'une responsabilité politique, mais aussi d'un devoir moral pour un pays d'affirmer dans ses négociations avec d'autres pays quelle est cette étoile qui le guide, le principe directeur de sa pensée, la règle de ses actions : l'intérêt national[35] »

---

34. Traduction libre de : *Canada's national interest are at the core of our foreign policy and have never been more demanding than they are today. To do so requires rebuilding our diplomatic resources to the stature they had in the postwar era when it was widely acknowledged that the impact of Canada's contributions far exceeded its size.*

35. Traduction libre de : [...] *it is not only a political duty but also a moral duty for a nation to follow in its dealing with other nations but one guiding star, one*

(Morgenthau, 1951, p. 241-242). Mais la politique étrangère doit aussi être le reflet des valeurs d'une certaine opinion publique et de certains groupes d'intérêt ayant une influence sur celle-ci. Dans le cas de l'État du Québec, défendre ses intérêts nationaux, c'est aussi prendre position dans le sens de nos valeurs sociales et politiques.

L'opposition claire des Québécois à toute intervention militaire du Canada en Irak constituait en ce sens une véritable définition d'une certaine politique étrangère. Le Parti québécois a d'ailleurs joué un rôle de premier plan dans cette bataille de l'opinion publique. Le Comité des relations internationales du Parti québécois avait d'abord demandé aux membres du parti, au début de février 2003, d'adopter une proposition d'urgence et une déclaration affirmant qu'un déclenchement unilatéral des hostilités ne serait pas conforme à la Charte des Nations Unies et aux règles du droit international, et que le Conseil de sécurité de l'ONU devait donner son accord à l'emploi de la force armée en cas de violation par l'Irak de la résolution 1441 et de ses autres obligations internationales. La proposition se lisait comme suit : « Il est proposé que le Parti québécois : s'oppose au déclenchement unilatéral d'une guerre en Irak ; *demande* à la ministre des Relations internationales du Québec de faire connaître la position du Parti québécois au gouvernement du Canada et rappelle à celui-ci que toute aide, sous quelque forme que ce soit, qu'il apporterait aux États à l'origine du déclenchement unilatéral d'une telle guerre constituerait une violation de la Charte des Nations Unies et des autres règles du droit international. » (Parti québécois, 2003).

Lors de la marche d'opposition contre la guerre en Irak du début de février 2003, la présence de plusieurs politiciens québécois, dont la ministre des Relations internationales du Québec, Louise Beaudoin, et le chef du Bloc québécois à Ottawa, Gilles Duceppe, ainsi que l'absence de plusieurs députés libéraux du gouvernement Chrétien furent interprétées par les organisateurs de la marche comme le signe de la valse-hésitation du gouvernement canadien pendant que le gouvernement du Québec et le Parti québécois s'étaient prononcés clairement contre la guerre. Le

---

standard for thought, one rule for action : the national interest ».

collectif « Échec à la guerre », qui regroupait quelque 120 groupes et qui avait organisé cette manifestation, avait d'ailleurs fait une demande officielle, à ce moment, pour rencontrer le premier ministre Jean Chrétien (Taillefer, 2003). Devant l'importance des manifestations, le gouvernement canadien avait d'ailleurs cherché à rapprocher, au Conseil de sécurité des Nations Unies, les partisans et adversaires d'une intervention militaire en Irak. Au début de février 2003, le premier ministre Jean Chrétien avait annoncé l'envoi de 2 000 militaires canadiens en mission de maintien de la paix en Afghanistan. Pour plusieurs observateurs, cette décision rendait du coup impossible tout déploiement supplémentaire canadien dans le golfe Persique.

Quelques semaines plus tard, soit le 11 mars 2003, l'Assemblée nationale du Québec adoptait à l'unanimité une motion signifiant son souhait de voir cette crise résolue par voies diplomatiques et pacifiques (Assemblée nationale du Québec, 2003). Le fait que le gouvernement du Québec se soit joint à l'opinion citoyenne a sans nul doute contribué à ajouter de la pression sur le gouvernement canadien. Cette motion se lisait comme suit :

> QUE l'Assemblée nationale du Québec exprime sa plus vive préoccupation à l'égard de la crise irakienne ;
>
> QU'elle affirme sa volonté de voir la crise résolue par les voies diplomatiques et pacifiques ;
>
> QU'elle demande à l'Irak de se conformer à toutes les résolutions de l'Organisation des Nations Unies ;
>
> QU'elle affirme que l'usage de la force serait si lourd de conséquences pour la population, pour la région et pour la stabilité internationale qu'il ne saurait être envisagé qu'en dernier recours ;
>
> QU'elle déclare son opposition à une éventuelle intervention militaire qui ne respecterait pas la Charte des Nations Unies et le droit international et qu'en conséquence, elle signifie au gouvernement fédéral, au nom des Québécoises et Québécois qui se sont exprimés en faveur de la paix, de ne pas intervenir en Irak sans l'accord des Nations Unies ;
>
> Et, finalement,
>
> QU'elle salue la mobilisation citoyenne « Échec à la guerre » et l'attachement des Québécoises et Québécois à la paix.

Le fait que le gouvernement du Québec a été le seul gouvernement d'une province à adopter une telle motion démontre que le Québec et ses citoyens ont certainement toutes les capacités d'assumer pleinement leurs responsabilités internationales même si elles vont à l'encontre du point de vue de l'État canadien. Comme le mentionnait Morgenthau, les intérêts nationaux d'un État relèvent aussi d'un certain devoir moral et de certaines valeurs. La motion de l'Assemblée nationale en témoigne éloquemment, traduisant en ce sens une volonté populaire.

La guerre en Irak — autant que les événements du 11 septembre 2011 et le débat entourant la Convention sur la protection et la promotion de la diversité des expressions culturelles dont nous parlerons plus loin — a eu, selon nous, une incidence déterminante sur la définition des enjeux de politique étrangère du Québec. Nos collègues Nelson Michaud et Isabelle Ramet constataient d'ailleurs en 2004 que le Québec était « sur le point de passer — si ce n'était déjà fait — d'une dynamique de relations internationales à un schème de politique étrangère à proprement parler » (Michaud, 2004, p.135). Selon eux, le tournant aurait été deux lois adoptées en 2003 par l'Assemblée nationale sous la gouverne du Parti québécois : la loi modifiant la Loi sur le ministère des Relations internationales et la Loi sur l'Observatoire québécois de la mondialisation. En bref, l'histoire oblige parfois les États à se dépasser, à aller plus loin dans la défense de leurs valeurs et de leurs intérêts. Il ne fait aucun doute dans notre esprit que l'État du Québec, son administration publique et sa diplomatie sauraient relever de tels défis au sein d'un pays indépendant.

3. La Convention sur la protection et la promotion de la diversité des expressions culturelles : un partenariat stratégique

L'autre grande victoire de la diplomatie québécoise a sans doute été l'adoption par l'UNESCO à Paris, le 22 octobre 2005, de la Convention sur la protection et la promotion de la diversité des expressions culturelles. Christian Rioux écrivait d'ailleurs : « Cette convention pourrait aussi apparaître un jour dans les livres d'histoire comme la première victoire diplomatique du Québec sur la scène internationale. Ce n'est pas un hasard si, depuis deux semaines, on rencontre plus de Québécois dans les couloirs de l'UNESCO que d'Allemands, d'Italiens, de Canadiens anglais ou d'Américains » (Rioux, 2005, p. A1 et A12). Mais avant d'en arriver à l'adoption de cette convention, la diversité culturelle s'était affirmée comme un sujet majeur des débats internationaux dès la fin des années 1990 alors que plusieurs gouvernements, organisations régionales et internationales avaient examiné cette question (Bernier, 2000 ; Bernier et Atkinson, 2000). Sans refaire toute la genèse de cette convention, quelques points de repère sont importants à retenir afin de démontrer, ici encore, comment la diplomatie québécoise y a joué un rôle de premier plan (Lachapelle, 2008 ; Lachapelle et Maltais, 2008).

En 1998, les gouvernements français et québécois avaient fait de la défense de la diversité culturelle l'une de leurs priorités dans leur « partenariat stratégique ». L'idée de protéger et de défendre la diversité culturelle en incluant ce concept et certaines clauses contraignantes dans les accords internationaux est née lors des entretiens qui se sont tenus du 17 au 19 décembre 1998, à Montréal et à Québec, entre le premier ministre du Québec, M. Lucien Bouchard, et le premier ministre français, M. Lionel Jospin, dans le cadre des rencontres annuelles alternées des premiers ministres de la République française et du Québec. Ils décidèrent de mettre sur pied un groupe de travail franco-québécois sur la diversité culturelle coprésidé par la députée française au Parlement européen Catherine Lalumière et la députée québécoise Marie Malavoy.

En février 1999, le Groupe de consultations sectorielles sur le commerce extérieur – Industries culturelles du gouvernement canadien publiait un rapport intitulé *Nouvelles stratégies pour la culture et le commerce — La culture canadienne dans le contexte de la mondialisation,* dans lequel il se prononçait en faveur d'« un nouvel instrument international qui établirait les principes de base devant présider à la formulation des politiques culturelles et au commerce des produits culturels, et qui permettrait à tous les signataires de maintenir des politiques qui assurent la promotion de leurs industries culturelles » (Commerce international Canada, 2004). Ce document expliquait bien la position canadienne et la conjoncture globale qui justifiait la mise en place de règles qui baliseraient les politiques culturelles, mais n'expliquait en rien comment s'y prendre.

Au Sommet de la Francophonie de 1999, tenu à Moncton au Nouveau-Brunswick, la Francophonie est devenue la première organisation internationale à voter une résolution en faveur de la diversité culturelle (Beaudoin, 2004). Bien que l'organisation ait déjà approuvé une résolution commune sur l'*exception culturelle* au Sommet de Grand Baie à l'île Maurice en 1993, le concept d'exception culturelle a été renforcé en 1999 lorsque la bataille pour la défense de la diversité des cultures est devenue un thème privilégié par l'organisation.

Par ailleurs, le 2 novembre 1999, quelque quarante ministres de la Culture se réunissaient en table ronde, sous la coprésidence du Canada et de la France, en marge de la 30e session de la Conférence générale de l'UNESCO. À cette occasion, la ministre québécoise de la Culture et des Communications, Agnès Maltais, a profité du droit de parole exceptionnel qui lui était donné pour expliquer la position du Québec en matière de diversité culturelle. En effet, elle a exprimé, au nom du gouvernement du Québec, le souhait que l'« UNESCO poursuive de façon formelle sa réflexion pour mener à une convention internationale sur la culture, semblable à celle de l'Organisation internationale du travail, reconnue par l'OMC […] [et] qu'un signal clair soit lancé à la fin des travaux de cette session, un signal sur la diversité culturelle et le nécessaire pouvoir des États et des gouvernements à mettre en œuvre leurs politiques » (Gouvernement du Québec, 1999).

En septembre 2000, le Réseau international sur la politique culturelle (RIPC) a exploré la « proposition d'un instrument international pour la promotion de la diversité culturelle ». En décembre 2000, le Conseil de l'Europe adoptait sa Déclaration sur la diversité culturelle. Par la suite, les déclarations internationales sur ce thème se sont multipliées.

En juin 2002, le groupe de travail franco-québécois, créé par MM. Jospin et Bouchard, rendait public son rapport portant le titre : *Évaluation de la faisabilité juridique d'un instrument inter-national sur la diversité culturelle* (Bernier et Ruiz-Fabri, 2002). Cette étude devait agir comme force de proposition, notamment dans le cadre de la Francophonie. C'est ainsi qu'au sommet de la Francophonie à Beyrouth, en octobre 2002, le nouveau premier ministre du Québec, Bernard Landry, et le prince héritier du Maroc, Son Altesse Royale Moulay Rachid, ont introduit conjointe-ment cet enjeu dans les discussions. Leur volonté commune de saisir les États membres de la Francophonie et l'UNESCO de l'importance de mener à terme ce débat a d'ailleurs été reprise dans la déclaration officielle :

Nous saluons l'adoption de la Déclaration de l'UNESCO sur la diversité culturelle. Nous appuyons le principe de l'élaboration d'un cadre réglementaire universel et nous sommes en conséquence décidés à contribuer activement à l'adoption par l'UNESCO d'une convention internationale sur la diversité culturelle, consacrant le droit des États et des gouvernements à maintenir, établir et dévelop-per des politiques de soutien à la culture et à la diversité culturelle. Son objet doit être de définir un droit applicable en matière de di-versité culturelle. Cette convention doit aussi souligner l'ouverture aux autres cultures et à leurs expressions. (Sommet de la Franco-phonie, 2002)

Louise Beaudoin soulignait d'ailleurs que « dans l'histoire des relations France-Québec, c'était la première fois qu'une entente bilatérale se prolongeait ainsi sur le plan international » (Beau-doin, 2003).

Le 17 mars 2004, lors d'une table ronde consacrée à l'avenir de la Francophonie nord-américaine tenue à Montréal, Abdou Diouf, le secrétaire général de l'Organisation internationale de la Francophonie, soulignait, dans son discours de clôture, le rôle majeur que le Québec avait joué avec ses partenaires canadiens : « Sur la diversité culturelle, à laquelle nous sommes si fortement attachés, qui apparaît comme une composante incontournable de cette mondialisation à visage humain dont nous avons besoin, vous avez été des précurseurs et vos interventions sont une condi-tion primordiale de la réussite des efforts que nous déployons » (Diouf, 2004).

En mai 2004, lors d'une rencontre à Paris entre le premier ministre du Québec, Jean Charest, et son homologue français, Jean-Pierre Raffarin, les deux chefs de gouvernement ont réaffirmé leur volonté de poursuivre leurs actions communes en vue de l'adoption d'un instrument international sur la diversité culturelle. Ils ont également insisté sur le fait que les États doivent pouvoir définir leur propre politique culturelle et utiliser tous les outils à leur disposition pour soutenir leur culture nationale. Le premier ministre du Québec a également profité de ce séjour pour rencontrer le directeur général de l'UNESCO, Koïchiro Matsuura, souligner l'importance que le Québec et le Canada attachent à la protection de la diversité culturelle et affirmer que son gouvernement souhaitait que la culture soit exclue de tous les accords de libéralisation commerciale. Il a d'ailleurs exprimé sa satisfaction pour les efforts déployés par l'UNESCO dans la préparation d'un avant-projet de convention sur la protection de la diversité des contenus culturels et des expressions artistiques (Beauchamp et Gagnon-Tremblay, 2004).

La société civile québécoise a également été proactive dans ce dossier, préoccupée par l'impact négatif de l'appauvrissement de la diversité culturelle. C'est d'ailleurs au Québec qu'est née la première coalition d'associations professionnelles issues du monde de la culture. Réunies pour sauvegarder et promouvoir la diversité culturelle, une douzaine d'associations québécoises du milieu culturel se sont regroupées à l'occasion de la bataille contre le projet d'Accord multilatéral sur l'investissement (AMI) au printemps 1998. Les membres de la Coalition pour la diversité culturelle reconnaissaient que « la diversité culturelle est un droit fondamental et les États doivent en assurer la sauvegarde et la promotion » (Coalition pour la diversité culturelle, 2004). Ensemble, ils ont travaillé à ce que les accords de commerce international ne contraignent pas les politiques culturelles afin « que les États et gouvernements aient entière liberté d'adopter les politiques nécessaires au soutien de la diversité des expressions culturelles » (*ibidem*).

Ce regroupement n'a d'ailleurs pas tardé à tendre des ponts afin de mobiliser l'industrie culturelle à l'échelle mondiale. En septembre 2004, le coprésident de la Coalition pour la diversité culturelle, Pierre Curzi, déplorait le fait que seuls le Québec et le gouvernement canadien avaient manifesté jusqu'alors un intérêt pour cette question et que, tout compte fait, les autres provinces canadiennes s'intéressaient peu à cet enjeu, laissant le gouvernement fédéral les représenter. Le Québec avait d'ailleurs versé 100 000 $ par année à la coalition depuis sa création. Les créateurs, artistes, producteurs, distributeurs, radiodiffuseurs et éditeurs canadiens se sont rapidement joints à leurs collègues québécois afin de former une coalition pancanadienne qui réunissait trente-cinq associations québécoises et canadiennes (Baillargeon, 2004). Parallèlement, le groupe a travaillé au développement de coalitions ailleurs dans le monde. Leurs efforts ont porté des fruits: à la suite d'une première réunion, à Montréal en septembre 2001, réunissant des représentants d'associations professionnelles de onze pays, ils étaient plus de quatre cents participants venant de trente-cinq pays lors de la conférence tenue en Corée-du-Sud en juin 2004. Le Parti québécois et le Bloc québécois ont également été fort actifs dans ce dossier en organisant, en octobre 2004, un colloque portant sur l'avant-projet de convention sur la diversité culturelle et la position du Québec (Parti québécois. Comité des relations internationales, 2004).

Cela représente pour nous un bel exemple de ce que nous appelons un « partenariat stratégique ». Par une diplomatie active, par la recherche de consensus et de partenaires venant de divers horizons et par l'implication de la société civile, le gouvernement du Québec s'est donné une personnalité internationale en mettant au haut de sa liste des priorités la préservation de la diversité culturelle. L'État du Québec a ainsi assumé pleinement son rôle de porteur de ballon et a convaincu la communauté internationale et nationale d'agir en ce sens. Le débat sur la ratification de la convention sur la diversité culturelle nous a également appris que tous les pays — sauf les États-Unis, malheureusement — veulent que leur culture soit protégée des effets néfastes d'une culture uniforme et à sens unique. Le combat sur la diversité culturelle n'est pas uniquement un combat pour la langue ; il est aussi un combat pour le maintien d'un mode de vie, d'une qualité de vie.

4. Assurer la sécurité nationale et internationale : nos intérêts stratégiques

On ne peut parler de politique étrangère de nos jours sans aborder les questions de sécurité nationale. Quand René Lévesque écrivait en 1970 qu'un Québec souverain jouerait un rôle dans la poursuite des missions de paix, il annonçait déjà une direction quant aux enjeux de défense et de sécurité nationale. Mathieu Carrier nous rappelait récemment que les questions de sécurité sont certes importantes aux États-Unis, mais que ce n'est que depuis l'adoption en 1986 du *Goldwater-Nichols Department of Defense Reorganization Act* que le président doit remettre au Congrès un rapport annuel sur la stratégie nationale de sécurité (*Annual National Security Strategy Report*).

Par exemple, dans un document intitulé *National Security Strategy of the United States* (US Congress, 1990) et rendu public par le président George H.W. Bush en mars 1990, on pouvait lire clairement une définition des intérêts nationaux des États-Unis, et ce, depuis leur fondation. Pour les auteurs de ce rapport, les intérêts américains gravitaient autour de quatre objectifs : a) la survie des États-Unis comme une nation libre et indépendante, avec le maintien de ses valeurs, de ses institutions et la sécurité des citoyens ; b) le maintien d'une économie américaine en santé et en pleine croissance afin d'offrir aux citoyens américains toutes les opportunités pouvant leur garantir leur prospérité et de développer aux États-Unis et ailleurs dans le monde des ressources permettant la poursuite de leurs intérêts nationaux ; c) un monde stable et sécuritaire, mettant l'accent sur la liberté politique, les droits de la personne et des institutions démocratiques ; et finalement d) d'avoir des relations harmonieuses, de coopération et politiquement vigoureuses avec leurs alliés et nations amies (Carrier, 2011, p. 30). En fait, de tels objectifs pourraient être également poursuivis par le Québec dans un cadre nord-américain, car nombre d'entre eux relèvent de principes certainement partagés par un grand nombre de citoyens.

Gilles Duceppe soulignait d'ailleurs avec justesse, devant les IPSO en novembre 2009 : « Il y a ensuite la question des intérêts stratégiques du Québec. Quand je parle d'intérêts stratégiques, ça signifie des intérêts fondamentaux, qui ne dépendent pas de l'actualité ou des conjonctures à court ou moyen terme. La nécessité, pour une petite nation comme le Québec, de faire partie d'un vaste marché nord-américain, de ne pas être enfermé dans le Canada en matière de commerce, fait de notre appartenance à l'ALÉNA, par exemple, un intérêt stratégique évident » (Duceppe, 2009). L'analyse de Gilles Duceppe demeure fort pertinente, car quelle que soit la personne qui occupe le siège de la Maison-Blanche, le Québec doit toujours être prêt à défendre ses intérêts commerciaux et internationaux. Les Québécois ont d'ailleurs démontré plus d'une fois leur engagement envers les principes du libre-échange tout en étant conscients que le Congrès américain reste parfois un adversaire de taille, et ce, malgré la volonté d'atténuer les effets de la sécurité aux frontières sur nos échanges commerciaux (Lachapelle, 2010 ; Balthazar et Hero, 1999). Les États-Unis resteront notre principal marché et la reconnaissance de notre américanité constitue à bien des égards un choix lié à nos intérêts stratégiques et nationaux.

Conclusion : assumer son leadership sur la scène internationale

L'objectif de ce texte, comme nous l'énoncions dans les premières lignes, était de déterminer certains principes qui devront guider un Québec souverain dans la poursuite de ses objectifs internationaux. L'histoire récente, comme nous l'avons vu, permet d'établir que le Québec est un acteur international de premier ordre capable d'assumer pleinement ses responsabilités internationales et de les développer davantage dans un Québec souverain. Plusieurs principes doivent guider nos actions en matière de politique internationale et étrangère. Le Québec a d'abord un grand avantage stratégique : il n'a pas de passé colonialiste ni de visées impérialistes. Ainsi, tout conflit qui éclate dans le monde nous concerne simplement à cause de l'engagement de nos opinions publiques par rapport à la situation dans certains pays (Haïti, Afrique,

Amérique latine). Durant toutes les années où nous avons travaillé au sein du Comité des relations internationales du Parti québécois comme membre et finalement comme président, nous avons été constamment surpris de l'attention et des demandes constantes de nos concitoyens pour que le Parti québécois prenne position au sujet de divers conflits sur la scène internationale.

Plusieurs raisons expliquent cet appétit. Un nombre important de Québécois et de Québécoises travaillent sur tous les continents. Ils aident les réfugiées, luttent contre la pauvreté, protègent l'environnement ou militent pour le maintien des droits de la personne. Ils participent aux efforts de démocratisation, supervisent des élections et s'assurent que les droits des travailleurs sont respectés. En plus de l'aide humanitaire, le Québec participe à des programmes de coopération technique, dans le domaine agricole par exemple, ou à l'implantation de petites industries. Voilà une expérience non négligeable qui témoigne de cette « diplomatie douce » qui donne une image positive du Québec dans le monde. Il faut aussi penser aux milliers de jeunes Québécois et Québécoises qui ont eu la possibilité de réaliser des stages à l'étranger grâce aux Offices jeunesse internationaux du Québec. L'État du Québec en devenir a déjà une diplomatie expérimentée !

Assumer notre leadership sur la scène internationale signifie de manière concrète que le Québec adhère à certains grands principes universels qui seront à la base de sa politique étrangère. En voici quelques-uns :

1. Nous respectons les droits de la personne et la dignité humaine.
    Nous aiderons tous les pays en voie de démocratisation à la mise en place d'institutions politiques et administratives imputables et responsables ;
    Nous collaborerons à tous les programmes d'aide au développement international en collaboration avec les organismes charitables, privés et publics (ONG).

2. Nous sommes prêts à assumer toutes nos responsabilités internationales.
    Nous serons solidaires avec le travail des organisations internationales (Nations Unies) ;
    Nous mobiliserons les États vers une protection accrue

de l'environnement (désertification, réchauffement de la planète, les pluies acides, etc.);
Nous serons présents à tous les forums internationaux afin de rendre nos gouvernements plus conscients des changements environnementaux qui affectent notre planète.

3. Nous désirons maintenir la paix et la sécurité internationales. Nous développerons de nouveaux partenariats entre les peuples de tous les continents. Depuis la fin de la Seconde Guerre mondiale, une centaine de conflits importants ont coûté la vie à plus de 20 millions d'êtres humains. Nous voulons participer activement aux missions de paix et agir sur les causes menant aux migrations des populations.

4. Nous voulons développer nos liens avec nos partenaires économiques et culturels. Nous privilégierons une politique axée sur le dialogue, la coopération et l'assistance dans les domaines économique et culturel (Francophonie), car le Québec n'a ni une politique de puissance ni de zones d'influence.

5. Nous déploierons tous les efforts dans le but de renforcer l'intégration du Québec dans l'espace nord-américain. Nous établirons une coopération plus étroite dans le domaine économique afin de garantir à tous nos citoyens et aux travailleurs nord-américains de meilleures conditions de travail en favorisant le développement économique et de meilleures conditions d'emploi. Cela signifiera également de s'assurer que les impératifs de sécurité aux frontières ne sont pas une entrave au commerce.

Tout gouvernement qui s'exclut d'office des grands débats internationaux ne peut agir comme État responsable sur la scène internationale. Des décisions importantes se prennent tous les jours à Washington, Paris, Bruxelles qui ont des conséquences sur notre vie culturelle, politique et économique (Bernier, 2001 ; Balthazar et autres 1993). Le gouvernement du Québec doit en être conscient et assumer son destin. Il est sans doute confortable pour certains que le Québec reste une province, car cela leur évite de penser, de chercher des solutions aux nombreux problèmes mondiaux.

Un gouvernement souverainiste se devra d'agir dans tous les domaines. Il faudra accroître la présence du Québec sur la scène internationale. Il nous faudra aussi signer des ententes, participer à des forums internationaux et nous adapter aux règles d'une économie mondialisée. En participant pleinement à ces débats, c'est la *légitimité* et *l'autonomie* de la politique étrangère du Québec qui seront proclamées. Si le Québec veut rayonner dans le monde, et être une société globale, nous devrons investir tous les lieux de pouvoir afin de faire tomber toutes les frontières entre les citoyens du Québec et le monde.

Références

Assemblée nationale du Québec (2003). *Motion sur la guerre en Irak,* Gouvernement du Québec, 11 mars.

Baillargeon, S., (2004). « Diversité culturelle : les autres provinces manquent à l'appel », *Le Devoir,* 1er septembre, p. B8.

Balthazar, L. et A. O. Hero Jr. (1999). *Le Québec dans l'espace américain,* Montréal, Québec Amérique.

Balthazar, L., L. Bélanger et G. Mace (sous la direction de) (1993). *Trente ans de politique extérieure du Québec 1960-1990,* Sillery, Septentrion et CQRI.

Battistella, D. (2006). *Théories des relations internationales,* 2e édition revue et augmentée, Paris, Presses de la Fondation nationale des sciences politiques.

Beauchamp, L. et M. Gagnon-Tremblay (2004). « Diversité culturelle : une étape déterminante est franchie », *Le Devoir,* 6 octobre, p. A6.

Beaudoin. J.-F., L. Bélanger et M. Lavoie (2002). « Les relations internationales du Québec : deux partis, deux visions ». Dans F. Pétry, *Le Parti québécois : bilan des engagements électoraux,* 1994-2000, p. 41-53, Québec, Les Presses de l'Université Laval.

Beaudoin, L. (2004). « Marchandisation et diversité culturelle », *Le Devoir,* 16 mars, p. A7.

Beaudoin, L. (2003). « La mémoire courte », *Le Devoir*, 22 octobre, p. A7.

Bernier, L. (2001). *De Paris à Washington : la politique internationale du Québec à l'étranger*, Québec, Les Presses de l'Université du Québec.

Bernier, I. (2000). *Mondialisation de l'économie et diversité culturelle : les enjeux pour le Québec*, Québec, Assemblée nationale du Québec, Commission sur la culture, mars.

Bernier, I. et D. Atkinson (2000). *Mondialisation de l'économie et diversité culturelle : Les arguments en faveur de la préservation de la diversité culturelle*, Paris, Agence intergouvernementale de la Francophonie, octobre.

Bernier, Y. et H. Ruiz-Fabri (2002). *Évaluation de la faisabilité juridique d'un instrument international sur la diversité culturelle*, Groupe de travail franco-québécois sur la diversité culturelle, Québec.

Carrier, Mathieu (2011). *L'utilisation des intérêts nationaux par le président américain George H.W. Bush pour justifier l'invasion de Panama (1988-89) et la guerre du golfe (1990-1991).* Mémoire de maîtrise, École nationale d'administration publique.

Coalition pour la diversité culturelle (2004). http://www.cdcccd.org/Francais/Liensenfrancais/framequi_sommes_nous.htm

Comeau, P.-A. et J.-P. Fournier, (2002). *Le lobby du Québec à Paris : les précurseurs du général de Gaulle*, Montréal, Québec Amérique.

Commerce international Canada (2004). « Nouvelles stratégies pour la culture et le commerce — La culture canadienne dans le contexte de la mondialisation ». http://www.dfait-maeci.gc.ca/tna-nac/canculture-fr.asp.

Diouf, A. (2004). « La diversité culturelle dans la Francophonie », *Participation,* 28 (2) (printemps-été), p. 20.

Duceppe, G. (2009). *Notes pour une allocution du chef du Bloc québécois.* Intellectuels pour la souveraineté (IPSO), 29 novembre.

Fry, E. (2000-2001). « Quebec confronts globalization : A model for the Future ? ». *Québec Studies,* 30, p. 57-69.

Gotlieb, A. et C. Robertson (2011). « We must restore our diplomatic core », *Globe and Mail,* 8 août.

Gouvernement du Québec (1999). Communiqué: *Le Québec fait entendre sa voix à l'UNESCO.* Paris, le 2 novembre.

Lachapelle. G. (sous la direction de) (2010). *Le destin américain du Québec: américanité, américanisation et anti-américanisme,* Québec, Les Presses de l'Université Laval.

Lachapelle, G. (sous la direction de) (2008). *Diversité culturelle, identités et mondialisation — De la ratification à la mise en œuvre de la convention sur la diversité culturelle,* Québec, Les Presses de l'Université Laval.

Lachapelle G. et B. Maltais (2008). « Diversité culturelle et stratégies subétatiques: le cas du Québec ». Dans G. Lachapelle, *Diversité culturelle, identités et mondialisation — De la ratification à la mise en œuvre de la convention sur la diversité culturelle,* Québec, Presses de l'Université Laval.

Lachapelle, G. et S. Paquin (2005). « *Mastering Globalization — New Sub-States' Governance and Strategies* », London, Routledge.

Lachapelle, G. et S. Paquin (sous la direction de) (2004). *Mondialisation, gouvernance et nouvelle stratégie subétatique,* Québec, Les Presses de l'Université Laval.

Lévesque, R. (1970), *La solution — le programme du Parti québécois présenté par René Lévesque,* Montréal, Éditions du Jour.

Michaud, N. (2004). « Le Québec dans le monde — Faut-il redéfinir les fondements de son action ? ». Dans Robert Bernier (sous la direction de). *L'État québécois au XXIe siècle,* p. 125-168. Québec, Presses de l'Université du Québec.

Michaud, N. et I. Ramet (2004). « Québec et politique étrangère: contradiction ou réalité ? », *International Journal,* 59 (3).

Morata, F., G. Lachapelle et S. Paquin (2004). *Globalización, gobernanza e identidades,* Estudis 12, Barcelona, Fundació Carles Pi i Sunyer.

Morgenthau, H. J. (1951). *In Defense of the National Interest: A Critical Examination of American Foreign Policy.* 6e édition, New York, Knopf.

Paquin, S. (sous la direction de) et avec la collaboration de L. Beaudoin, R. Comeau et G. Lachapelle (2006). *Les relations internationales du Québec depuis la Doctrine Gérin-Lajoie (1965-2005)*

— *Le prolongement externe des compétences internes,* Québec, Les Presses de l'Université Laval.

Parti québécois (2004), Colloque — *L'avant-projet de convention sur la diversité cuturelle et la position du Québec.* Comité des relations internationales, 2 octobre.

Parti québécois (2003). *Proposition d'urgence sur la possibilité d'une guerre contre l'Irak.* Comité des relations internationales, 31 janvier.

Parti québécois (2000). *Statuts du Parti québécois.* Montréal, 14e congrès national, août.

Parti québécois (2000). *Un pays pour le monde.* Programme du Parti québécois, adopté lors du 14e congrès national, mai.

Parti québécois (1995). *Les avenues internationales d'un Québec souverain.* Document d'orientation. Comité des relations internationales, janvier.

Parti québécois (1993). *Le Québec dans un monde nouveau,* Montréal, VLB éditeur.

Parti québécois (1986). *Le Québec et la vie internationale.* Congrès 1987 : document de réflexion, novembre.

Rioux, C. (2005). «Une première grande victoire pour la diplomatie québécoise», *Le Devoir,* 22 et 23 octobre, p. A1 et A12.

Sommet de la Francophonie (2002). *Déclaration de Beyrouth,* adoptée lors de la 9e Conférence des chefs d'État et de gouvernement des pays ayant le français en partage les 18, 19 et 20 octobre 2002.

Taillefer, G. (2003). «Échec à la guerre dénonce la tiédeur de Jean Chrétien», *Le Devoir,* 13 février, p. A4.

UNESCO (2002). *Déclaration universelle sur la diversité culturelle,* France, UNESCO.

US Congress (1990). *National Security Strategy of the United States,* Washington, mars.

Chapitre 10

Politique étrangère et de sécurité
d'un Québec souverain

Jean-François Payette
avec la collaboration de Stéphane Roussel

> *[... L]e jour où ils [les Québécois] voudront participer pleine-*
> *ment et entièrement à la construction d'un monde nouveau, ils*
> *se donneront un pays.*
> Louise Beaudoin

Introduction

Parmi les États non souverains ayant développé des relations internationales, le Québec est indiscutablement l'un de ceux qui
exploitent le plus cette sphère d'activité, avec son vaste réseau
de représentations à l'étranger, ses très nombreuses ententes
internationales[36], son ministère des Relations internationales et
sa loi-cadre structurant cette administration centrale... Il est,
de ce fait, difficile de trouver un État non indépendant qui ait
réalisé autant en ce domaine d'activité. Ce qui rend d'autant

---

35. À l'automne 2011, le Québec avait conclu plus de 679 ententes internationales, dont 384 étaient toujours en vigueur.

plus légitime le questionnement sur la pertinence du projet souverainiste dans le cas du Québec en matière de relations internationales, tant il a réussi, disent certains, en cette sphère à l'intérieur même du régime fédéral canadien. Ce qui a amené d'ailleurs l'ancien ministre Claude Morin à caractériser ce lieu diplomatique d'exception par l'expression « l'art de l'impossible » (Morin, 1987) pour démontrer que le statut d'État fédéré du Québec n'a pas fait obstacle à son développement international (Michaud et Ramet, 2004, p. 306). Soit !

Depuis le discours historique, en 1965, du ministre de l'Éducation de l'époque, Paul Gérin-Lajoie, tous les gouvernements québécois, souverainistes comme fédéralistes, se sont appuyés sur le principe du « prolongement externe des compétences internes du Québec » (la doctrine Gérin-Lajoie) pour justifier et organiser leurs actions internationales. Mais si ce principe fait consensus à l'Assemblée nationale du Québec, il n'a jamais été reconnu, mais plutôt contesté par le gouvernement canadien (Beaudoin, 2011, p. 14). Et pour cause. Ottawa a prétendu sans relâche à l'indivisibilité de cette sphère d'activité et n'a jamais cessé de marteler, jusqu'à en perdre le sens, que le Canada — prétendument fédération asymétrique — « doit parler d'une seule voix sur la scène internationale », y compris lorsque les compétences exclusives des provinces y sont engagées. Et ce, même si la Constitution canadienne ne fait pas mention, de manière explicite, de la question de la politique étrangère. À la limite, le gouvernement canadien a toléré « tout au plus une présence internationale québécoise qu'il entend toujours encadrer et superviser plus ou moins étroitement » (Balthazar, 2003, p. 512).

« Comment [alors] faire partie du concert tout en étant exclus de la fosse d'orchestre ? ! » (Landry, 2011, p. 9). C'est précisément ce que la doctrine Gérin-Lajoie, depuis près de cinquante ans, devait nous permettre de réaliser, en vain.

Car, si elle a entrouvert la prestigieuse porte de l'international, elle n'a jamais permis au Québec qu'on y entende plus que le murmure de sa voix ni d'y voir davantage que l'ombre de ses aspirations. Avec le recul, cette doctrine a été bien davantage une belle et grande illusion sur la capacité de l'État québécois d'agir de façon autonome sur la scène internationale, puisque dans les faits, l'État canadien n'a jamais cessé, à ce sujet, « de bloquer les tentatives du Québec d'agir de son propre chef dans l'intérêt de ses citoyens » (Simard, 2006, p. 277). C'est d'ailleurs ce contexte politique qui a pu faire dire à un sénateur états-unien que la moitié de la diplomatie canadienne consistait à faire obstacle à celle du Québec (Landry, 2010).

En définitive, pour le Québec, cela signifie, trop souvent, une forme de pratique de ce que nous pourrions appeler la « politique internationale de corridor » : interdit de parole par Ottawa dans la plupart des grands rendez-vous internationaux[37], il se verra condamné par ce dernier à exercer une forme de diplomatie de couloir. De surcroît, si l'on fait exception du statut diplomatique de la Délégation générale du Québec à Paris et du rôle particulier de la coopération franco-québécoise, qui a d'ailleurs pris un certain recul depuis quelques années, même « les relations bilatérales se font sous la tutelle d'Ottawa » (Simard, 2006, p. 275). Et le gouvernement fédéral sera, dans ce contexte, le seul acteur canadien à occuper véritablement l'espace international.

1. L'indépendance pour sortir de la politique internationale de corridor

Lorsque l'on recense la littérature sur la politique québécoise, quatre grandes raisons peuvent être identifiées en faveur de la souveraineté du Québec en matière de relations internationales. La première relève du système international lui-même. À la base, cet espace désigne le lieu d'interactions entre les nations souveraines, au même titre que l'Organisation des Nations Unies regroupe des États. À ce titre, « une entité politique qui n'est pas souveraine ne peut devenir une entité légale dans le système international » (Bernier, 1996, p. 4). On comprendra bien évidemment

---

37. Nous pensons ici, par exemple, au Sommet des Amériques qui s'est déroulé en avril 2001, où le premier ministre du Québec de l'époque, Bernard Landry, avait été « interdit de parole » par le premier ministre du Canada, Jean Chrétien. Ce qui avait ajouté l'injure à l'insulte, c'est que ce sommet avait lieu dans la capitale nationale québécoise (Beaudoin, 2009).

qu'avec les conditions qu'impose, entre autres, la mondialisation, le «phénomène international» a évolué, attirant vers son centre gravitationnel d'autres acteurs tels que les États fédérés. Mais, si ces derniers ont parfois tenté de contourner le principe de la primauté des entités souveraines, il n'en demeure pas moins qu'ils ne peuvent, en règle générale, «signer des traités, participer à des organisations internationales ni réclamer d'autres droits en vertu des lois internationales» sans avoir l'assentiment du pays duquel ils sont membres, «condition pour que l'ordre et la stabilité soient assurés» (*ibidem*). Ce «système international» demeure encore une aire d'interaction qui est le privilège des États souverains.

Dans ce contexte, on peut déjà percevoir l'importance que revêt la souveraineté des États dans leur accession, de plein droit, au système international. Or, dans l'état actuel des choses, le Québec ne possède pas les outils que procure, par définition, la souveraineté. L'État québécois n'est pas libre d'accéder pleinement à ce lieu et de prendre l'ensemble de ses décisions et de ses initiatives sans avoir besoin de l'approbation d'une autre entité politique. Ainsi, Louis Balthazar rappelait que «toutes les représentations québécoises n'ont été créées qu'avec l'assentiment d'Ottawa» (Balthazar, 2003, p. 512). En ce sens, le Québec se trouve présentement à la remorque de la politique étrangère canadienne puisqu'il n'a pas le statut juridique pour faire autrement. Car, dans ce contexte, c'est Ottawa qui établit seul les grands paramètres internationaux canadiens (priorités internationales, accords et traités, aide au développement, positions dans les forums internationaux, etc.) puisque c'est lui qui a le pouvoir d'entretenir, sans ambiguïté, des relations internationales et de définir une véritable politique extérieure. «Évidemment, la diplomatie canadienne fait son devoir: elle parle au nom de l'ensemble du Canada.» Mais en raison du statut national du Québec, «il n'est pas possible que le Canada puisse parler efficacement» en son nom dans le monde (Landry, 2011, p. 10). Ce qui va de soi, puisque cette diplomatie canadienne s'élabore selon la définition que le gouvernement fédéral donne de l'intérêt national canadien qui s'avère — comme pour tous les autres intérêts nationaux, d'ailleurs — souvent divergent de l'intérêt national québécois[38]…

---

38. Pensons ici aux visées politiques, aux réalités économiques, aux ambitions et aux programmes environnementaux, à leur facture historique et à leurs

La seconde raison d'accéder à la souveraineté, qui découle de la première, est de mettre un terme à l'« internationalisation du provincialisme ». Légalement, le Québec est une province canadienne. Or, son statut d'État provincial l'empêche de développer des relations d'égal à égal avec des pays, car « seuls les États souverains peuvent entretenir » de telles relations « avec d'autres États souverains » (Bourgault, 1990, p. 103). Et cette condition de « réserve » provinciale empêche même parfois le Québec de simplement cultiver des relations diplomatiques autonomes avec des États indépendants. On peut notamment penser à l'incapacité pour l'État québécois d'établir historiquement des relations proprement politiques avec les États-Unis. « Washington [...] ne laisse subsister aucun doute sur le statut provincial du Québec » (Balthazar, 2010, p. 247).

De surcroît, cette condition d'État fédéré peut provoquer des réticences chez certains pays quant au développement de relations diplomatiques autonomes avec une entité politique non souveraine. On se souviendra de la réaction du gouvernement canadien lorsque le Gabon invita, en 1968, le Québec à participer de manière indépendante à une conférence internationale portant sur l'éducation — compétence qui relève exclusivement (au Canada) des provinces. La réaction a été univoque : Ottawa a rompu « ses relations diplomatiques avec l'État qui avait osé traiter le Québec comme un acteur international autonome » (Balthazar, 2003, p. 511). D'où toute l'importance que revêt la souveraineté des États dans le dialogue qu'ils entretiennent entre eux (Watson, 1992, p. 14), puisque seules les entités politiques souveraines sont *de facto* admises en cette scène et sont, par principe, égales entre elles.

Conséquemment, pour établir des relations régulières avec les membres de la communauté des Nations et obtenir par le fait même une interlocution conséquente avec ceux-ci, le Québec devra faire le même choix que ces derniers : réaliser, un jour ou l'autre, son indépendance afin de lever l'hypothèque de sa posture politique provincialiste et de mettre un terme à l'ambiguïté

---

relations avec l'histoire, à leur langue et leur culture nationales, etc., qui sont très différentes pour l'une et l'autre des deux nations.

de son statut, ce qui lui a valu, compte tenu de ses ambitions internationales, bien des conflits fédératifs.

Il faut souligner également que l'indépendance signifierait l'économie de la confrontation et de la revendication, puisqu'elle réaliserait substantiellement les aspirations et les demandes du Québec. C'est là, la troisième raison de la nécessité de la souveraineté du Québec en matière de relations internationales. En principe, dans un régime fédéral dit décentralisé, les initiatives politiques concernant les relations internationales relèvent à la fois du gouvernement fédéral et, selon certaines modalités qui leur sont propres, de ses entités politiques fédérées. Ainsi, la politique étrangère d'une fédération comme le Canada devrait en principe découler d'une forme de négociation fédérale/provinciale pour en déterminer les grandes orientations, les objectifs, les priorités, etc. Mais dans les faits, nous assistons la plupart du temps à une politique étrangère canadienne qui s'élabore sans concertation avec ses membres fédérés, ce qui alimente considérablement les frictions à ce sujet.

Lorsque l'on s'arrête, de façon spécifique, sur la politique québécoise et canadienne, on constate rapidement « à quel point l'affirmation internationale du Québec a provoqué et continuera immanquablement de provoquer des tensions entre les deux gouvernements. Les affrontements ne se comptent plus, car ce dossier recèle d'infinies possibilités de discorde » (Beaudoin, 2011, p. 13). Nous pourrions même énoncer que c'est de haute lutte, d'un perpétuel et épuisant combat, que cet état des lieux des relations internationales québécoises, en perte d'espace depuis quelques années, s'est construit et se maintient fragilement…, sans certitude.

Les exemples allant en ce sens ne manquent pas. Où était le Québec à Copenhague ? Le gouvernement Charest nous a répété durant des mois qu'à l'occasion de la 15e Conférence des Nations Unies sur les changements climatiques, qui s'est déroulée en décembre 2009 à Copenhague au Danemark, la voix du Québec devait être entendue. Mais l'histoire a avorté avant même qu'elle débute. Après maintes négociations intergouvernementales et en dépit des tentatives de la classe politique québécoise, aucun résultat n'a été concluant, puisque Ottawa a refusé toute présence autonome du Québec. Et la représentation de cette pièce *Le Canada doit parler d'une seule voix* a été donnée pour une énième fois au Danemark : même scénario, mêmes répliques, même résultat, et la voix du Québec a été étouffée, encore une fois, avant même qu'il commence à parler...

En cet espace réservé exclusivement aux États souverains, l'indépendance annoncerait la fin de ce chapitre intitulé « Quand Ottawa fait obstacle », puisqu'elle mettrait un terme à l'épuisante mobilisation de l'ensemble de ressources et d'énergies que la société québécoise doit, dans l'état actuel des choses, mettre en œuvre simplement pour tenter d'accéder à la scène internationale, mais sans une pleine garantie de sa réussite, ni même de la potentialité de cette réussite.

Enfin, la quatrième raison, et non la moindre, est la responsabilité qui revient au Québec de faire partie, de plein droit, du concert des nations. Comme le disait l'ancien premier ministre Bernard Landry, « les nations qui peuvent être libres ont le devoir de l'être » (Landry, 2011, p. 9), d'abord pour elles-mêmes et ensuite pour l'humanité. Car chacun, sauf les Québécois eux-mêmes, est responsable de son destin et, même si le monde est aujourd'hui plus vaste et les défis qu'il impose, plus nombreux (Jacques, 2008), cela ne les délivre pas de leur devoir national qui consiste, comme pour tout peuple, à veiller sur son avenir collectif et sur celui de l'ensemble de la planète.

[Puisque] *au-delà des enjeux nationaux évidents, le devoir de liberté des peuples, dans cette ère de mondialisation avancée et inéluctable, repose aussi sur l'intérêt global de l'humanité. Pour être régulée de façon juste et équitable, la mondialisation ne peut se passer des institutions internationales qui harmonisent le « concert des nations ». Pour cela, il faut que les nations de toutes les tailles y soient conviées et y participent...* (Landry, 2011, p. 10).

En ce sens, le sociologue Fernand Dumont soutenait que la mondialisation ne pourrait se réaliser que si les nations se reconnaissent d'abord par elles-mêmes et qu'elles décident, de leur propre initiative, d'entrer en interaction avec les autres. Dans cette grande transformation, ce nécessaire dialogue mondial entre les peuples ne peut se réaliser sans un plein regroupement des particularismes culturels, ce qui commence d'abord par une reconnaissance de soi, puis des autres et de leur caractère historique. « C'est ainsi que les nations peuvent », dans le système international, « défendre la spécificité culturelle et la richesse créatrice qui en découle. Un recul en cette matière serait appauvrissant pour l'humanité. » Car c'est la seule manière « d'éviter les iniquités et les impérialismes [...] dans les rapports internationaux » (*ibidem*).

Il n'est pas acceptable que la nation québécoise, « qui fait partie des trente premières puissances [économiques] du monde », ne siège pas de plein droit dans les grandes organisations mondiales et les forums internationaux. Le Québec, comme toute autre nation, d'ailleurs, a le devoir d'y être présent pour défendre ses intérêts et ses valeurs et pour appuyer les peuples qui ont choisi les mêmes combats et les mêmes orientations internationales que les siennes. Sa « présence en ces lieux décisionnels est vitale », aussi bien pour lui-même que « pour les peuples qui pensent et agissent » comme lui, et qui auraient besoin qu'il soit « à leurs côtés dans les grands choix présents et futurs » (*ibidem*). Des situations aussi paradoxales que celles vécues aux grands forums internationaux sur les changements climatiques de Pozna , de Copenhague ou encore de Cancún, où c'est « le cancre écologique qu'est le Canada qui [a parlé] au nom de l'un des premiers de classe, le Québec » (*ibidem*), pourraient avoir des conséquences environnementales et économiques graves sur la société, ainsi que sur les stratégies diplomatiques adoptées par les nations qui ont les mêmes positions et objectifs que le Québec. Parce qu'on n'est jamais mieux servi que par soi-même, comme le veut l'expression, et qu'on ne peut fuir et laisser les autres agir à notre place sans en payer chèrement le prix historique, nul ne doit confier sa condition collective et son droit de parole international à autrui, ne serait-ce qu'en matière de politique étrangère, sans risquer que cela constitue une grave faute morale et une erreur de perspective ontologique.

Cet argumentaire suffit-il à conclure à la nécessité de l'indépendance du Québec en matière de relations internationales ? Rien n'est moins certain. Si le raisonnement que nous venons de présenter est certes recevable, il ne conduit pas à l'impératif de la souveraineté du Québec en cette sphère d'activité, car il ne permet pas d'établir entre les relations internationales et l'indépendance du Québec un lien nécessaire.

Or, s'il existe un tel lien, il réside dans la conception que l'on peut se faire de la société québécoise. Si l'on considère la société québécoise simplement comme une communauté culturelle — communauté axée sur sa langue, sa culture, ses valeurs et son identité —, l'indépendance devient une avenue historique possible parmi d'autres, et parmi lesquelles on peut imaginer, par exemple, son intégration au régime fédéral canadien actuel ou encore sa participation au fédéralisme renouvelé. Dans ces conditions, l'indépendance n'est pas un passage obligatoire.

Mais si, au contraire, on considère la société québécoise comme une communauté politique — communauté axée sur ses institutions démocratiques, sur son rapport *sui generis* à l'histoire (passée et future), sur son mode et sa structure d'organisation sociale distincts, sur son propre exercice du pouvoir et de la gouverne, sur son propre savoir-faire dans et sur le réel, sur l'expression d'une volonté spécifique —, alors la question de l'indépendance s'inscrit au cœur de celle-ci, non pas comme une avenue possible, mais comme une condition nécessaire à sa réalisation[39]. En cela, par définition, les orientations, les décisions, les actions, etc., de la communauté, qui constituent le caractère essentiel du politique, ne peuvent pas venir de l'extérieur de celle-ci, mais bien de l'ensemble de son corps social.

En matière de relations internationales donc, il devient évident que la souveraineté du Québec est une condition nécessaire à sa réalisation, car la politique étrangère d'une communauté politique doit être entièrement élaborée et pleinement exercée par celle-ci, puisque cette sphère d'activité fait partie de l'ensemble des décisions et des actions que doit assumer la communauté politique.

À la lecture des chapitres de cet essai, il apparaît assez clairement que la société québécoise est une communauté politique au sens fort de cette expression. On conviendra alors que l'indépendance est nécessaire, car une communauté politique — une

---

39. Sur la question de la communauté culturelle et de la communauté politique (dans le cas québécois), voir Payette et Payette (2012).

vision commune de destin et de partage — ne peut se réaliser sans assumer sa responsabilité envers elle-même, c'est-à-dire par la réalisation de sa souveraineté. À défaut de le faire, son existence comme communauté politique est en péril.

2. Quelle politique étrangère et de sécurité est nécessaire pour un Québec souverain ? Quelques pistes de réflexion.

Si on ne peut décrire avec certitude l'ensemble du contenu de la politique étrangère d'un Québec souverain, on peut tout de même avancer d'emblée qu'elle trouvera certainement une partie de ses racines dans la politique internationale menée par les gouvernements québécois depuis le début des années 1960, dans laquelle on peut souligner les relations diplomatiques et culturelles avec la France et la Francophonie, les missions économiques aux États-Unis et la diversité culturelle. Ces axes importants et privilégiés sont devenus en quelque sorte des invariants de la politique québécoise ; invariants qui, par définition, demeureront assurément fondamentaux dans une politique étrangère d'un Québec souverain, ne serait-ce que pour des raisons géopolitiques, historiques et institutionnelles. En ce sens, le Québec a une expérience, une expertise et un savoir-faire bien établis.

Ces invariants constitueront très certainement une part non négligeable de la politique étrangère qu'un Québec souverain sera amené à se donner. Nous ne reviendrons donc pas sur ces points puisqu'ils ont été largement couverts dans la littérature[40]. Il convient plutôt ici de se pencher sur des thèmes moins souvent abordés. Nous nous concentrerons donc sur les domaines que le gouvernement du Québec n'a pas couverts jusqu'à présent, parce

---

40. À ce sujet, voir notamment Paquin (2006a) ; Paquin (2006b) ; Balthazar, Bélanger et Mace (1993) ; Payette (2011) ; Beaudoin (2008).

qu'il s'agit de compétences fédérales ou d'orientations données par Ottawa, mais qu'il devra assumer s'il devient souverain.

On peut postuler que la politique étrangère d'un Québec souverain ressemblera, sous plusieurs aspects, à celle du Canada, puisque les deux entités partagent certaines caractéristiques : géographiquement isolés, États nord-américains, proximité des États-Unis, abondance de richesses naturelles, accès à l'océan Arctique, etc. Il y a donc matière, par moments, à s'inspirer de l'expérience internationale du Canada. Mais la similitude des intérêts du Québec et du Canada ne signifie cependant pas que les moyens retenus pour valoriser ces intérêts doivent être les mêmes. En fait, il y a lieu de croire que c'est en grande partie sur le plan des stratégies et de la mise en œuvre que le Québec se démarquera du Canada.

2.1. Environnement
Le Québec a depuis longtemps priorisé l'énergie hydroélectrique « propre ». Il en a d'ailleurs acquis une expertise reconnue sur la scène internationale. Il pourrait donc faire, par exemple, « de la question de la protection de l'environnement le centre d'une action internationale d'autant plus vigoureuse qu'elle serait libérée de l'obsession de l'exploitation des sables bitumineux de l'Alberta » (Beaudoin, 2009). Il n'aurait ainsi plus à faire de « compromis » en la matière avec certaines provinces canadiennes.

2.2. Le Québec, chef de file de la diversité linguistique
À l'heure des grands marchés internationaux, le Québec, notamment en plaçant la question de la diversité linguistique au cœur de sa politique étrangère, pourrait jouer un rôle de premier plan dans l'élaboration d'une convention internationale pour la protection et la promotion de la diversité linguistique — charte similaire, par exemple, à celle sur la diversité des expressions culturelles adoptée en 2005 par l'UNESCO (Beaudoin, 2008). La société québécoise, qui se préoccupe particulièrement de cette problématique, a acquis dans les dernières décennies un savoir-faire bien établi en la matière ; elle qui, dans le régime fédéral canadien, a dû trouver, par des trésors d'imagination et d'initiatives, la façon de préserver sa culture et sa langue nationales. Le

Québec souverain pourrait donc, ayant désormais toute la marge de manœuvre nécessaire, être un acteur international phare sur la question.

Également, dans ses priorités internationales, la politique étrangère du Québec pourrait accorder un plus grand espace à la « Francophonie et à l'avenir de la langue française dans le monde notamment en les plaçant au cœur de sa politique d'aide au développement » (Beaudoin, 2009).

2.3. Priorité québécoise : l'aide au développement international

Le Québec, dans l'état actuel des choses, contribue à la hauteur de 25 % des ressources allouées à l'Agence canadienne de développement international (ACDI), soit, en 2009, la somme de 800 millions en dollars canadiens. En dépit de cet important apport financier québécois, et malgré le fait que le Québec ait des préoccupations d'aide au développement international souvent différentes de celles de la société canadienne en raison notamment de la nature singulière de son tissu social — importante communauté québécoise d'origine africaine, arabe, haïtienne[41], etc. — , Ottawa est le seul acteur à établir les orientations de l'agence de développement international. À titre d'exemple, en 2009, l'ACDI excluait cinq pays, dont le Burkina Faso, de la liste de ses pays prioritaires, réduisant celle-ci de vingt-cinq pays à vingt. Or, en novembre 2004, à l'occasion du 10e Sommet de l'Organisation internationale de la Francophonie (OIF), qui se déroulait à Ouagadougou, la capitale du Burkina Faso, le premier ministre du Québec, Jean Charest, avait réitéré la nécessité de la coopération Québec/Burkina Faso.

Afin d'orchestrer l'aide internationale québécoise apportée aux populations plongées dans la pauvreté ou victimes de tragédies, le gouvernement du Québec souverain devrait, en principe, se donner un organisme québécois d'aide au développement international afin d'assumer ce rôle. Cet organisme — au nom de l'ensemble de la société québécoise — déterminerait les priorités, les approches, les objectifs, etc., de l'aide internationale québé-

41. À titre illustratif, le Québec accueille près de 95 % de l'immigration haïtienne au Canada.

coise. Ce serait ainsi l'occasion, par exemple, d'apporter une aide québécoise « déliée », c'est-à-dire non soumise à l'obligation pour les pays bénéficiaires de se procurer des biens et services québécois.

2.4. La question de l'Arctique : le Québec, un État arctique

Le Québec est un acteur géopolitique et social indéniable dans la question arctique. Le territoire du Nunavik, qui s'étend jusqu'au 62e parallèle et où vit une importante population inuite — population qui revendique son enracinement culturel et environnemental dans l'Arctique —, représente une porte d'entrée québécoise directe vers l'« extrême Nord » et constitue un point de raccordement politique et social majeur pour le Québec dans cette région[42].

Ainsi, nous pouvons mentionner la participation des Inuits québécois au Conseil circumpolaire inuit (CCI). Fondée en 1977, cette ONGI représente les Inuits de l'Alaska (États-Unis), du Groenland (Danemark), du Canada et du Chukotka (Russie) et constitue aujourd'hui l'une des « principales organisations non gouvernementales internationales (ONGI) représentant quelque 150 000 Inuits » (Payette, 2010, p. 147) de la région arctique. En raison de son potentiel politique, le CCI a obtenu un statut consultatif spécial au sein du Conseil économique et social des Nations Unies.

Toutefois, pour l'État québécois, le forum international le plus important demeure certainement le Conseil de l'Arctique, qui réunit actuellement huit États de la région circumpolaire, des participants permanents représentant les groupes autochtones et un nombre variable de gouvernements et d'organisations internationales ayant le statut d'observateurs. Chargé de promouvoir la coopération dans les domaines sociaux, économiques et environnementaux, le Conseil serait l'une des premières institutions où le Québec pourrait déployer une politique internationale résolument « arctique ».

Néanmoins, il convient de conserver à l'esprit qu'avec l'inévitable mise en place d'une telle politique arctique — ne serait-ce que pour faire face aux effets des changements climatiques et

---

42. Sur la problématique du Québec et de l'Arctique, voir Roussel et Payette (2011a).

mettre en exploitation certaines ressources qui s'y trouvent —, le Québec héritera de certaines responsabilités qui sont actuellement du ressort du gouvernement fédéral (*ibidem,* p.135-157). Il s'agit notamment du contrôle maritime dans les eaux territoriales, du développement de la capacité de recherche et sauvetage, de la desserte des communautés isolées et de la gestion de l'environnement. Ces activités sont, à l'heure actuelle, assumées en grande partie par la Marine royale du Canada, l'Aviation royale du Canada et par la garde côtière. Dans les études Le Hir réalisées par le gouvernement du Québec en vue du référendum de 1995, trois scénarios ont été évoqués pour le transfert de ces activités à un Québec souverain. Par exemple, la base aérienne de Bagotville devrait être maintenue pour assurer la surveillance du territoire. Par contre, les activités de la marine canadienne pourraient être réduites ou éliminées au profit d'un renforcement de la garde côtière, compte tenu de l'agrandissement du territoire maritime d'un Québec souverain (voir le chapitre 5).

2.5. Politique régionale : Le développement des relations avec des États avec lesquels le Québec n'a pas actuellement suffisamment de relations proprement politiques

Si, parmi tous les pays membres des Nations Unies, le Québec, dans ses relations internationales actuelles, n'a de relations dites « libres » qu'avec la France (Beaudoin, 2009), son indépendance lui donnerait la clef politique de nombreuses serrures diplomatiques, ouvrant les portes — par affinité ou par nécessité — de plusieurs gouvernements nationaux. Historiquement, les gouvernements québécois ont eu des difficultés, par exemple, à développer des rapports directs avec le gouvernement états-unien (Paquin et Chaloux, 2010), car « Washington n'a jamais voulu s'adresser au Québec comme à un acteur politique autonome » (Balthazar et Hero, 1999, p. 65). Or, pour le Québec souverain, la donne diplomatique Québec/États-Unis changerait fondamentalement, puisque l'hypothèque politique imposée par Washington en raison de son statut provincial serait levée. De surcroît, en prenant en compte leur proximité géographique ainsi que les intérêts économiques qui les lient, on peut affirmer qu'une nécessaire relation politique s'établirait entre les deux États.

De même, il pourrait prioriser davantage le développement de relations diplomatiques avec « les deux autres grandes aires linguistiques qui, par-delà les États-Unis, constituent », avec le Québec et le Canada, « culturellement les Amériques, à savoir les pays d'Amérique latine qui ont pour langue l'espagnol, et le Brésil de langue portugaise » (Beaudoin, 2009).

2.6. Nouvelle relation Québec/Canada : des rapports d'État à État

L'une des plus importantes relations que le Québec devra établir au lendemain de l'accession à l'indépendance est incontestablement celle avec le Canada. Les deux entités partagent un espace nord-américain et les sociétés québécoise et canadienne sont économiquement et socialement imbriquées l'une dans l'autre. De nombreux Québécois travaillent et vivent à l'extérieur du Québec et de nombreux citoyens désireux de conserver leur identité canadienne demeurent au Québec.

La tâche la plus délicate sera de rétablir certains ponts pendant et après le processus d'accession à l'indépendance, et d'en créer de nouveaux, y compris au plan diplomatique formel. Sur ce plan, il est capital de ne pas sous-estimer l'amertume et les tensions qui résulteront de ce processus. L'ampleur du choc dans la fédération canadienne, alors scindée en deux par la géographie, sera potentiellement énorme. Le malaise provoqué par l'accès à la souveraineté pourrait affecter plusieurs aspects de la vie internationale du Québec, que ce soit par une opposition à son adhésion à certaines institutions internationales s'effectuant sur la base d'une invitation, comme l'Organisation du traité de l'Atlantique Nord (OTAN), par une sympathie pour certains mouvements partitionnistes parmi la population du Québec, ou encore par une attitude particulièrement dure dans le cadre des discussions entre Ottawa et Québec suivant la déclaration d'indépendance.

Concrètement, les dirigeants québécois devront se préparer à négocier les termes de la souveraineté, ce qui signifie plusieurs choses : partager les ressources fédérales (ressources matérielles, infrastructures) en territoire québécois, y compris celles de nature militaire ; procéder au partage équitable de la dette canadienne et des avoirs financiers ; négocier des ententes sur les procédures aux frontières ; discuter de l'éventualité de la conservation de certaines activités communes (défense, postes, pêcheries, etc.), que ce soit de façon temporaire et transitoire ou permanente ; faciliter les mouvements de population et s'entendre sur la réaffectation de la main-d'œuvre touchée, en particulier parmi les fonctionnaires et les militaires. La normalisation passera probablement par l'intervention de tierces parties, que ce soit des États ou des institutions internationales, et par l'établissement de liens Canada-Québec dans les forums internationaux.

À terme, les deux États devront mettre en place un certain nombre de mécanismes pour gérer les problèmes et défis communs, que ce soit en matière de gestion des eaux territoriales adjacentes, de communication et de transport (y compris en Ontario et dans les Maritimes), de protection de l'environnement, ou encore de défense et de sécurité. Sur tous ces dossiers, l'indépendance ne changera pas la géopolitique. Dans le même ordre d'idées, il est probable que les deux États, qui font face aux mêmes contraintes géopolitiques (proximité des États-Unis, économie d'exportation, vulnérabilité engendrée par l'immensité du territoire) seront amenés à prendre des positions semblables dans certains dossiers internationaux, ce qui pourrait ouvrir la porte à une forme de coopération.

2.7. L'ALÉNA et les relations économiques avec l'ensemble des Amériques

Le Québec, État nord-américain, fait partie *de facto* d'un grand marché économique. En ce sens, il apparaît, à première vue, nécessaire pour tous les membres de ce marché nord-américain (Canada, États-Unis, Mexique et Québec) d'intégrer le Québec dans l'Accord de libre-échange nord-américain (ALÉNA). Les intérêts économiques de tout un chacun dans cette région du monde ne sont-ils pas liés ?

De surcroît, le Québec pourrait s'ouvrir davantage à l'ensemble des Amériques. Si, depuis l'Acte de l'Amérique du Nord britannique (1867), il a priorisé ses relations est-ouest en matière économique — relations qui se sont élargies aux États-Unis, particulièrement à la fin des années 1940 —, il aurait là une occasion de développer davantage l'axe nord-sud.

Dans un autre ordre d'idées, s'il existe déjà pour le Québec des bases non négligeables sur les questions de sécurité, de contrôle frontalier et de lutte au terrorisme, au nombre desquelles on peut noter les préoccupations soulevées par les questions de sécurité nord-américaine, les diverses ententes Québec/États-Unis concernant la coopération en matière de sécurité et d'échange d'informations ainsi que le plan d'action gouvernemental en la matière pour 2010-2013 (Gouvernement du Québec, 2010, p. 27-30), la politique étrangère d'un Québec souverain devra prendre en considération de nouveaux paramètres et périmètres de sécurité.

2.8. Politique de défense et sécurité internationale

L'un des dossiers les plus délicats et les plus coûteux qu'un Québec souverain aura à gérer et face auquel le terrain semble avoir été peu préparé est celui de la défense et des affaires militaires (Roussel et Théorêt, 2007 ; Roussel, 2006). Sur ce plan, tout reste à faire et la tâche est immense.

Ainsi, les dirigeants et la population du Québec devront répondre à des questions fondamentales et lourdes de conséquences. Veulent-ils se doter de forces armées ? Veulent-ils d'une politique d'alliance ? Veulent-ils participer aux missions internationales, que ce soit dans le cadre de l'ONU, de l'OTAN ou encore des coalitions *ad hoc* ? Et quelles seront les ressources attribuées à la défense ? Les réponses à ces questions devront être précisées, car elles comportent chacune de nombreuses options.

En 1995, lors du second référendum sur la souveraineté, le gouvernement tenait pour acquis que le Québec voudrait se doter de forces armées « légères », aptes à contrôler le territoire, à assister les autorités civiles, à contribuer aux activités de l'OTAN et du NORAD, et à participer à certaines missions de maintien de la paix internationales. À bien des égards, cette politique aurait ressemblé, à une plus petite échelle, à celle du Canada[43].

43. L'article 17 du projet de loi sur l'avenir du Québec (1995a) stipulait en effet que : « Le gouvernement prend les mesures nécessaires pour que le Québec continue de participer aux alliances de défense dont le Canada est membre. Cette participation doit cependant être compatible avec la volonté du Québec d'accorder la priorité au maintien de la paix dans le monde sous l'égide de

Plusieurs des données ayant visiblement présidé à ces choix demeurent valables aujourd'hui. Les fonctions de contrôle du territoire et d'assistance aux autorités civiles ont pris de l'importance, comme l'ont démontré les interventions des Forces canadiennes à la suite de la crise du verglas de 1998 ou aux inondations en Montérégie en 2011. De même, la sécurité du territoire et la préparation d'urgences sont devenues des éléments centraux des politiques de défense des États occidentaux depuis le 11 septembre 2001. Le réchauffement climatique renforce cette tendance, puisque la croissance des activités humaines dans cette région est susceptible de faire augmenter la nécessité pour le gouvernement d'un Québec souverain d'y affirmer sa présence et, bien souvent, les forces armées sont parmi les seuls à pouvoir assumer cette tâche dans un environnement hostile et isolé.

Toutefois, la nature de la participation des forces armées d'un Québec souverain risquerait de causer plus de débats et celui-ci pourrait, sur ce plan, choisir une autre voie que celle qui semble être retenue par le Canada depuis quelques années. D'une part, les « missions de paix » mentionnées en 1995 ont beaucoup évolué depuis, et ces opérations correspondent de moins en moins à l'image traditionnelle qu'aurait voulu se donner le gouvernement du Québec. D'autre part, les sondages tendent à démontrer que les Québécois sont plus sceptiques que les autres Canadiens quant aux engagements militaires internationaux, qui supposent la conduite d'opérations de combats, comme en Afghanistan ou en Libye (Roussel et Boucher, 2011). Le gouvernement du Québec pourrait donc être plus hésitant à s'engager dans de telles opérations.

Conclusion

La première phrase de ce texte, en exergue, (Beaudoin, 2010, p.40) soulignait que, en relations internationales entre autres, n'ayant

---

l'Organisation des Nations Unies.» Voir aussi le Rapport du Comité d'étude sur la Défense (Gouvernement du Québec [1995b]) pas un État souverain, les Québécois se privent d'un précieux outil de développement, de rayonnement et de croissance. C'est de cet instrument essentiel et vital que se sont dotées les nations, par leur indépendance, pour assurer leur épanouissement... particulièrement en relations internationales. Puisqu'en ce lieu, mieux vaut être un pays libre de toute action et de toute décision qu'être la simple province d'une autre nation. Dans les conditions politiques actuelles, les Québécois ne peuvent librement aller à la rencontre de ce monde qui les appelle et qui se bâtit sous leurs yeux, ils ne peuvent pleinement participer à l'avenir de l'humanité et demeurent ainsi, douloureusement, en marge des responsabilités planétaires.

Références

Balthazar, L. (2010). « Une relation politique ». Dans G. Lachapelle (sous la dir. de). *Le destin américain du Québec,* Québec, PUL, p. 247-263.

Balthazar, L. (2003). « Les relations internationales du Québec ». Dans A. G. Gagnon (sous la dir. de). *Québec : État et société,* Tome 2, Montréal, Québec Amérique, p. 505-535.

Balthazar, L. et Hero, A.O. (1999). *Le Québec dans l'espace américain,* Montréal, Québec Amérique.

Balthazar, L., Bélanger, L. et Mace, G. (sous la dir. de). (1993). *Trente ans de politique extérieure du Québec,* Québec, CQRI-Septentrion.

Beaudoin, L. (2011). Préface de la première édition. Dans J.-F. Payette. *Introduction critique aux relations internationales du Québec — Le mythe d'une politique étrangère,* 2e éd. revue et augmentée, Québec, PUQ, p. 13-15.

Beaudoin, L. (2010). « Le Québec destination monde ». *L'Actualité,* octobre, p. 38-40.

Beaudoin, L. (2009). *Dans un monde qui se fait, non sans nous, mais avec nous, la nécessité d'un Québec souverain,* conférence organisée par les IPSO, 9 décembre.

Beaudoin, L. (2008). *Plaidoyer pour la diversité linguistique,* Montréal, Fides.

Bernier, L. (1996). *De Paris à Washington — La politique internationale du Québec,* Québec, PUQ.

Bourgault, P. (1990). *Maintenant ou jamais,* Montréal, Les Éditions Stanké.

Gouvernement du Québec. Site internet du ministère des Relations internationales, http://www.mri.gouv.qc.ca/fr/informer/ententes/index.asp?type_eng=1

Gouvernement du Québec. (2010). *Stratégie du gouvernement du Québec à l'égard des États-Unis,* Québec, ministère des Relations internationales.

Gouvernement du Québec. (1995a). Rapport du Comité d'étude sur la Défense, *Quatre scénarios de restructuration de la Défense d'un Québec souverain,* Québec, Secrétariat à la restructuration (ministère du Conseil exécutif), 27 septembre.

Gouvernement du Québec. (1995b). *Projet de loi sur l'avenir du Québec.*

Jacques, D. (2008). *La fatigue politique du Québec français,* Montréal, Boréal.

Landry, B. (2011). Préface de la deuxième édition. Dans Jean-François Payette, *Introduction critique aux relations internationales du Québec — Le mythe d'une politique étrangère,* 2ᵉ éd. revue et augmentée, Québec, PUQ, p. 9-11.

Landry, B. (2010). Entrevue sur les relations internationales du Québec avec l'ancien premier ministre du Québec, Montréal, 27 septembre.

Michaud, M. et Ramet, I. (2004). « Québec et politique étrangère : contradiction ou réalité ? ». *International Journal,* vol. 59 (2), printemps, p. 303-324.

Morin, C. (1987). *L'art de l'impossible : la diplomatie québécoise depuis 1960,* Montréal, Boréal.

Paquin, P. et Chaloux, C. (2010). « La paradiplomatie multilatérale du Québec aux États-Unis ». Dans G. Lachapelle (sous la dir. de.) *Le destin américain du Québec,* Québec, PUL, p. 293-312.

Paquin, S. (sous la dir. de). (2006a). *Les relations internationales du Québec depuis la Doctrine Gérin-Lajoie (1965-2005),* Québec, PUL.

Paquin, S. (sous la dir. de). (2006b). *Histoire des relations internationales du Québec,* Montréal, VLB éditeur.

Payette, J-F. (2011). *Introduction critique aux relations inter-nationales du Québec — Le mythe d'une politique étrangère*, 2ᵉ éd. revue et augmentée, Québec, PUQ.

Payette, J-F. (2010). « Consolidation de la souveraineté ca-nadienne en Arctique — Rôles et participation des provinces et territoires dans les question de sécurité et de politique étrangère », *Bulletin d'histoire politique,* vol. 19 (1), automne, p. 135-157.

Payette, R. et J-F. Payette. (2012). « Ce peuple qui ne fut jamais souverain » (troisième partie). *Bulletin d'histoire politique,* vol. 20 (3), (à paraître).

Roussel, S. et J-C. Boucher. (2011). « The Myth of the Pacific Society : Quebec's Contemporary Strategic Culture ». Dans D. Bratt et C. J. Kukucha (sous la dir. de), *Reading in Canadian Foreign Policy : Classic Debates and New Ideas,* 2ᵉ éd. Toronto, Oxford University Press, p. 277-298.

Roussel, S. et J-F. Payette. (2011). « The Other Sovereignties : Quebec and the Arctic ». *International Journal,* vol. 67 (4), automne, p. 939-955.

Roussel, S. et Théorêt, C.A. (2007). « Une stratégie distincte ? La culture stratégique canadienne et le mouvement souverainiste québécois 1968-1996 ». Dans Stéphane Roussel (sous le dir. de), *Culture stratégique et politique de défense. L'expérience canadienne,* Montréal, Athéna, p. 183-199.

Roussel, S. (2006). « Une culture stratégique en évolution ». Dans Stéphane Paquin (dir.), *Histoire des relations internationales du Québec,* Montréal : VLB éditeur, p. 278-287.

Simard, S. (2006). « L'illusion de la doctrine Gérin-Lajoie ». Dans S. Paquin (sous la dir. de), *Les relations internationales du Québec depuis la Doctrine Gérin-Lajoie (1965-2005),* Québec, PUL, p. 275-277.

Watson, A. (1992). *The Evolution of International Society,* Londres, Routledge.

Chapitre 11

De la Constitution québécoise à la Constitution de la République québécoise

Daniel Turp

L'idée de doter le Québec de sa propre constitution est inscrite dans l'histoire nationale du Québec (Turp, 2008, p. 71). Elle fait aujourd'hui l'objet d'un très large consensus, comme en fait foi un sondage réalisé en 2007 par Léger Marketing dans lequel 63 % des personnes favorisent l'adoption d'une constitution québécoise.

Elle a également reçu un très large assentiment à l'occasion des États généraux sur la réforme des institutions démocratiques, où 82 % des participants et participantes se disaient favorables à ce que « les réformes que pourraient proposer les États généraux conduisent éventuellement à une constitution québécoise […] » (Secrétariat à la réforme des institutions démocratiques, 2003). Le Comité directeur de la réforme des institutions démocratiques (2003) retient quant à lui l'idée de doter le Québec de sa propre constitution. Après avoir indiqué qu'il considère que « l'adoption d'une constitution du Québec est une action primordiale qui favorisera l'épanouissement démocratique en élargissant le champ de conscience et le champ de connaissances des pratiques démocratiques », il recommande que « toute mesure relative à la forme du gouvernement, aux rapports entre les gouvernants et les gouvernés, et quant à l'organisation des institutions démocratiques soit insérée dans une loi fondamentale, votée par l'Assemblée nationale et confirmant la décision populaire exprimée par référendum » (p. 37).

Aujourd'hui, le projet d'adopter une constitution québécoise rallie des fédéralistes qui sont d'avis que le Québec devrait se doter d'une constitution en tant que composante de la fédération canadienne (Pelletier, 2010), comme des partisans de l'indépendance du Québec, qui jugent également essentielle l'adoption d'une loi fondamentale pour le Québec souverain (Rocher, 2002). Plusieurs indépendantistes ont également plaidé pour l'adoption d'une constitution interne avant l'accession du Québec à l'indépendance (Binette, 1992 ; Chevrier, 1995 ; Morin J.-Y., 1985 ; Payne, 1984 ; Seymour, 2008). Je compte parmi les personnes qui favorisent l'adoption d'une constitution québécoise sans égard au statut politique du Québec et suis intervenu à plusieurs reprises en ce sens (Turp, 2005)[44], en présentant notamment à l'Assemblée nationale deux projets de constitution lorsque j'y siégeais comme député (projets de loi 191 et 196, 2007).

Le nouveau programme du Parti québécois adopté le 17 avril 2011 contient une disposition prévoyant qu'un gouvernement souverainiste « fera adopter, par l'Assemblée nationale, une Constitution (sic) québécoise pour affirmer et établir les éléments essentiels de l'identité québécoise ». Ce programme prévoit également qu'un tel gouvernement souverainiste « créera une assemblée constituante à laquelle seront conviés à siéger tous les secteurs et les régions de la société québécoise ainsi que les nations autochtones et inuites du Québec afin d'écrire la constitution d'un Québec indépendant » (*Programme du Parti québécois*, 2011, p. 4).

Dans le chapitre 12 du présent ouvrage, les auteurs Gilbert Paquette et André Binette proposent que soient formulées une option autonomiste et une option souverainiste dans le cadre d'une démarche gravitant autour d'une « élection-déclenchement » et d'un « pacte constitutionnel » (le plan C). Ces options se traduiraient par l'élaboration de deux projets de constitution présentés

44. L'ensemble des écrits que j'ai consacrés à la question d'une constitution pour le Québec est affiché dans la rubrique « Constitution.qc » de mon site électronique [http://danielturpqc.org/pagetxperso.php?id=22].

comme «deux documents gigognes». Les options sont décrites en ces termes: «L'option autonomiste sera concrétisée par une constitution interne du Québec contenant par exemple les éléments du plan B et possiblement d'autres, ces dispositions ayant préséance sur celles de la Constitution canadienne, *de facto* rejetée. L'option souverainiste définit évidemment une constitution républicaine du Québec indépendant hors du cadre canadien.»

En ayant à l'esprit le nouveau programme du Parti québécois, tenant compte de la démarche proposée par Gilbert Paquette et André Binette et faisant fond sur les travaux que j'ai effectués sur la question de la Constitution québécoise durant les dernières années, il sera proposé ci-après que la revendication d'autonomie constitutionnelle du Québec soit traduite dans un projet de constitution interne dénommée *Constitution québécoise* et que la volonté d'indépendance constitutionnelle soit reflétée dans un projet de constitution républicaine se présentant sous l'appellation *Constitution de la République québécoise*. Il sera également suggéré qu'une Commission de la Constitution québécoise soit instituée pour examiner, par la voie parlementaire, les projets de Constitution québécoise et de Constitution de la République québécoise et que soit ensuite empruntée une démarche citoyenne par l'institution d'une assemblée constituante qui aura comme mandat de préparer le projet de la Constitution de la République québécoise devant être approuvée par le peuple québécois.

1. De l'autonomie à l'indépendance constitutionnelle : de la Constitution québécoise à la Constitution de la République québécoise

Pour concrétiser un projet d'autonomie constitutionnelle, il est proposé d'élaborer une constitution québécoise. La volonté d'indépendance constitutionnelle pourrait quant à elle se traduire par l'élaboration de la Constitution de la République québécoise.

Pour illustrer le contenu possible, un tableau présentant les projets de Constitution québécoise (colonne de gauche) et de

Constitution de la République québécoise (colonne de droite) de façon comparée est accessible sur le site IPSO (www.ipsoquebec.org). Sa consultation facilitera la compréhension des propositions formulées dans le présent article.

1.1. De l'autonomie constitutionnelle : un projet de Constitution québécoise

La Constitution québécoise vise à enchâsser l'autonomie constitutionnelle souhaitée par le Québec en consacrant les droits et prérogatives dont l'État du Québec est aujourd'hui titulaire. Elle intègre également des dispositions fondées sur des revendications constitutionnelles du Québec relatives au partage des compétences et à la nomination des juges ainsi que des éléments visant à y enchâsser le principe de la laïcité et de l'élection des membres de l'Assemblée nationale du Québec au scrutin proportionnel et à date fixe.

Le préambule comporte trois considérants. Le premier affirme que le Québec est libre d'assumer son propre destin, de déterminer son statut politique et d'assurer son développement. Le deuxième considérant affirme que les Québécois et les Québécoises forment une nation, consacre la reconnaissance des Premières Nations et de la nation inuite, réfère à l'identité de la communauté anglophone et souligne l'apport au développement du Québec des minorités ethniques, religieuses et linguistiques. Le troisième considérant rappelle que le Québec est fondé sur des assises constitutionnelles qu'il a enrichies au cours des ans par l'adoption de plusieurs lois fondamentales, et qu'il appartient à la nation québécoise d'exprimer son identité par l'adoption d'une constitution québécoise.

Le chapitre I et l'article premier visent à énumérer les valeurs fondamentales du Québec. Ainsi, par son alinéa 1, le Québec se qualifie de société libre et démocratique. Il est proposé d'affirmer, dans l'alinéa 2, que le Québec est un État laïc et d'ainsi consacrer la neutralité de l'État à l'égard de la religion. Il importe d'y souligner, comme le propose l'alinéa 3, que le Québec est un État de droit et qu'il est aussi, selon l'alinéa 4, une terre où les personnes sont libres et égales en dignité et en droits. Dans son cinquième alinéa, il est suggéré d'affirmer, pour faire fond sur la Charte de la langue française et rappeler l'importance que revêt la culture au Québec, que « [l]e Québec est de langue française et assure la protection et le développement de la culture québécoise ». L'affirmation selon laquelle le Québec favorise le progrès social, le développement économique et la diversité culturelle dans le monde se trouve à l'alinéa 6 du préambule et ajoute une dimension internationale à l'énoncé des valeurs fondamentales. En raison de l'importance qui doit être donnée au principe du développement humain et du développement durable, il est proposé de prévoir, à l'alinéa 7 de l'article premier, une disposition générale sur le développement humain et le développement durable. La Constitution québécoise déclarerait ainsi que le Québec s'engage sur la voie du développement humain tel que défini par le Programme des Nations Unies pour le développement, de même que sur celle du développement durable, comme l'Assemblée nationale du Québec l'a fait en adoptant la Loi sur le développement durable.

Les chapitres II à VI et leurs articles 2 à 6 comprennent des dispositions visant à consacrer au plan constitutionnel les éléments les plus significatifs de l'identité québécoise. L'article 2 vise à instituer une citoyenneté québécoise et prévoit que celle-ci pourra être cumulée avec toute autre citoyenneté ou nationalité. Il est prévu qu'une loi précisera l'ensemble des règles relatives à la citoyenneté québécoise et qu'il faudra ainsi adopter une loi sur la citoyenneté québécoise afin de définir l'ensemble des règles applicables à l'égard de la nouvelle citoyenneté. S'agissant de la capitale nationale et du territoire national, l'article 3 consacre d'abord le statut de capitale nationale de la ville de Québec. Au sujet du territoire national, il précise que le Québec exerce ses compétences sur l'ensemble de son territoire et que ses frontières ne peuvent être modifiées qu'avec le consentement de l'Assemblée nationale du Québec. Il ajoute que le gouvernement du Québec doit veiller au maintien et au respect de l'intégrité territoriale du Québec. L'article 4 concerne quant à lui le patrimoine naturel et culturel et fait obligation au Québec de préserver et de mettre en valeur l'ensemble de ce patrimoine, notamment son patrimoine archéologique, architectural, archivistique, artistique, ethnologique, historique et religieux. L'article 5 constitutionnalise l'article premier de la Charte de la langue française et confirme ainsi le statut du français comme la langue officielle du Québec. L'article 6 consacre dans un texte constitutionnel des symboles nationaux existants (drapeau, emblèmes et devise), ainsi que la Fête nationale, tout en prévoyant l'existence d'un hymne national pour le Québec. Il y est suggéré par ailleurs qu'une loi précise les modalités de présentation des symboles et emblèmes nationaux, d'organisation de la Fête nationale et de diffusion de l'hymne national.

Faisant fond sur les revendications traditionnelles du Québec relativement au partage des compétences telles que reflétées dans l'énumération des pouvoirs contenue dans le projet de loi sur la proposition québécoise de paix constitutionnelle, le chapitre VII et l'article 7 voient à l'énumération des compétences exclusives et partagées du Québec. Ces nouvelles compétences élargiraient de façon significative le champ des compétences du Québec et accroîtraient son autonomie constitutionnelle dans le domaine économique, social et culturel. L'affirmation, dans cet article, d'une compétence exclusive de perception des taxes sur les produits et services et sur les impôts perçus par le Canada sur le territoire du Québec permettrait d'instaurer une déclaration de revenus unique, alors qu'une compétence sur les relations internationales dans toutes les matières qui ressortissent aux compétences du Québec conforterait la doctrine Gérin-Lajoie en lui conférant un vernis constitutionnel. Un tel élargissement des compétences exclusives et partagées du Québec requerrait une modification à la Constitution du Canada. Et pour contrer toute velléité d'exercice du prétendu pouvoir de dépenser par le gouvernement du Canada, le texte de l'article 7 précise qu'aucune forme d'initiative financière fédérale relative aux matières de compétence exclusive du Québec n'est autorisée.

Le chapitre VIII traite des droits et libertés au Québec. Le premier alinéa de l'article 8 incorpore par renvoi les articles 1 à 56 de la Charte des droits et libertés de la personne dans la Constitution québécoise, à savoir les droits garantis par cette charte ainsi que les dispositions spéciales et interprétatives qui leur sont applicables. Pour répondre à une demande formulée par la Commission des droits de la personne et des droits de la jeunesse du Québec sur la portée des droits économiques et sociaux énoncés au chapitre 4 de la Charte, il est proposé d'affirmer dans la Constitution québécoise qu'« [a]ucune disposition d'une loi, même postérieure à la Charte, ne peut déroger aux articles 1 à 48 et toute loi doit respecter le contenu essentiel des droits économiques et sociaux ». Le deuxième alinéa de l'article 9 propose également de conférer un caractère constitutionnel aux droits linguistiques fondamentaux reconnus aux articles 2 à 6 de la Charte de la langue française. Le troisième alinéa de cet article se veut une clause d'interprétation et prévoit que les articles de la Charte des droits et libertés de la personne et de la Charte de la langue française détenant un statut constitutionnel devraient être interprétés en tenant compte « des valeurs fondamentales de la nation québécoise, notamment de l'importance de garantir l'égalité entre les femmes et les hommes, de préserver la laïcité des institutions publiques et d'assurer la protection de la langue française ». Cette clause d'interprétation aurait pour effet de permettre aux interprètes de la Constitution québécoise, et en particulier aux tribunaux du Québec, d'assurer un juste équilibre entre les valeurs fondamentales à caractère collectif et les droits et libertés de nature individuelle.

Les chapitres IX, X, XI et XII traitent des institutions du Québec. Il y est proposé de transformer la fonction de lieutenant-gouverneur en une présidence du Québec et de confier à la personne qui occupera la fonction les pouvoirs que détient l'actuel lieutenant-gouverneur et notamment celui de sanctionner les lois et d'assermenter les membres du Conseil exécutif.

S'agissant des institutions parlementaires, le chapitre X et l'article 10 du projet de Constitution québécoise proposent de maintenir le système parlementaire unicaméral et de rappeler que l'Assemblée nationale du Québec adopte les lois et surveille l'action du gouvernement. Il y est suggéré de constitutionnaliser le pouvoir d'approuver les engagements internationaux importants du Québec qui lui a été conféré en 2002 par la Loi sur le ministère des Relations internationales. Les alinéas 4 et 5 de l'article 10 prévoient deux réformes importantes de l'institution parlementaire, soit l'élection des députées et des députés selon un mode de scrutin de type proportionnel ainsi que la tenue de l'élection générale à date fixe.

En ce qui concerne les institutions gouvernementales, le chapitre XI et l'article 11 prévoient que le gouvernement est l'organe qui détermine et conduit la politique générale du Québec. Il y est précisé qu'il assure l'exécution des lois et dispose, conformément à la loi, du pouvoir réglementaire. Il constitutionnalise le pouvoir du gouvernement de négocier les engagements internationaux et d'assurer la représentation du Québec auprès des États et des institutions internationales. Il enchâsse également la règle voulant que le premier ministre soit de droit président du Conseil exécutif.

Pour ce qui est des institutions judiciaires et de la magistrature du Québec, le chapitre XII et l'article 12 confirment d'abord que la Cour du Québec et la Cour supérieure du Québec sont les tribunaux de droit commun et que la Cour d'appel du Québec est le tribunal d'appel ayant compétence à l'égard des causes, matières et choses susceptibles d'appel. Il innove par ailleurs en proposant que soit instituée une Cour suprême du Québec. Il lui reconnaît le statut du plus haut tribunal du Québec et de tribunal général d'appel pour l'ensemble du Québec. L'article 12 contient également des dispositions relatives aux modes de désignation des juges de l'ensemble des tribunaux du Québec et prévoit que les nominations seront effectuées par le ministre de la Justice ou le premier ministre du Québec. La Loi sur les tribunaux judiciaires devrait être modifiée en conséquence, mais une modification devrait aussi être apportée à la Constitution du Canada à cette fin en raison du fait que le pouvoir de nomination des juges de la Cour supérieure et de la Cour d'appel du Québec appartient au gouvernement du Canada et qu'un tel pouvoir s'étendrait également à la nomination des juges d'une Cour suprême qui serait créée par le Québec.

Le chapitre XIII porte sur la révision du projet de Constitution québécoise. L'article 13 stipule qu'un projet de loi de révision pourrait être présenté par le premier ministre ou la première ministre. Il pourrait également être initié par au moins 25 % des membres de l'Assemblée nationale. Le projet de loi de révision devrait obtenir une majorité des deux tiers membres de l'Assemblée nationale. Le dernier paragraphe de cet article prévoit en outre qu'un projet de loi de révision de constitution pourrait être soumis à une consultation populaire par le gouvernement. Elle serait approuvée si elle obtenait la majorité des votes déclarés valides, soit 50 % de ces votes plus un vote.

En affirmant que le chapitre XIV et son article 14 confèrent une suprématie à la Constitution québécoise, nous sommes véritablement en présence d'une loi de nature constitutionnelle. Le droit et les conventions constitutionnelles applicables au Québec au moment de l'entrée en vigueur de la Constitution québécoise continueraient de s'appliquer dans la mesure où leurs dispositions seraient compatibles avec celle-ci et tant qu'elles ne seraient pas modifiées conformément à la loi. S'agissant de cette suprématie, il est prévu que les dispositions de la Constitution québécoise l'emportent sur toutes règles de droit québécois qui leur seraient incompatibles. Aux fins de consacrer la souveraineté populaire au Québec, il est également prévu que les dispositions qui auraient fait l'objet d'une approbation à l'occasion d'une consultation populaire l'emporteraient sur toute règle de droit qui leur serait incompatible.

Le chapitre XV du projet de Constitution québécoise comporte une disposition finale et l'article 15 prévoit que les dispositions de la constitution entreront en vigueur à la date ou aux dates fixées par le gouvernement. Cette modalité d'entrée en vigueur permettra de mettre en vigueur les articles dont la validité n'est pas assujettie à l'adoption de modifications à la Constitution du Canada. Elle inscrira l'exercice de rédaction d'une constitution interne dans le cadre d'une démarche visant à doter le Québec de son propre ordre constitutionnel en envisageant également l'élaboration de la constitution républicaine d'un Québec souverain dont il est également possible d'illustrer le contenu potentiel.

1.2. L'indépendance constitutionnelle : un projet de Constitution de la République québécoise

Dans la perspective de conférer au Québec l'indépendance constitutionnelle devant résulter d'un rejet par le Canada de sa demande d'autonomie constitutionnelle, l'élaboration d'un projet de Constitution de la République québécoise devrait ainsi être prévue. La rédaction d'une Constitution de la République québécoise permettrait au peuple du Québec de se donner la constitution de son choix et d'énoncer les valeurs qui guideront les Québécoises et les Québécois dans leur nouveau pays. Elle pourrait doter l'État du Québec d'une nouvelle architecture institutionnelle et protéger mieux que jamais les droits fondamentaux des personnes et des collectivités qui forment le Québec.

Un projet de texte comportant un préambule et 15 articles a été rédigé pour illustrer le contenu possible (voir Tableau, site IPSO). Bien qu'il soit un peu plus long que le projet de Constitution québécoise, la concision a été à nouveau privilégiée pour la Constitution de la République québécoise. Celle-ci comporte 30 articles, et une telle concision est rendue possible par le choix de prévoir que des chartes et des lois compléteront les dispositions du texte constitutionnel.

Le préambule de la Constitution de la République québécoise reprend les trois considérants de la Constitution québécoise, mais ajoute quatre nouveaux considérants pour accentuer la dimension internationale de la Constitution du pays québécois souverain. Ainsi, il y est affirmé le devoir de protéger et de promouvoir les devoirs et les droits fondamentaux de la personne et des collectivités, tant au Québec que dans le monde. Il y est précisé que les choix destinés à répondre aux besoins du peuple du Québec, de ses personnes et de ses collectivités doivent être guidés par le principe d'un développement humain visant un développement durable susceptible d'assurer la capacité des générations futures à satisfaire leurs propres besoins. Il y est fait référence par ailleurs à l'importance de contribuer à une mondialisation équitable, de respecter les règles du droit international, d'assurer le règlement pacifique des différends internationaux et de coopérer avec les institutions internationales. Le préambule inclut également une mention de la nécessité de contribuer par sa culture et son combat pour la diversité culturelle et linguistique à l'enrichissement du patrimoine de l'humanité.

Il y est proposé que le corps de la Constitution de la République québécoise commence avec un titre I sur la République québécoise, comprenant plusieurs chapitres relatifs au statut, aux valeurs et aux éléments significatifs de l'identité québécoise. Le chapitre I et l'article 1 contiendraient l'affirmation selon laquelle « [l]e Québec est un pays indépendant ». Un deuxième chapitre et l'article 2 énuméreraient les valeurs fondamentales du Québec et celles-ci pourraient être libellées dans les mêmes termes que ceux retenus pour le projet de Constitution québécoise. Il en va de même pour la citoyenneté québécoise que le Québec souverain devrait également instituer et dont les modalités d'attribution et les autres règles pourraient être précisées dans une loi sur la citoyenneté québécoise. En tant qu'État indépendant, il deviendra essentiel d'affirmer que le Québec exercera des compétences sur l'ensemble de son territoire national terrestre, maritime et aérien à l'égard duquel il détiendra une compétence pleine et entière. La Constitution de la République québécoise se devrait de préciser par ailleurs que la compétence du Québec s'étendra aux espaces adjacents à ses côtes, conformément aux règles du droit international qui l'investiront dorénavant, en sa qualité d'État indépendant, d'une compétence sur sa zone contiguë, sa zone économique exclusive et son plateau continental. Comme pour le projet de Constitution québécoise, il est proposé que la Constitution de la République québécoise comporte également des dispositions sur le patrimoine naturel et culturel, sur la capitale nationale et sur les symboles nationaux, la Fête nationale et l'hymne national.

Le titre I pourrait être suivi d'un titre II sur le développement humain et le développement durable. En allant plus loin à cet égard que dans le projet de Constitution québécoise, il est proposé d'enchâsser dans l'article 8 des dispositions créant une obligation constitutionnelle d'agir dans le respect des principes du développement humain et du développement durable. S'agissant du développement humain, l'article 8 vise à enchâsser le « processus d'élargissement des choix d'ordre économique, social, politique et culturel ». La constitutionnalisation du développement durable est destinée quant à elle à engager le Québec dans un « processus continu d'améliorations des conditions d'existence des populations actuelles qui ne compromet pas la capacité des générations futures de faire de même et qui intègre harmonieusement les dimensions environnementale, sociale et économique du développement ».

Le troisième titre du projet de Constitution de la République québécoise porterait sur les devoirs et les droits fondamentaux.

Le projet de catalogue des devoirs et droits fondamentaux se trouverait dans une version modernisée de la Charte des droits et libertés de la personne qui serait renommée *Charte québécoise des devoirs et des droits fondamentaux* pour tenir compte de la terminologie privilégiée par l'Union européenne et qui est également utilisée dans la Francophonie. La nouvelle charte serait incorporée par un renvoi effectué par l'article 9 de la Constitution de la République québécoise.

Deux dispositions de portée générale sont insérées dans le corps même du projet de constitution. L'article 10 se présente sous la forme d'une clause de limitation prévoyant que les droits fondamentaux s'exercent dans le respect des valeurs démocratiques, de l'ordre public et du bien-être général des citoyens du Québec. Destinée à remplacer l'article 52 de l'actuelle Charte des droits et libertés de la personne, la clause de dérogation contenue au deuxième alinéa de l'article 10 permettrait au Québec de se conformer à l'esprit et la lettre de ses engagements internationaux et de respecter notamment l'article 4 du Pacte international relatif aux droits civils et politiques. Cette clause de dérogation n'autoriserait plus l'adoption d'une loi énonçant que cette loi ou une disposition d'une loi s'applique malgré la Charte à l'égard des droits ne pouvant faire l'objet d'aucune dérogation en vertu des engagements internationaux du Québec. Inspiré par la Convention américaine des droits de l'Homme, à laquelle le Québec pourrait devenir partie, l'adoption d'une loi portant atteinte aux garanties juridiques indispensables à la protection de ces droits ne serait pas autorisée par la nouvelle clause de dérogation. Ces droits se verraient ainsi attribuer le même caractère impératif par la Charte québécoise des devoirs et des droits fondamentaux. Le Parlement du Québec ne pourrait adopter une telle loi de dérogation qu'à la majorité des deux tiers de ses membres présents, selon les modalités prévues à l'article 15 du projet de Constitution de la République québécoise.

La nouvelle Charte québécoise des devoirs et des droits fondamentaux reprendrait pour l'essentiel le texte de la Charte des droits et libertés de la personne, mais pourrait innover en plusieurs aspects. Elle pourrait affirmer, comme le fait l'article 1er de la Déclaration universelle des droits de l'homme, que tous les êtres humains naissent libres et égaux en dignité et en droits. Il serait également rappelé que ces êtres humains sont doués de raison et de conscience et doivent agir les uns envers les autres dans un esprit de fraternité. Il serait ajouté que l'individu a des devoirs envers les personnes ainsi qu'à l'égard des collectivités au sein desquelles seul le libre et plein développement de sa personnalité est possible.

La nouvelle charte pourrait enchâsser les droits fondamentaux des personnes, mais également les droits fondamentaux des collectivités. Il pourrait être garanti aux personnes des droits civils, judiciaires, politiques et écologiques ainsi que des droits économiques, sociaux, linguistiques et culturels. Il suffirait de reprendre, en les regroupant, les articles 1 à 48 de la Charte des droits et libertés, et d'y inclure des garanties judiciaires applicables en matière criminelle. Quelques droits nouveaux pourraient être constitutionnalisés, qu'il s'agisse, comme la Commission des États généraux sur la langue française l'a recommandé, des droits linguistiques fondamentaux et de la liberté de la recherche académique reconnue par l'article 13 de la Charte des droits fondamentaux de l'Union européenne. L'innovation pourrait résulter également du fait que les droits économiques, sociaux, linguistiques et culturels auraient dorénavant un caractère « justiciable » en raison de la suppression des clauses d'exclusion rendant de tels droits conditionnels à leur reconnaissance par la loi et qu'il serait donc possible pour un juge d'exiger le respect de ces droits même si leur existence n'est pas prévue dans d'autres lois.

La nouvelle Charte québécoise des devoirs et des droits fondamentaux pourrait aussi reconnaître les droits fondamentaux des collectivités. Il est proposé d'enchâsser dans la Constitution de la République québécoise les droits appartenant aux Premières Nations et à la nation inuite en leur garantissant les droits existants, ancestraux ou issus des traités. Elle pourrait aussi affirmer que celles-ci ont le droit d'utiliser, de développer, de revitaliser et de transmettre aux générations futures leurs traditions orales, religieuses et culturelles. Elle définirait leur autonomie gouvernementale comme le droit d'avoir et de contrôler, dans le cadre d'ententes avec le gouvernement du Québec, des institutions qui correspondent à leurs besoins dans les domaines de la culture, de l'éducation, de la langue, des services sociaux et du développement économique.

Les droits de la communauté anglophone mériteraient également d'être reconnus. Ainsi, le droit à la préservation et au libre développement de ses institutions ainsi qu'à son identité historique, linguistique et culturelle pourrait faire l'objet d'une protection. La communauté anglophone pourrait se voir garantir un droit de gestion à l'égard des établissements d'enseignement qui offrent un enseignement de niveaux primaire et secondaire en anglais et des établissements publics qui dispensent en langue anglaise un service d'intérêt général éducatif, sanitaire, religieux ou culturel.

De la même façon que la Charte québécoise des devoirs et des droits fondamentaux imposerait des devoirs aux personnes, elle devrait affirmer que les collectivités ont le devoir d'exercer leurs droits fondamentaux dans le respect de la Constitution de la République québécoise ainsi que des lois et du territoire du Québec.

Le titre IV serait relatif aux institutions républicaines du Québec. Il comporterait les éléments d'une véritable réforme des institutions démocratiques du Québec et concrétiserait le choix d'un régime républicain pour l'État québécois. Il serait proposé de revoir les fonctions et le mode de désignation du chef d'État et du chef de gouvernement ainsi que le partage éventuel des pouvoirs exécutif et législatif entre la présidence, le gouvernement et le Parlement du Québec.

Il est proposé d'opter d'abord pour une séparation plus étanche des pouvoirs que celle que nous connaissons actuellement au Québec. Ainsi, la personne élue à la présidence du Québec serait à la fois le chef d'État et le chef du gouvernement. Cette modification de l'architecture institutionnelle est d'inspiration américaine et fait revivre la proposition formulée dans le programme adopté par le Parti québécois lors de son congrès de 1974. Elle se distingue des formules retenues dans des régimes présidentiels où les positions de chef d'État et chef de gouvernement sont tenues par des personnes différentes et où coexistent, comme c'est le cas en France, une fonction de président et une fonction de premier ministre. Une telle coexistence est souvent source de conflits entre les personnes qui occupent ces deux fonctions et tend à ne pas favoriser la cohérence des actions de la présidence et du gouvernement. C'est à la présidence que serait conférée la prérogative de désigner les ministres et, de façon à assurer une véritable séparation des pouvoirs exécutif et législatif, ceux-ci ne pourraient pas assumer une fonction parlementaire.

L'exercice du pouvoir législatif serait confié quant à lui à un nouveau Parlement du Québec. Ce Parlement serait assez différent de celui que nous connaissons puisque les membres du gouvernement n'y siégeraient pas. La présidence et ses ministres ne participeraient pas aux délibérations du Parlement, mais pourraient toutefois y être interpellés à l'occasion de périodes de questions, comme c'est le cas dans d'autres régimes présidentiels. Le renouveau de l'institution parlementaire pourrait passer par la création d'une institution bicamérale composée de l'Assemblée nationale et d'une Chambre régionale. Il est proposé que l'Assemblée nationale soit composée de députés ayant comme responsabilité d'initier des lois en tenant compte de l'intérêt national et que la Chambre régionale soit composée quant à elle de représentants dont la mission serait de tenir en compte les intérêts et les besoins régionaux dans l'élaboration des lois et d'autres actes relevant de la compétence du Parlement du Québec. Les deux instances parlementaires, réunies en Congrès, détiendraient ensemble des responsabilités relativement à l'approbation des engagements internationaux importants ainsi qu'à l'investiture des juges de la Cour suprême du Québec. D'autres grands officiers de l'État québécois, notamment le Directeur général des élections, le commissaire au lobbyisme, le Protecteur du citoyen et le président de la Commission des droits de la personne et des droits de la jeunesse du Québec devraient aussi être élus par le Congrès. Aux fins d'assurer leur indépendance et leur impartialité, il est également suggéré que la présidence de l'Assemblée nationale et de la Chambre régionale soit confiée non pas à des parlementaires, mais à des personnes élues par le Parlement du Québec selon le même mode. Ce sont aussi les deux composantes du Parlement du Québec se réunissant en Congrès qui pourraient adopter les modifications à la Constitution de la République québécoise. Des modifications au mode de scrutin devraient aussi être envisagées pour le Parlement et le remplacement de l'actuel mode de scrutin uninominal à un tour par un nouveau système de représentation proportionnelle.

La Constitution de la République québécoise contiendrait aussi des dispositions sur le gouvernement du Québec. Ainsi, l'article 17 rappellerait qu'il est l'organe qui détermine et conduit la politique générale de l'État du Québec et qu'il assure l'exécution des lois et dispose, conformément à la loi, du pouvoir réglementaire. Dans le cas du gouvernement, la réforme résulterait du fait que le Conseil des ministres serait dorénavant composé de ministres désignés par la présidence et qu'un député ou un représentant ne pourrait être membre du Conseil des ministres. Il faudrait prévoir qu'une personne élue à l'Assemblée nationale ou à la Chambre régionale pourrait être nommée ministre à condition de démissionner de son poste de député ou de représentant. L'article 18 prévoirait par ailleurs qu'une loi préciserait les modalités d'organisation et de fonctionnement du gouvernement du Québec.

En ce qui a trait à la magistrature du Québec, il est proposé que la Cour du Québec et la Cour supérieure du Québec soient regroupées pour former la Cour du Québec, alors que la Cour d'appel du Québec serait maintenue. La Cour suprême du Québec deviendrait le tribunal général d'appel, mais serait également investie d'un pouvoir de contrôle de la constitutionnalité des lois nationales et des engagements internationaux. Comme le prévoient les alinéas 2 et 3 de l'article 20, la Cour suprême pourrait exercer ce pouvoir sur saisie de la présidence du Québec, de la présidence de l'Assemblée nationale, de la présidence de la Chambre régionale, de vingt-cinq députés ou de quinze représentants qui pourraient soumettre la question de la compatibilité d'un projet de loi ou d'un projet d'engagement international avec la Constitution de la République québécoise à la Cour suprême du Québec. Pour assurer leur indépendance, le processus de nomination des juges des tribunaux du Québec serait constitutionnalisé par l'article 21. Les juges de la Cour du Québec et de la Cour d'appel du Québec seraient nommés par la présidence du Québec sur recommandation du ministre de la Justice, alors que les juges de la Cour suprême du Québec seraient nommés par la présidence du Québec après leur investiture, à la majorité des deux tiers, par l'Assemblée nationale et la Chambre régionale réunies en Congrès. L'article 22 précise que les juges de la Cour du Québec, de la Cour d'appel du Québec et de la Cour suprême du Québec seraient indépendants, ne seraient soumis qu'à la loi et ne pourraient contre leur gré faire l'objet d'une suspension, d'une mutation ou être démis de leurs fonctions qu'en vertu d'une décision judiciaire et pour les seuls motifs et dans la seule forme prescrite par la loi.

Il s'avérerait opportun de constitutionnaliser l'existence des institutions municipales, métropolitaines et régionales du Québec. La question de la décentralisation au Québec devra être abordée à l'occasion des travaux sur la Constitution de la République québécoise et un nouveau partage des compétences entre l'État et les institutions municipales, métropolitaines et régionales devra être effectué. Il est proposé d'inclure un article 24 reconnaissant que les institutions locales, métropolitaines et régionales du Québec seraient des divisions territoriales dotées d'une personnalité juridique propre et leur garantissant le droit d'organiser une gestion autonome dans leurs domaines de compétence, conformément à la loi.

Dans le projet de Constitution de la République québécoise, il serait approprié d'inclure un titre distinct sur les relations internationales du Québec. Le titre V prévoirait dès lors un partage des responsabilités entre la présidence, le gouvernement et le Parlement dans le processus de conclusion des engagements internationaux. Celui-ci prévoirait que le gouvernement négocie, signe et ratifie les engagements internationaux du Québec, la ratification des engagements internationaux importants et fondamentaux étant toutefois réservée à la présidence du Québec. Il est d'ailleurs prévu que le Parlement du Québec devra approuver les engagements internationaux importants, mais il est également proposé que l'approbation d'engagements internationaux fondamentaux, par exemple un traité instituant une zone de libre-échange des Amériques, devra être faite par le peuple du Québec par la voie d'une consultation populaire. Il est proposé par ailleurs que le droit international se voie reconnaître une supériorité sur le droit interne et que les règles du droit international l'emportent ainsi sur toute règle incompatible du droit québécois, y compris celles contenues dans la Constitution de la République québécoise. Une telle supériorité se justifie en raison de l'obligation d'exécuter de bonne foi ses obligations internationales et de la nécessité de se comporter de manière responsable au sein de la communauté internationale.

Les questions relatives à la suprématie, à la révision et à la diffusion de la Constitution sont traitées dans le titre VI. S'agissant de la suprématie, il est proposé à l'article 26 que les règles de la Constitution de la République québécoise l'emportent sur toutes les règles de droit qui leur sont incompatibles. Une telle clause de suprématie ferait de celle-ci la loi la plus fondamentale du Québec.

L'article 27 prévoit que l'initiative de la révision relèverait principalement du Parlement du Québec. Et que serait assurée une participation importante des citoyens au processus de révision de la Constitution, tant sous l'angle de l'initiative de la révision de la Constitution que sous celui de l'approbation des modifications constitutionnelles. À ce dernier égard, il est proposé que l'initiative de la révision de la présente Constitution appartienne également aux citoyens dans les cas et conditions prévues par la loi et qu'une loi sur l'initiative populaire soit adoptée.

Quant à l'approbation d'une proposition de révision constitutionnelle relative aux articles 9 à 11 de la Constitution portant sur les devoirs et droits fondamentaux, elle devrait être obtenue par les citoyens du Québec par le biais d'une consultation populaire. Il y a également lieu de prévoir, comme le faisait l'alinéa 3 de l'article 8 du projet de loi sur l'avenir du Québec, que des représentants des Premières Nations, de la nation inuite et de la communauté anglophone soient invités à participer à ces travaux pour ce qui est de la définition de leurs droits. L'alinéa 2 de l'article 27 prévoit aussi que lorsqu'une proposition de révision des articles 26 à 29 de la Charte québécoise des devoirs et des droits fondamentaux serait présentée au Parlement du Québec, les représentants des collectivités concernées seraient invités lors son l'étude. Il y a également lieu de définir la majorité requise pour adopter une révision constitutionnelle et mettre la

Constitution de la République québécoise à l'abri de changements au gré des majorités parlementaires. L'obtention d'une majorité des deux tiers des voix des membres du Parlement, en Congrès, conviendrait pour l'adoption d'une révision constitutionnelle.

La question de la diffusion de la Constitution de la République québécoise fait l'objet d'une disposition voulant que tout citoyen reçoive le texte de celle-ci lorsqu'il atteint l'âge où il peut exercer le droit de vote ou lorsqu'il acquiert la citoyenneté québécoise. L'alinéa premier de l'article 28 prévoit que tout citoyen pourrait également obtenir la Constitution de la République québécoise en adressant une demande écrite à la présidence du Québec. Il est prévu que la version officielle de la Constitution serait en langue française et qu'elle serait également accessible dans une version en langue anglaise, dans les langues des Premières Nations et en inuktitut.

Le titre VII présente les dispositions transitoires et finales. Aux fins d'assurer une transition harmonieuse dans le processus d'accession du Québec à l'indépendance, l'article 29 prévoit que la législation du Québec applicable avant l'entrée en vigueur de la Constitution de la République québécoise continuerait d'être en vigueur. S'agissant de l'entrée en vigueur de cette dernière, l'article 30 prévoit qu'elle pourrait se produire à une date précise et il est suggéré que cette date devienne, comme c'est le cas dans plusieurs pays, notamment aux États-Unis d'Amérique, le Jour de la Constitution de la République québécoise.

2. De la voie parlementaire à la démarche citoyenne : la Commission de la Constitution québécoise et l'Assemblée constituante du Québec

Après avoir illustré le contenu possible d'une constitution interne et d'une constitution républicaine concrétisant les options autonomiste et souverainiste, il importe maintenant de proposer une démarche qui permettra d'arrimer le travail d'élaboration et d'examen des projets visant à doter le Québec d'un nouvel ordre constitutionnel. À cet égard, il est proposé que, dans un premier temps, l'examen des projets de constitution interne et de constitution républicaine soit fait par la voie parlementaire et mette en scène une commission de la Constitution québécoise. Dans un deuxième temps, il est suggéré qu'une démarche citoyenne soit choisie pour échanger et rédiger une version définitive d'une constitution républicaine et qu'elle donne lieu à l'institution d'une Assemblée constituante du Québec.

2.1. De la voie parlementaire : la Commission de la Constitution québécoise

Le débat sur l'option autonomiste et sur le projet de constitution interne qui en serait l'expression pourrait avoir lieu devant une commission de la Constitution québécoise instituée par l'Assemblée nationale du Québec. Dans une perspective historique, ce geste aurait d'ailleurs comme conséquence de faire revivre le Comité de la Constitution qui avait vu le jour en 1967 et auquel avait succédé une Commission de la Constitution dont les travaux n'avaient toutefois pu mener à l'adoption d'une constitution interne du Québec.

Cette Commission de la Constitution québécoise aurait le mandat d'étudier à la fois le projet de constitution interne et celui de constitution républicaine dont le saisirait le gouvernement dès la prise du pouvoir. La commission procéderait à des consultations générales de façon à assurer que les deux projets puissent être commentés et bonifiés par la population du Québec. Elle devrait évaluer l'impact des autres propositions formulées par les personnes et les groupes qui se présenteraient devant elle et préparer deux nouveaux projets sur la base des modifications que ses membres considéreraient essentielles pour traduire un consensus sur l'option autonomiste et l'option souverainiste.

Cette commission devrait également détenir le mandat de préparer un projet de résolution de modifications de la Constitution du Canada. Un tel projet devrait notamment contenir des modifications visant à conférer une reconnaissance constitutionnelle à la nation québécoise, à prévoir les nouvelles compétences partagées et exclusives du Québec. Il devrait également inclure des dispositions visant à assurer que le principe de laïcité et la clause d'interprétation contenus à l'article 8 du projet de Constitution québécoise ne soient pas rendus inopérants par les dispositions de la *Loi constitutionnelle de 1982* et de sa *Charte canadienne des droits et libertés* qu'il s'agisse du principe reconnaissant la suprématie de Dieu auquel fait référence le préambule ou de l'objectif visant à promouvoir le maintien et la valorisation du patrimoine multiculturel des Canadiens énoncé à l'article 28. Le projet de résolution devrait également prévoir des modifications reconnaissant au Québec le pouvoir de nommer les juges de la Cour supérieure du Québec, de la Cour d'appel du Québec et de la nouvelle Cour suprême du Québec.

Les consultations générales pourraient s'avérer l'occasion de formuler des propositions susceptibles de bonifier le projet de Constitution québécoise. On pourrait ainsi modifier la liste des compétences pour accroître davantage l'autonomie constitutionnelle du Québec. D'aucuns pourraient vouloir que le Québec puisse se voir reconnaître le droit d'être représenté par des équipes distinctes lors de grandes compétitions sportives internationales, comme les Jeux de la Francophonie ou la Coupe du monde de hockey. On pourrait vouloir doter le Québec d'une présidence détenant de pouvoirs plus importants et envisager des modifications de la Constitution du Canada visant la charge du lieutenant-gouverneur du Québec.

La Commission aurait également comme mandat d'élaborer un projet de loi sur l'Assemblée constituante et de consulter la population sur les questions relatives à la composition, le mandat, l'organisation et le fonctionnement de cette assemblée.

S'agissant de la composition de la Commission de la Constitution, le modèle des deux commissions instituées par la Loi sur le processus de détermination de l'avenir politique et constitutionnel du Québec pourrait être suivi. Ainsi, la Commission pourrait être composée de dix-huit membres, comprenant le premier ministre, le chef de l'opposition officielle et seize députées et députés, dont neuf du parti gouvernemental, cinq du parti de l'opposition officielle et deux appartenant à d'autres partis représentés dans l'opposition.

La Commission présenterait un rapport à la fin de ses travaux. Ce rapport contiendrait le nouveau projet de Constitution québécoise et le projet de résolution de modifications de la Constitution du Canada. Dans son rapport, la Commission pourrait identifier les articles du projet de Constitution québécoise devant faire l'objet d'une adoption immédiate par l'Assemblée nationale du Québec et ceux dont l'adoption serait suspendue pendant la négociation portant sur les projets de modifications de la Constitution du Canada. Le rapport inclurait également le nouveau projet de Constitution de la République québécoise ainsi que le projet de loi sur l'Assemblée constituante du Québec.

Après l'adoption de la Constitution québécoise par l'Assemblée nationale et pendant le cours des négociations relatives aux modifications de la Constitution du Canada, il est suggéré d'entreprendre une démarche citoyenne visant à faire examiner le nouveau projet de Constitution de la République québécoise par l'Assemblée constituante du Québec.

2.2. La démarche citoyenne : l'Assemblée constituante du Québec

Pour examiner le projet d'une constitution républicaine du Québec et la réforme en profondeur du régime politique susceptible d'être établi dans un Québec souverain, il est suggéré de procéder à une consultation de très grande envergure et d'instituer à cette fin l'Assemblée constituante du Québec. Cette assemblée constituante aurait le mandat d'étudier le projet de Constitution de la République québécoise qui aurait été préparé par la Commission de la Constitution québécoise et que lui transmettrait l'Assemblée nationale du Québec.

Il est suggéré que l'Assemblée constituante soit composée de personnes élues aux fins d'examiner et de bonifier le nouveau projet préparé par la Commission de la Constitution québécoise. L'élection de ces membres se ferait au suffrage universel, selon un système de représentation proportionnelle ayant comme objectif la parité hommes-femmes. Une telle parité étant également prévue par la commission constituante et dont l'article 6 du projet de loi sur l'avenir du Québec prévoit la mise sur pied.

Les travaux de l'Assemblée constituante devraient être organisés de manière à favoriser la plus grande participation possible des citoyennes et des citoyens du Québec. Celle-ci pourrait privilégier, entre autres moyens, la tenue d'audiences publiques dans diverses régions du Québec, l'audition d'experts et la tenue de forums sur des aspects particuliers du contenu de la Constitution de la République québécoise.

La démarche citoyenne pourrait être l'occasion de formuler des propositions novatrices et originales. On pourrait ainsi insérer dans la Constitution une charte québécoise du développement humain et du développement durable. Le catalogue des droits fondamentaux pourrait être enrichi par d'autres droits relatifs à la sécurité alimentaire et à la protection contre des organismes génétiquement modifiés. Les questions difficiles et controversées comme celles relatives à l'euthanasie, à la procréation, à la peine de mort pourraient trouver une place dans la charte. On pourrait envisager d'intégrer des dispositions générales sur l'application du principe de laïcité ainsi que la référence à une charte québécoise de la laïcité dont les dispositions seraient, comme pour la Charte québécoise des devoirs et des droits fondamentaux, incorporées dans la Constitution.

Sur le plan de l'architecture institutionnelle, certains pourraient préférer un régime présidentiel et parlementaire et vouloir distinguer la fonction de chef d'État de celle de chef de gouvernement, et maintenir, comme dans la République française, la position de premier ministre. D'autres pourraient vouloir retenir un système parlementaire supposant la responsabilité du gouvernement devant le Parlement et le maintien du cumul des rôles de député et de ministre.

Des solutions de rechange au mode de scrutin proportionnel pourraient être présentées à l'Assemblée constituante, et les modèles sont multiples, comme celui à deux tours comme en France. S'agissant des institutions judiciaires, on pourrait vouloir conférer à un Conseil constitutionnel plutôt qu'à la Cour suprême du Québec le soin d'exercer le contrôle de la constitutionnalité. Et d'aucuns pourraient vouloir une participation plus grande des citoyens à la révision et à l'approbation des propositions de révision de la Constitution et élargir l'éventail des dispositions de la Constitution qui ne pourraient être modifiées qu'avec l'assentiment du peuple à l'occasion d'une consultation populaire.

Toutes ces propositions et la démarche citoyenne à l'intérieur de laquelle elles s'inséreront devraient avoir comme dénouement l'adoption du texte d'un projet de Constitution de la République québécoise par l'Assemblée constituante du Québec. L'adoption de ce texte devrait coïncider avec la fin du délai prévu pour les négociations entreprises sur la base du projet de résolution de modifications de la Constitution du Canada destinée à assurer l'autonomie constitutionnelle du Québec.

Si le projet d'autonomie constitutionnelle du Québec devait être rejeté par l'Assemblée constituante, il faudrait dès lors envisager de soumettre le projet de Constitution de la République québécoise à une consultation populaire. Si le peuple du Québec approuvait le projet de Constitution de la République québécoise, il appartiendrait à l'Assemblée nationale du Québec d'adopter le texte et de prévoir sa date d'entrée en vigueur. L'entrée en vigueur de cette Constitution, et en particulier de son article 1 qui affirme que le Québec est un État indépendant, équivaudrait à une déclaration de souveraineté.

Conclusion

L'idée de doter le Québec de sa propre constitution est susceptible de devenir un point de ralliement pour les personnes qui sont d'avis que la question nationale ne peut être mise entre parenthèses et faire l'objet de moratoires répétés. Les options autonomistes et souverainistes seront bien servies par des projets de constitution interne et de constitution républicaine qui présenteront un véritable choix aux Québécois et aux Québécoises. Élaborés à la fois par la voie parlementaire et dans le cadre d'une démarche citoyenne, ces projets placeront aussi le Canada devant le choix de respecter la volonté d'autonomie constitutionnelle du Québec se reflétant dans un projet de Constitution québécoise ou de reconnaître un nouveau pays s'étant doté d'une Constitution de la République québécoise.

Le temps est venu de munir le Québec d'une identité constitutionnelle, car la Constitution est, en définitive, le miroir d'une nation. Elle en décrit les valeurs et institutions. Elle consacre les devoirs et les droits fondamentaux. Elle organise la vie publique autour d'un texte fondateur. Elle peut aussi devenir un instrument que s'appropriera un peuple désireux de participer à la vie démocratique de la nation. Elle sera aussi source d'espoir, comme le rappelle le grand patriote constitutionnel Jacques-Yvan Morin :

> *Sans doute, le seul fait d'adopter une constitution formelle n'apportera-t-il aucune garantie de bon gouvernement et de droits égaux pour tous. Fonder quelque espoir sur la pure rationalité constitutionnelle relève à coup sûr de la pensée magique, dans la mesure où les normes ne sont pas solidement arrimées aux réalités, aux besoins et aux aspirations. Mais si elles peuvent l'être et si sont réunies les conditions qui permettent de faire de la loi fondamentale un compendium des valeurs du milieu, instrument pédagogique au service de l'éducation sociopolitique, alors on est en droit d'espérer doter le Québec d'une constitution « vivante », qui en serait certes le miroir, mais aussi le portrait idéal (Morin, J.-Y., 1985, p. 220).*

Références

Binette, A. (1992). Pour une constitution du Québec, *Le Devoir*, 11 décembre, p. B-8.

Charte des droits et libertés de la personne L.R.Q., c. C-11.

Chevrier, M. (1995), Une constitution pour le peuple québécois, *L'Agora*, vol. 2, n° 10, été, p. 13.

Comité directeur de la réforme des institutions démocratiques. (2003). *Prenez votre place — La participation citoyenne au cœur des institutions démocratiques québécoises* — Rapport. Québec, mars, p. 37.

Léger Marketing (2007). *L'opinion des Québécois à l'égard d'une constitution du Québec*. Rapport d'un sondage Omnibus, Dossier 10943-001, novembre. http://www.vigile.net/L-opinion-des-Quebecois-a-l-egard,10759

Morin, J.-Y. (1985). « Pour une nouvelle Constitution du Québec ». *Revue de droit de McGill*, 30, 171.

Pacte international relatif aux droits civils et politiques (1976). 999 recueils des traités des Nations Unies 107 ; [1976] Recueil des traités du Canada n° 47 ; Recueil des ententes internationales du Québec 1976 (4).

Parti québécois (2011). *Agir en toute liberté — Programme 2011*. http://pq.org/sites/default/files/programme2011.pdf

Payne, D. (1984). *Pour une constitution du Québec,* 1ᵉʳ projet, mars et *Pour une constitution du Québec,* 2ᵉ projet, novembre.

Pelletier, B. (2010). *Une certaine idée du Québec. Parcours d'un fédéraliste. De la réflexion à l'action,* Québec, Presses de l'Université Laval.

Projet de loi n° 191 (2007). *Constitution du Québec* (présentation), première session, 38ᵉ législature. Québec, déposé le 17 mai. Accessible à l'adresse http://danielturpqc.org/pagetxperso.php ?id=22

Projet de loi n° 196 (2007). Constitution québécoise (présentation), première session, 38ᵉ législature, Québec, déposé le 18 octobre. Accessible à l'adresse http://danielturpqc.org/pagetxperso.php ?id=22

Rocher, F. (2002). « Une nouvelle constitution pour le Québec ? », *L'annuaire du Québec,* Montréal, Fides, p. 485-488.

Secrétariat à la réforme des institutions démocratiques et à l'accès à l'information (2003). *Prenez votre place !,* Cahier de participation, p. 19-20.

Seymour, M. (2008). « Pour une Constitution québécoise », *Spirale : Arts • Lettres • Sciences humaines,* n° 222, p. 16.

Turp, D. (2005*). Nous, peuple du Québec — Un projet de Constitution du Québec,* Québec, Les Éditions du Québécois.

Turp, D. (2008). « La Constitution québécoise : une perspective historique ». *Revue québécoise de droit constitutionnel, 2,* 16, 71.

Chapitre 12

L'accession du Québec à l'indépendance

Gilbert Paquette et André Binette

Introduction

Plusieurs termes ont été utilisés pour décrire le projet indépendantiste : indépendance, souveraineté, séparation. Nous utilisons le mot *indépendance*. Dans tous les pays, c'est le jour de l'indépendance qui est célébré comme Fête nationale. Toutefois, au moment où le Québec quittera son statut actuel de province pour un statut d'indépendance par rapport au Canada, on utilisera le terme juridique *sécession*, soit l'acte politique par lequel un État fédéré se sépare officiellement et volontairement de l'État qui l'englobe pour devenir à son tour indépendant. Tel est l'objectif des indépendantistes. Nous examinerons ici des démarches par lesquelles le Québec pourra devenir un État complet, souverain, indépendant, et membre du concert des nations.

1. Le contexte international

En Amérique, le mouvement de libération des peuples a touché, au cours du XVIIIe siècle, presque toutes les anciennes colonies de l'Espagne, du Portugal et de l'Angleterre, dont les États-Unis d'Amérique. Le Canada fut l'une des dernières colonies à acquérir de la Grande-Bretagne sa pleine personnalité internationale en 1931. Le Québec demeure donc à ce jour la seule nation développée en Amérique encore dépendante politiquement d'un autre État.

Les cas récents de sécession en Europe, à la suite de la dislocation de l'empire soviétique, l'éclatement de la Yougoslavie et le « divorce de velours » en Tchécoslovaquie, ont créé certaines surprises, parce que l'on oublie que « la sécession a été, jusqu'à ce siècle, le mode le plus marquant, et également le plus habituel de création de nouveaux États » (Crawford, 1979, p. 27). En fait, depuis sa fondation en 1945, le nombre d'États indépendants membres de l'Organisation des Nations Unies (ONU) a quadruplé, pour atteindre le chiffre de 193, ce qui fait en moyenne trois nouveaux États indépendants par année.

En Flandre, en Catalogne et en Écosse, des « nations en quête de pays » partagent avec le Québec plusieurs caractéristiques. Ce sont des sociétés globales dotées d'un intense vouloir-vivre collectif, possédant toutes les caractéristiques d'une nation, partageant une langue commune différente du pays qui les englobe (sauf dans le cas de l'Écosse) et d'une culture distincte solidement enracinée. Elles disposent d'un gouvernement national dont l'autonomie a été conquise progressivement par des luttes politiques contre l'État central, grâce aussi à une émergence de plus en plus forte des initiatives et des institutions de la société civile. Les quatre nations se sont dotées de partis politiques qui réclament soit l'indépendance complète, soit un accroissement de l'autonomie de leur État national. Au sein des quatre États, on retrouve plus d'un parti prônant l'indépendance, ce qui est depuis peu également le cas au Québec.

2. Aspects juridiques de l'accession à l'indépendance

Le droit des peuples à disposer d'eux-mêmes, ou *autodétermination*, est le fondement démocratique sur lequel s'appuient les peuples pour accéder à l'indépendance. Pour avoir droit à l'autodétermination, une population doit constituer un peuple, c'est-à-dire un ensemble d'individus qui forment, à un moment donné, une communauté historique partageant majoritairement un sentiment d'appartenance durable. Ce sentiment d'appartenance peut venir de l'une au moins de ces caractéristiques : un passé commun, un territoire commun, une langue commune, une religion commune ou des valeurs communes. De toute évidence, les personnes habitant le territoire du Québec forment un peuple qui a le droit à l'autodétermination, droit qu'il a d'ailleurs exercé deux fois lors du référendum de 1980 et du référendum de 1995.

2.1. Autodétermination des peuples et sécession d'États

Le droit à l'autodétermination a été introduit dans le droit international pendant la Première Guerre mondiale et réaffirmé après la Seconde Guerre mondiale dans la Charte des Nations Unies signée en 1945. La Déclaration relative aux principes du droit international touchant les relations amicales et la coopération entre les États, adoptée par l'Assemblée générale des Nations Unies en 1970, va plus loin, à l'article 5 : « La création d'un État souverain et indépendant, la libre association ou l'intégration avec un État indépendant ou l'acquisition de tout autre statut politique librement décidé par un peuple constituent pour ce peuple des moyens d'exercer son droit à disposer de lui-même. » Elle ajoute que tout État a le devoir de respecter ce droit conformément aux dispositions de la Charte. Le droit à l'autodétermination est donc un droit démocratique reconnu.

Mais le droit à l'autodétermination implique-t-il nécessairement le droit à la sécession, soit celui de se séparer entièrement de l'État qui l'englobe pour former lui-même un État indépendant ? Ici, le droit à l'autodétermination entre en conflit avec celui de l'intégrité territoriale des États. Certains juristes en arrivent à distinguer entre *droit à l'autodétermination interne* et *droit à l'autodétermination externe*, le premier excluant le *droit de sécession* et le second l'incluant. La résolution 1514 de l'Assemblée générale des Nations Unies, adoptée le 14 décembre 1960 dans le contexte de la décolonisation, a apporté un fort appui au droit des peuples à l'autodétermination, mais elle a eu pour effet de mettre en question les cas d'indépendance qui ne seraient pas liés à des phénomènes d'exploitation clairement démontrés. Certains juristes prétendent maintenant que seul le droit à l'autodétermination interne est possible, c'est-à-dire le « droit d'obtenir des changements à l'intérieur de frontières, pas de changer les frontières elles-mêmes. [...] L'appui à l'autodétermination est au moins égalé, sinon surpassé, par l'emphase sur l'intégrité territoriale » (Bartkus 1999, p. 71). Autrement dit, le droit à l'autodétermination est reconnu, celui de l'exercer jusqu'à la sécession n'est pas interdit, mais il n'est pas encouragé par le droit international.

En 1992, la Commission d'étude des questions afférentes à l'accession du Québec à la souveraineté, une commission parlementaire spéciale mise sur pied par le gouvernement de Robert Bourassa à la suite d'une recommandation du rapport de la Commission sur l'avenir politique et constitutionnel du Québec (Bélanger-Campeau), commandita une étude auprès de cinq experts internationaux. Rédigé par le Français Alain Pellet et cosigné par les Britanniques Rosalyn Higgins et Malcolm Shaw, l'Américain Thomas Franck et l'Allemand Christian Tomuschat, ce rapport affirme clairement : « Mais, à l'inverse, le droit international et en particulier le principe de l'intégrité territoriale ne font pas obstacle à l'accession de peuples non coloniaux à l'indépendance. » Quant à l'application de cette règle de droit international en ce qui concerne le cas spécifique du Québec, les cinq experts concluent que « le peuple québécois ne saurait fonder une éventuelle revendication de souveraineté sur son droit à disposer de lui-même, mais il ne serait pas pour autant empêché d'y accéder par des motifs juridiques » (Franck et collab., 1992, par. 3.15). La légalité de l'accession à l'indépendance serait plutôt assurée par l'effectivité du nouvel État, c'est-à-dire son existence considérée comme un fait politique éventuellement confirmé par la reconnaissance d'autres États, avec ou sans la reconnaissance du Canada.

D'autres juristes s'opposent au principe même de la qualification des peuples à la sécession par un organe extérieur comme l'Assemblée générale des Nations Unies. Ils avancent le concept d'autoqualification des peuples par l'histoire de leurs luttes pour maintenir leur intégrité. « Ce serait les peuples eux-mêmes qui témoigneraient de leur aptitude à accéder à l'indépendance. Et comme il n'est pas question qu'ils se qualifient par une simple expression de leur volonté (un vote) sans quoi ce serait ouvrir à tous les droits à la sécession, leur témoignage est celui de leur lutte. Le droit des peuples à disposer d'eux-mêmes devient ainsi, selon la forte expression de Charles Chaumont, le droit des peuples à témoigner d'eux-mêmes » (Charpentier, 1984, p. 123).

Quant à la façon d'exercer le droit à la sécession, le juriste Jacques Brossard explique que « l'exercice du droit à l'autodétermination n'exige pas, pour être juridiquement valide, que la population concernée soit consultée par plébiscite. [...] Le plébiscite peut revêtir plus d'une forme et il n'est pas le seul instrument disponible : on peut tout aussi bien consulter la population sous forme d'élection, à condition que celle-ci porte essentiellement sur la question du régime politique à choisir et que les options soient clairement identifiées. [...] Quant aux référendums, ils peuvent porter non seulement sur l'opportunité de choisir telle ou telle option, par exemple l'indépendance ou le *statu quo*, mais aussi sur l'adoption ou le rejet d'une constitution qui comporte pareille option, ou encore sur l'approbation ou la désapprobation du fait accompli » (Brossard, 1976, p. 93).

2.2. Constitution canadienne et droit à la sécession

La Constitution canadienne, contrairement à d'autres constitutions de régime fédéral, ne prévoit ni n'interdit la sécession d'une province. Or, lors du référendum de 1980, et encore plus clairement lors de celui de 1995, le peuple du Québec a exercé son droit de disposer de lui-même. Tous les gestes des opposants à l'indépendance, à commencer par les premiers ministres fédéraux en poste, démontrent qu'implicitement ils reconnaissaient ce droit au Québec de faire sécession de l'État fédéral. Le référendum de 1995 prévoyait même qu'en cas de non-respect de la volonté majoritaire de la population, l'Assemblée nationale du Québec pourrait, après un délai d'un an, déclarer unilatéralement l'indépendance du Québec.

À la suite des résultats officiels serrés du référendum de 1995 où le Non l'emporta par 50,58 % avec un vote de près de 95 % des électeurs inscrits, le gouvernement fédéral décida de se donner des armes juridiques pour se prémunir contre la possibilité d'un troisième référendum sur l'indépendance du Québec qui, cette fois, risquerait d'être gagnant. Espérant faire dire par la Cour suprême du Canada que le Québec n'a pas le droit de faire la souveraineté à moins que le Canada et les provinces y consentent, Jean Chrétien et Stéphane Dion présentèrent à la Cour des questions destinées à river le clou du Québec une fois pour toutes. Ces questions furent jugées totalement partiales par le président de la Commission du droit international des Nations Unies, Alain Pellet, qui écrivit ce qui suit : « Je suis profondément troublé et choqué par la façon partisane dont les questions sont posées et je me permets de suggérer qu'il est du devoir d'une Cour de justice de réagir face à ce qui apparaît clairement comme une tentative trop voyante de manipulation politicienne » (cité dans Lisée, 2000, p. 329).

La Cour suprême, consciente de cette tentative de manipulation, énonçait dans son Renvoi relatif à la sécession du Québec qu'elle se gardait le droit, si elle estimait qu'une question pouvait être trompeuse, d'interpréter la question ou de nuancer à la fois la question et la réponse. De fait, les éléments principaux du jugement trahirent les espoirs de messieurs Chrétien et Dion et ouvrirent au contraire des perspectives intéressantes quant à l'exercice par le Québec de son droit à la sécession.

Sur le processus d'accession à la souveraineté, la Cour affirmait que si une majorité claire optait pour la création d'un État indépendant, cela « conférerait au projet de sécession une légitimité démocratique que tous les autres participants à la Confédération auraient l'obligation de reconnaître » (par. 150). « Les autres provinces et le gouvernement fédéral n'auraient aucune raison valable de nier au gouvernement du Québec le droit de chercher à réaliser la sécession, si une majorité claire de la population du Québec choisissait cette voie, tant et aussi longtemps que, dans cette poursuite, le Québec respecterait les droits des autres » (par. 151). Par ailleurs, la Cour refusa de rejeter la règle du 50 % plus un en parlant d'une « majorité « claire » au sens qualitatif. (par. 87).

Sur l'obligation de négocier du Canada et des provinces, la Cour rejeta totalement les prétentions du gouvernement fédéral : « Ainsi, un Québec qui aurait négocié dans le respect des principes et valeurs constitutionnels face à l'intransigeance injustifiée d'autres participants au niveau fédéral ou provincial aurait probablement plus de chances d'être reconnu qu'un Québec qui n'aurait pas lui-même agi conformément aux principes constitutionnels au cours du processus de négociation » (par. 103).

Sur la décision possible du Québec de faire « unilatéralement » sécession, la Cour rejeta ce droit lorsqu'il est exercé « sans négociations préalables avec les autres provinces et le gouvernement fédéral » (par. 86). Mais après un éventuel échec des négociations, cet empêchement disparaîtrait puisque la cour reconnaît clairement le principe d'effectivité du droit international selon lequel si la souveraineté est un succès dans les faits, elle devient une réalité en droit.

De toute cette discussion sur le droit à la sécession, il faut retenir qu'il est fondé sur le droit inaliénable des peuples à disposer d'eux-mêmes. Son exercice est une question politique beaucoup plus que juridique. Si un État peut démontrer un appui populaire, quel que soit le moyen pour le faire, s'il affiche une volonté politique ferme et une capacité à administrer effectivement un territoire, il sera tôt ou tard reconnu par la société internationale. Toutefois, pour hâter sa reconnaissance internationale comme État indépendant, le Québec aura avantage à créer les conditions facilitant sa reconnaissance par le Canada et par des États tiers, au premier chef les États-Unis et la France. Essentiellement, ces États, de même que le Canada d'ailleurs, auront intérêt à le faire, quand cela ne serait que pour renforcer l'association économique nord-américaine ou la francophonie. Ils le feront dès que la souveraineté du Québec leur apparaîtra inévitable et porteuse de stabilité politique et économique.

2.3. Indépendance unilatérale et droit international

Le 22 juillet 2010, la Cour internationale de justice (CIJ) a émis un avis consultatif qui établit la légalité de la déclaration unilatérale d'indépendance (DUI) du Kosovo du 17 février 2008. Cet avis apporte un appui de taille à la Loi sur l'exercice des droits fondamentaux et des prérogatives du peuple québécois et de l'État du Québec (communément appelée loi 99) qui affirme : « Le peuple québécois a le droit inaliénable de choisir librement le régime politique et le statut juridique du Québec » (art. 2). Dans son jugement, la CIJ écarte complètement la pertinence du droit de la Serbie, l'État prédécesseur, qu'il s'agisse de la Constitution ou de toute autre loi ou règle de droit de cet État. Le droit de la Serbie n'est examiné à aucun endroit dans le jugement. Il s'agit d'un précédent majeur pour le Québec, qui écarte tout aussi complètement la pertinence de la Constitution canadienne ou de la « loi sur la clarté » dans l'évaluation d'une éventuelle DUI québécoise au regard du droit international.

La CIJ consacre de longs développements au contexte factuel propre au cas du Kosovo (par. 58 à 77), qui est évidemment fort différent de celui du Québec. Rien n'indique dans l'avis que la légalité de la DUI soit tributaire de ce contexte. La question de la légalité d'une future DUI du Québec est entièrement résolue par le droit international général, dont l'état contemporain est clairement expliqué par la CIJ (par. 79 à 84). « Avant la seconde moitié du XXe siècle, les déclarations d'indépendance ont été nombreuses [...] Il ressort clairement de la pratique étatique au cours de cette période que le droit international n'interdisait nullement les déclarations d'indépendance. Au cours de la seconde moitié du XXe siècle, le droit international, en matière d'autodétermination, a évolué. [...] Il est toutefois également arrivé que des déclarations d'indépendance soient faites en dehors de ce contexte. La pratique des États dans ces derniers cas ne révèle pas l'apparition, en droit international, d'une nouvelle règle interdisant que de telles déclarations soient faites » (par. 79).

La décision de la CIJ, tout comme celle de la Cour suprême du Canada dans le Renvoi relatif à la sécession du Québec, de ne pas faire découler la légalité de la DUI du droit des peuples à disposer d'eux-mêmes, simplifie la discussion sur le territoire et ferme la voie aux menaces de partition. Un tel concept de partition est contraire à la pratique internationale contemporaine qui consacre au nouvel État souverain les frontières déjà établies à l'intérieur de l'État prédécesseur. Par ailleurs, l'illégalité d'une DUI ne peut se déduire du principe de l'intégrité territoriale des États existants. Ce principe s'applique uniquement aux relations interétatiques (par. 80).

« L'accession à l'indépendance du Québec ne dépend pas de l'acceptation ou du refus du Canada, contrairement à ce que clament les ténors fédéralistes. Malgré des contextes différents, le cas du Kosovo nous montre qu'une fois épuisée la possibilité d'un divorce à l'amiable, c'est en définitive au peuple concerné et à ses représentants légitimes que revient la décision, unilatérale au besoin, de déclarer son indépendance » (Binette et collab., 2010).

3. Le processus d'accession à l'indépendance et le contexte canadien

Depuis trente ans, le peuple québécois s'est prononcé trois fois dans des référendums de nature constitutionnelle. Les trois fois, sa décision fut négative, en 1980, en 1992 et en 1995. De cette séquence historique de référendums, il faut d'abord retenir trois choses fondamentales :

Le peuple québécois a, à chacune de ces occasions, exercé le droit à l'autodétermination qui lui est inhérent et reconnu par le droit international. Puisque ce droit est incessible et imprescriptible, il peut à nouveau être exercé à l'avenir. Il n'est jamais éteint.

Si l'on fait la synthèse des propositions soumises dans les trois référendums mentionnés, le peuple québécois a rejeté de manière décisive une version diluée du projet de souveraineté en 1980 et un projet mineur de réforme du fédéralisme canadien en 1992. Le résultat du référendum sur un projet plus ferme de souveraineté du Québec en 1995 n'a pas été décisif et s'apparente davantage à un match nul qui perpétue provisoirement le *statu quo* jusqu'à ce que la question soit définitivement tranchée.

Tant sur le plan juridique que sur le plan politique, le Québec pourra donc à nouveau se poser la question de la souveraineté dans les circonstances appropriées.

Nous examinerons maintenant trois plans possibles d'accession à l'indépendance dans le contexte actuel où se trouve le Québec en 2012. Le premier reprend essentiellement la démarche référendaire utilisée en 1995 avec quelques améliorations. Le second tient compte du désir d'une majorité de citoyens que soit tentée une modification constitutionnelle substantielle à la Constitution canadienne avant de passer à la sécession. Le troisième repose au départ sur un refus de l'ordre constitutionnel imposé unilatéralement par Ottawa en 1982.

3.1. Le référendum sur la souveraineté (plan A)

Le projet de souveraineté de 1995 était plus ferme que celui de 1980 parce que la souveraineté n'était plus liée de manière indissoluble à l'*association* avec le Canada (le fameux « trait d'union »), et parce que la question référendaire de 1980 prévoyait un second référendum pour faire approuver le résultat de la négociation avec le Canada. En 1995, le trait d'union et le second référendum avaient disparu. La souveraineté était assortie d'une offre de partenariat avec le Canada. Si elle avait été acceptée, cette offre aurait entraîné des négociations avec le Canada. Si l'offre de négocier avait été rejetée ou si les négociations n'avaient pas abouti à une entente, l'Assemblée nationale aurait été libre de procéder à une déclaration unilatérale d'indépendance qui aurait été soumise à la reconnaissance des autres États souverains.

L'approche du gouvernement du Québec en 1995 a été validée ultérieurement par la Cour suprême du Canada dans le Renvoi relatif à la sécession du Québec de 1998, qui a même ajouté une obligation juridique pour le Canada de négocier avec le gouvernement du Québec de manière à donner suite à un résultat affirmatif. Cette obligation juridique n'existait ni en 1980 ni en 1995. L'obligation de négocier vient équilibrer davantage le débat pour l'avenir. Elle n'existe ni en droit international ni dans les systèmes juridiques d'autres pays. Elle est unique au droit canadien depuis 1998.

Cela étant dit, comme l'a rappelé Jacques Parizeau dans son plus récent ouvrage *La souveraineté du Québec, hier, aujourd'hui et demain* (2009), la conjoncture et les circonstances historiques avaient évolué entre 1980 et 1995 de manière à justifier une nouvelle stratégie d'accession à la souveraineté. Il en est ainsi maintenant, plus de quinze ans après le dernier référendum sur la souveraineté. Il n'existe toutefois aucune raison valable de rejeter l'approche conçue en 1995, que l'on peut appeler le plan A, tout en lui apportant certaines améliorations :

La question référendaire doit uniquement porter sur le projet de souveraineté. En 1995, on y trouvait une allusion à une entente entre trois chefs de partis quant au partenariat Québec-Canada qui était superflue, tout en créant de la confusion. La clarté de la question est désormais une exigence du droit canadien, mais ce n'est pas là l'essentiel. Elle correspond surtout à une pratique internationale à laquelle il faudra se conformer si l'on veut obtenir la reconnaissance des autres États. La clarté de la question référendaire et du résultat sera évaluée par les différents pays avant que la reconnaissance ne soit accordée. Il ne faut pas qu'il y ait de doutes sur la volonté du peuple québécois.

Dans le même ordre d'idées, *le processus référendaire doit être internationalisé dès son origine afin de faciliter l'obtention de la reconnaissance internationale lors de son aboutissement.* Le processus québécois d'accession à la souveraineté ne doit plus jamais être considéré comme une affaire intérieure canadienne. Il doit devenir un processus international dès le jour de l'élection d'un gouvernement souverainiste. La Cour suprême du Canada a clairement indiqué en 1998, dans le renvoi sur la sécession déjà mentionné, que la souveraineté du Québec pouvait être obtenue légalement en vertu du droit international même si elle ne l'était pas en vertu du droit canadien. La Cour suprême pouvait difficilement se prononcer autrement puisqu'elle n'inventait rien en disant cela. Elle ne faisait que reprendre dans le système juridique canadien les règles bien établies du droit international sur la question, des règles qu'elle ne pouvait contredire sans affaiblir sa propre crédibilité. Par conséquent, depuis 1998, le droit canadien a perdu une partie de son poids et de sa pertinence dans le processus québécois d'accession à la souveraineté. Il en résulte que de nombreux observateurs internationaux devraient être présents au moment du prochain référendum sur la souveraineté afin de démontrer à la planète entière, ce qui comprend le Canada, le caractère international et irréversible de la démarche du Québec et afin de démontrer que le processus d'accession à la souveraineté se déroule non pas en vertu du droit canadien imposé unilatéralement, mais bien en vertu du droit international qui a consacré notamment la pratique de la règle du 50 % plus un des suffrages, à une seule exception (le Monténégro à 55 %, en 2006). Cette exception confirme la règle générale et universellement acceptée.

3.2. Rapatriement substantiel ou indépendance (plan B)

Cependant, une majorité de Québécois croit encore, selon des sondages, qu'il est possible de réformer la Constitution canadienne dans le sens de leur soif constante d'une plus grande autonomie. Les mêmes sondages nous apprennent que, pour l'opinion publique canadienne, il existe au contraire une opposition inébranlable pour un tel exercice. Tel que nous le soulignions au chapitre 1 de cet ouvrage, le Canada préfère nier la question du Québec et lui répond par de l'indifférence.

Faut-il faire à nouveau à une nouvelle génération de Québécois la démonstration de l'impossibilité de réformer le fédéralisme canadien de manière significative ? Encore faudra-t-il dépasser les timides demandes du gouvernement Bourassa en 1987 et prendre acte de la reconnaissance de la nation québécoise par la Chambre des communes en 2007 pour demander des changements majeurs qui font solidement consensus au Québec.

Une ultime démarche de cette nature pourrait être suivie peu après l'élection d'un gouvernement souverainiste au Québec, avec deux différences majeures :

Une proposition constitutionnelle adoptée par l'Assemblée nationale devrait être formulée à la suite d'un vaste processus de consultation. Ce n'est qu'à cette condition que la proposition pourrait être dotée d'un poids politique maximal et incontournable, et que l'obligation constitutionnelle de négocier stipulée par la Cour suprême pourrait pleinement porter ses fruits. Le processus de consultation pourrait être du type de la Commission Bélanger-Campeau de 1990-1991 ou des commissions sur la souveraineté de 1995.

En cas de refus de négocier sur cette base ou d'échec de la négociation, le gouvernement du Québec annoncerait la tenue d'un référendum sur la souveraineté. Dans le Renvoi relatif à la sécession du Québec, en 1998, la Cour suprême a indiqué que la sanction de l'échec des négociations constitutionnelles serait de nature politique. La sanction politique devrait être le retour au plan A, c'est-à-dire au projet d'accession à la souveraineté. De cette manière, le Québec aurait démontré sa bonne foi au monde entier en exprimant ses aspirations légitimes et sa volonté d'arriver à un règlement négocié à l'intérieur de la fédération canadienne avant de se résoudre à passer à la souveraineté. Le point de vue de la communauté internationale doit être constamment gardé à l'esprit; il est à prévoir que, dans l'ensemble, celle-ci s'attendra à ce que des efforts raisonnables soient déployés à l'intérieur de la fédération canadienne avant d'accepter de reconnaître le Québec souverain. Le caractère déraisonnable du refus du Canada de négocier sérieusement avec le Québec doit pouvoir être démontré sur le plan international.

La proposition constitutionnelle devrait être adoptée par l'Assemblée nationale trois mois après la prise du pouvoir. Le Canada serait tenu de négocier par sa propre Cour suprême, qui a précisé l'obligation constitutionnelle de négocier de telles propositions dans le Renvoi relatif à la sécession du Québec de 1998.

Afin de donner plus de poids à sa demande, le Québec devrait activer les préparations en vue d'un référendum sur la souveraineté pour pouvoir le tenir au plus tard un an après le début des négociations sur la proposition constitutionnelle si une réponse franche n'a pas encore été obtenue, en adoptant notamment une constitution du Québec souverain pendant cette période suivant un processus démocratique approfondi qui mettrait à contribution tous les citoyens et citoyennes qui désireraient y participer. Une telle constitution, qui clarifierait les enjeux et les implications de l'indépendance, pourrait être soumise au référendum en même temps que le principe de la souveraineté.

La proposition constitutionnelle devrait par exemple contenir les éléments suivants:

Conférer à l'Assemblée nationale la possibilité de créer la République du Québec, avec à sa tête une présidente ou un président élu au suffrage universel direct.

Faire du Québec un État français, ce qui donnerait pleine compétence à l'Assemblée nationale en matière de langue, de culture, de communications et d'immigration. La version initiale de la Charte de la langue française pourrait être réadoptée et des mesures additionnelles pourraient être prises. Toute restriction à la compétence de l'Assemblée nationale provenant de la Constitution canadienne en ces matières serait supprimée.

Conférer la compétence exclusive et entière en matière de fiscalité et de taxation à l'Assemblée nationale du Québec. Pas uniquement en ce qui concerne la perception des impôts, car alors la décision de lever ou de modifier des impôts et taxes resterait à la Chambre des communes à Ottawa. Aucune loi fiscale ne s'appliquerait plus au Québec si elle n'a pas été adoptée par l'Assemblée nationale du Québec. Les citoyens du Québec paieraient la totalité de leurs impôts et taxes au gouvernement du Québec.

D'autres éléments de la proposition constitutionnelle pourraient se dégager du processus de consultation élargi. Cette proposition est susceptible de faire consensus au Québec. Le rapatriement des pouvoirs fiscaux obtiendrait l'appui de 60 % des Québécois selon les sondages. Les autres éléments mentionnés sont également susceptibles de faire consensus en obtenant l'appui de plus des deux tiers des Québécois, selon un sondage IPSO-Bloc québécois rendu public en 2010 (voir détails au chapitre 1).

Si cette proposition constitutionnelle était adoptée, le Québec continuerait de faire partie du Canada. Cependant, le Canada serait une fédération beaucoup plus décentralisée dans le sens des aspirations du Québec à une autonomie plus étendue.

L'objectif premier de la tenue de négociations sur cette proposition ne serait toutefois pas d'obtenir un accord avec le Canada, puisque l'expérience historique récente démontre qu'un tel accord n'est plus réaliste. Il faudrait en tout temps éviter la dilution de nos aspirations. L'objectif serait plutôt de faire voir à la communauté internationale que les aspirations du Québec jouissent d'un appui populaire indéniable, ce qui justifierait par la suite la décision de procéder au troisième et dernier référendum sur la souveraineté, et rendrait plus probable la reconnaissance des autres États.

Dans cet esprit, il est essentiel que la proposition constitutionnelle initiale contienne l'un des trois éléments constitutifs principaux de la souveraineté (Binette, 2010), qui sont : le pouvoir exclusif de lever des impôts, le pouvoir exclusif d'adopter des lois et le pouvoir exclusif de conclure des traités.

Il faut que la proposition constitutionnelle du plan B soit mobilisatrice pour les souverainistes décidés et soit aussi de nature à faire consensus. Si elle est trop proche des propositions constitutionnelles qui ont déjà échoué, rien n'avancera, car le Québec et le Canada ont tous deux changé depuis, mais ont évolué dans des directions divergentes. L'objectif de la nouvelle proposition constitutionnelle sera de faire apparaître la vérité historique de cette incompatibilité, de manière à donner une nouvelle impulsion au projet de souveraineté.

Le plan B pourrait être un moyen efficace de réaliser la souveraineté. Il faut cependant qu'il contienne des éléments essentiels du projet de souveraineté afin d'éviter la multiplication des référendums sectoriels sur des questions secondaires qui pourraient faire diversion et retarder l'avènement de la souveraineté. Les souverainistes sont des démocrates, mais pas des « référendistes ».

3.3. L'élection-déclenchement et le pacte constitutionnel (plan C)

Le Canada s'est radicalisé depuis le référendum de 1995. Il est aujourd'hui impensable d'imaginer un gouvernement fédéral qui ferait des efforts sincères et soutenus pour satisfaire les aspirations du Québec, comme ce fut le cas pour le gouvernement Mulroney élu en 1984. Bien que très insuffisante pour le Québec, cette ouverture a mené à l'échec de l'accord du lac Meech, et il n'est plus réaliste de compter sur l'apparition d'un tel gouvernement canadien à l'avenir. Les sondages cités au premier chapitre le démontrent amplement, les Canadiens anglais ne sont pas prêts au moindre accommodement, même mineur, pour satisfaire les aspirations du Québec.

Voilà pourquoi l'approche présentée ici vise à inverser le fardeau de la preuve par un rejet explicite de la *Loi constitutionnelle de 1982* qui fut imposée au Québec par un coup de force. Les indépendantistes doivent arrêter d'avoir peur de faire peur et rejeter la Constitution canadienne, que le peuple du Québec n'a jamais approuvée, tout en proposant une solution rassembleuse nous permettant de sortir du cul-de-sac actuel. Le peuple du Québec a évolué depuis 1995. Il ne fait peut-être pas de la question nationale sa principale priorité actuellement, mais il peut être à nouveau sensible au fait que nos problèmes écologiques, économiques, démographiques et linguistiques ne pourront être résolus sans sortir de notre dépendance actuelle à l'égard de l'État canadien. Beaucoup sont réticents à un autre référendum parce que, depuis trop longtemps, aucun résultat décisif ne semble s'en dégager, mais la plupart seront d'accord si une démarche démocratique menant obligatoirement à un résultat leur est proposée (Paquette, 2008).

Voici, dans ses grandes lignes, les temps forts d'une telle démarche :

Une élection portant principalement sur une solution de la question nationale devrait servir d'élément déclencheur (Laplante, 2004). Un *plan de solution* devrait y être présenté par une coalition de candidats et de partis qui s'engageraient à le mettre en œuvre en signant un pacte constitutionnel.

Une fois majoritairement élus à l'Assemblée nationale, *les candidats dits « du pacte constitutionnel »* (Bariteau, 2005*) mettraient en marche une démarche participative* auprès de la population du Québec visant à débattre de deux options, l'une autonomiste, l'autre indépendantiste.

Au cours de ce débat, une constitution préliminaire tenant compte des deux options serait élaborée, par exemple en s'inspirant des propositions de Daniel Turp dans le chapitre précédent. L'option autonomiste serait concrétisée par une constitution interne du Québec contenant par exemple les éléments du plan B et possiblement d'autres, ces dispositions ayant préséance sur celles de la Constitution canadienne, *de facto* rejetée. L'option souverainiste définirait évidemment une constitution républicaine du Québec indépendant hors du cadre canadien.

Dans les deux cas, une déclaration unilatérale d'indépendance serait prévue en cas de refus du Canada de respecter la volonté populaire majoritaire. Au cours de l'élection, les partis et les candidats du pacte constitutionnel s'engageraient (comme en 1995) à réaliser l'une ou l'autre option et à procéder à cette déclaration unilatérale d'indépendance en cas de blocage de l'option autonomiste ou de refus de reconnaître l'indépendance du Québec.

Reprenons chacun de ces éléments.

L'élection-déclenchement. Le référendum consultatif à initiative gouvernementale n'est qu'un des moyens d'expression démocratique de la volonté d'une population. Quand on examine la voie empruntée par de nombreux États maintenant indépendants, le plus souvent, un vote majoritaire d'un Parlement élu par la population met en branle le processus d'accession à la souveraineté. Par la suite, on assiste souvent, mais pas toujours, à un référendum de ratification qui doit être majoritaire à 50 % plus une des voix exprimées.

Par contre, sauf pour les deux premières élections de 1970 et de 1973, le Parti québécois a fait porter tous les débats électoraux sur la bonne gouvernance provinciale, passant du *beau risque* à l'*affirmation nationale* et aux *conditions gagnantes*, un référendum sur la souveraineté devant intervenir plus tard. Le principal problème de l'approche dite du «bon gouvernement» est qu'elle place le terrain de discussion sur un autre plan que celui du changement de statut politique du Québec. Lors d'une élection classique, moment fort où les citoyens s'intéressent le plus à la politique, le terrain est celui de questions importantes certes, mais accessoires par rapport à la question nationale : qui fera le meilleur premier ministre? quels sont les engagements électoraux les plus intéressants? qui pourra le mieux défendre les intérêts du Québec dans le cadre du régime fédéral? De telles campagnes électorales permettent au mieux une critique négative du fonctionnement du fédéralisme canadien, de sorte que les souverainistes ont une image non méritée d'éternels plaignants et de faiseurs de troubles, sans nécessairement faire avancer leur option. Par ailleurs, sur un plan strictement électoraliste, le Parti québécois se place en position de faiblesse en situant ses engagements électoraux totalement dans le cadre fédéral actuel. Cette approche est un cul-de-sac, comme le démontre le pourcentage d'appui à la souveraineté qui n'a pas bougé pour l'essentiel depuis une trentaine d'années, ce qui encourage la morosité et le sentiment d'impuissance largement ressenti actuellement.

Au contraire, l'élection de déclenchement proposerait une solution de prise en charge de nos affaires. Elle implique une critique du régime canadien dans lequel nous n'avons d'autre avenir que la minorisation et l'assimilation en douce. Elle implique que l'on situe l'élection au niveau national plutôt qu'à celui de la gouverne provinciale, à celui de la prise en charge de nos affaires sur tous les plans.

Il faut réhabiliter le sens démocratique d'une élection. Il est déjà acquis que près des deux tiers des Québécois se définissent comme Québécois d'abord ou exclusivement et qu'ils souhaitent des changements substantiels au régime politique. Le débat électoral mené par les partis et les candidats du pacte constitutionnel se fonderait sur ce consensus. En ce sens, il ne s'agirait pas d'une élection référendaire puisque la décision finale serait prise à la suite d'un débat démocratique subséquent à l'élection, mais il s'agirait d'un geste déterminant quant au refus de la *Loi constitutionnelle de 1982,* imposée unilatéralement au Québec par l'État canadien sans aucune consultation de la population et contre la volonté de notre Assemblée nationale et de tous les gouvernements du Québec, qu'ils aient été fédéralistes ou souverainistes. Il s'agirait aussi d'un geste positif déterminant puisqu'il déclencherait une démarche dont l'aboutissement est garanti par le fait qu'une majorité d'élus auraient adhéré au préalable au pacte constitutionnel.

Une démarche participative. On a souvent identifié *démarche participative* et *assemblée constituante*, mais on peut aussi soutenir que l'Assemblée nationale est la meilleure des assemblées constituantes, surtout si elle est élue précisément dans le but de fournir au Québec une constitution fondée sur la volonté populaire. Mais de toute évidence, nous avons besoin de nous parler de la question nationale, avant, pendant et après l'élection, et le plus tôt sera le mieux. Constatant la difficulté du peuple québécois à décider de son avenir national, plusieurs groupes, notamment un collectif sous la direction d'Yves Leclerc et de Claude Béland, ont proposé une démarche alternative qualifiée de *voie citoyenne*, axée sur l'exercice de la démocratie participative. On peut aussi rappeler les commissions sur l'avenir du Québec lors du référendum de 1995. Quelles qu'en soient les modalités, un vaste débat de société devrait contribuer à créer un consensus national et orienter les travaux de cette assemblée constituante que deviendrait notre Assemblée nationale, laquelle aurait charge de construire les outils de notre émancipation nationale, le plus important de ces outils étant une constitution provisoire destinée à remplacer en tout ou en partie la Constitution canadienne qui nous a été imposée unilatéralement en 1982.

Un projet avec option pour dégager un large consensus. Les indépendantistes et les autonomistes constituent la vaste majorité de la population du Québec. Les Québécois qui se définissent comme Canadiens exclusivement sont encore plus minoritaires qu'avant, de sorte qu'on peut parler d'une certaine « décanadianisation » du Québec[45]. Chez les francophones, 1 % se disent Canadiens seulement, 7 % Canadiens d'abord, 20 % également Canadiens et Québécois, 40 % Québécois d'abord et 31 % Québécois seulement. Chez les jeunes francophones de 18 à 24 ans, le nombre de « Québécois d'abord » ou de « Québécois seulement » est même plus élevé (77 %). Il est important de souligner que les résultats du référendum de 1995 ont démontré qu'une majorité des « Québécois d'abord » ont soutenu le camp du Oui puisque l'appui à la souveraineté chez les francophones a atteint environ 60 %, soit 49,4 % pour l'ensemble de la population.

Or, faute d'en arriver à un consensus majoritaire, c'est l'option de la minorité *canadian* qui se maintient et même qui se consolide puisque le Canada évolue de plus en plus vers la centralisation des pouvoirs au gouvernement fédéral. Il est vital de cesser de nous neutraliser mutuellement entre autonomistes, nationalistes, souverainistes et indépendantistes de différentes

---

45. Données regroupées par Jean-François Lisée : http://www2.lactualite.com/jean-francois-lisee/la-decanadianisation-du-quebec-saccelere/7024/ #more-7024

tendances. Il faut retrouver, au Québec, une convergence sur le plan national. Une telle alliance des tendances procurerait au Québec le rapport de force dont il a besoin pour se dégager du carcan fédéral.

Voilà pourquoi une constitution provisoire du Québec qui résulterait de l'élection et du débat populaire subséquent devrait prendre la forme de deux documents gigognes qui reprendraient d'abord les dispositions de la loi 99 en affirmant notamment que « seul le peuple québécois a le droit de choisir le régime politique et le statut juridique du Québec ». Ensuite, au chapitre des compétences de l'État québécois, le volet « autonomiste » identifierait la liste des pouvoirs qui, résultant du débat populaire, seraient jugés urgents pour la solution de ce que certains appellent à tort les « vraies affaires », par exemple la consolidation du Québec français, le contrôle de nos richesses naturelles et de notre environnement, ou nos capacités d'investissement en éducation, en santé, en économie ou dans la lutte à la pauvreté. Ces nouvelles compétences incluraient notamment le rapatriement de tous les impôts et taxes au Québec ainsi que les pouvoirs en matière de langue, de culture, de communications. Le volet « indépendantiste » affirmerait évidemment que tous les pouvoirs relèvent de l'Assemblée nationale du Québec. Il établirait un régime républicain de type présidentiel. Le projet de constitution prévoirait que la « constitution indépendantiste » s'applique au moment de sa mise en vigueur par l'Assemblée nationale, celle-ci devant se faire au plus tard un an après qu'un blocage aurait été constaté de la part du Canada relativement à la « constitution autonomiste ».

La déclaration unilatérale d'indépendance. Toute proposition prévoyant le rapatriement de certains ou de tous les pouvoirs au Québec dont la réalisation dépend de l'approbation du gouvernement fédéral et des autres provinces ne peut mener ni à la souveraineté, ni à l'autonomie, ni à un renouvellement le moindrement substantiel du fédéralisme canadien dans le sens des intérêts du Québec. Il faut en prendre acte.

La déclaration unilatérale d'indépendance, en cas de refus du Canada, est un élément essentiel de toute démarche visant à faire respecter la volonté démocratique du peuple québécois. La clef de voûte de l'accession à la souveraineté est un appui majoritaire à une démarche résolue, unilatérale au besoin, pour le rapatriement des pouvoirs essentiels au Québec ou de tous les pouvoirs. Il s'agit d'une décision qui ne dépend que des Québécois. C'est ce que nous appelons une obligation de résultat.

4. Principes pour une position consensuelle

Pour arriver à un tel résultat, deux écueils sont à éviter: tenir un autre référendum perdant sur la souveraineté et attendre passivement que les conditions pour le gagner se matérialisent. Il est possible de reprendre l'initiative et de créer nous-mêmes les conditions gagnantes.

Pour reprendre l'initiative, il faut dépasser la division au sein du mouvement souverainiste/indépendantiste, laquelle tient bien davantage à des divergences sur la démarche d'accession à l'indépendance qu'aux convictions indépendantistes de tel ou tel acteur, convictions qu'il ne sert à rien d'ailleurs de mettre en doute. Si on regarde l'histoire du mouvement indépendantiste présentée au chapitre 13, on constate que chaque fois que le principal parti souverainiste, le Parti québécois, met son option «en veilleuse», la coalition qui porte le projet indépendantiste s'effrite. On assiste alors à la création de nouveaux partis ou de nouveaux mouvements.

Malheureusement, au moment d'écrire ces lignes, aucune des trois démarches d'accession à l'indépendance présentées ici n'est proposée activement par le Parti québécois. La gouvernance souverainiste, sans geste autre que ceux que peut poser un gouvernement provincial dans le régime actuel, peut avoir une valeur pédagogique certes, mais elle ne peut mener le Québec à son indépendance. La preuve en a été faite à plusieurs reprises dans le passé. Sans diffuser d'avance la stratégie, les étapes ou les dates à nos adversaires, il faut un plan, une démarche crédible qui doit être véhiculée à la prochaine élection. Nous en avons donné trois exemples. Aux femmes et aux hommes politiques de choisir.

Une deuxième condition de réussite du projet indépendantiste implique également de dépasser les divergences sur les modalités de la démarche. Voilà pourquoi trois démarches acceptables ont été présentées ici, plutôt que LA bonne démarche. On pourrait d'ailleurs en combiner les éléments en fonction de l'évolution de la situation. Plutôt que d'en comparer les mérites et les inconvénients, nous préférons mettre en évidence les principes communs qui font l'objet d'un large consensus. Sur la base de tels principes, il est possible que la coalition indépendantiste puisse se reformer, probablement à l'extérieur du Parti québécois, mais incluant celui-ci, dans le but de faire campagne en vue de créer cette majorité de citoyens et de citoyennes prêts à se donner un pays.

Le premier de ces principes est l'*accession à l'indépendance par la voie démocratique*. Rappelons qu'il y a théoriquement trois façons pour un État annexé d'accéder à l'indépendance : un vote majoritaire d'une assemblée élue démocratiquement par la population, un vote référendaire ou plébiscitaire, ou un coup d'État, pacifique ou armé. Cette dernière option étant rejetée par tous les indépendantistes, ce qu'il y a de commun aux deux autres options, c'est le recours à la décision du peuple qui exerce son droit à l'autodétermination. Cette décision peut être rendue directement par le peuple par référendum, comme en 1980 et 1995, ou à l'occasion d'une élection référendaire, comme ce fut le cas lors de l'élection de 1962 sur la nationalisation de l'électricité. Elle peut aussi être prise par une Assemblée élue par la population lors d'une élection générale ou référendaire jouant le rôle de constituante, ou par une assemblée constituante élue par la population spécifiquement dans le but d'adopter la constitution qui régirait le Québec indépendant.

Le second principe est celui de la *volonté explicite majoritaire de la population*, que celle-ci soit exprimée directement par un vote électoral ou référendaire, ou qu'elle soit démontrée de façon probante par des sondages successifs, comme c'est le cas par exemple pour le rapatriement des impôts au Québec. Soulignons que ce principe d'une majorité explicite n'a pas toujours été dans le programme du Parti québécois. Aux élections de 1970 et 1973, on affirmait qu'un vote des députés, même élus par un vote non majoritaire, suffirait pour sortir de l'État fédéral, tout comme un vote de 26 à 22 des députés francophones du Canada-Uni avait suffi pour y faire entrer le Québec en 1867, lors de la création du Canada. Cette option est maintenant minoritaire dans le mouvement indépendantiste. Réalistement, le contexte international a évolué et il faut une majorité démontrée en faveur de l'indépendance, à un moment ou l'autre de la démarche, non seulement pour obtenir la reconnaissance des autres pays, mais surtout pour assurer que l'Assemblée nationale et le gouvernement du Québec contrôlent effectivement le pays. Cela pourrait se faire par exemple par un référendum sur la Constitution, une fois acquise la volonté populaire majoritaire.

Le troisième principe auquel se rallient les indépendantistes et plusieurs autonomistes est celui de la *primauté du droit du peuple québécois de décider de son statut politique* sur l'intégrité territoriale canadienne. Cette primauté autorisera le gouvernement du Québec à procéder au besoin unilatéralement en cas de blocage du gouvernement canadien quant au transfert des compétences au Québec. C'est d'ailleurs ce qui fut proposé au peuple québécois au référendum de 1995. À la suite de l'offensive fédérale relative à la loi fédérale dite « de clarté », le 7 décembre 2000, sur proposition du gouvernement Bouchard, l'Assemblée nationale adoptait la Loi sur l'exercice des droits fondamentaux et des prérogatives du peuple québécois et de l'État du Québec (loi 99) dont l'article 3 affirme: « Le peuple québécois détermine seul, par l'entremise des institutions politiques qui lui appartiennent en propre, les modalités de l'exercice de son droit de choisir le régime politique et le statut juridique du Québec. »

Le quatrième principe veut que l'**accession à l'indépendance du Québec ne dépende pas de l'acceptation ou du refus du Canada.** Le cas du Kosovo et le renvoi à la Cour suprême présentés plus haut démontrent qu'une fois épuisée la possibilité d'un divorce à l'amiable, c'est en définitive au peuple concerné et à ses représentants légitimes que revient la décision, unilatérale au besoin, de réaliser son indépendance.

Conclusion

En 2012, nous en sommes toujours là pour une seule raison. Bien que les deux tiers de la population du Québec se définissent d'abord ou exclusivement en tant que Québécois, l'appui à l'accession du Québec à la souveraineté se situe toujours entre 40 % et 49 %, avec ou sans association ou partenariat avec le Canada. Cet appui est remarquable dans la mesure où il représente plus de la moitié des francophones, et encore plus si l'on songe que la promotion de l'indépendance n'a pas été jusqu'à maintenant la priorité du principal parti souverainiste depuis 1996. Cet appui est toutefois insuffisant. Tout l'avenir du Québec tient à quelques dizaines de milliers de votes dont la jeune génération détient la clef.

Références

Assemblée générale des Nations Unies (1970). *Déclaration relative aux principes du droit international touchant les relations amicales et la coopération entre les États.*

Bariteau, C. (2005). « Un pacte pour fonder le Québec — Alternative à l'impasse référendaire », *L'Action nationale*, mars-avril.

Bartkus, V. O. (1999). *The dynamics of secession*, Cambridge University Press, p. 71.

Binette, A. (2010). Une autre stratégie d'accession du Québec à la souveraineté, *L'Action nationale*, mars.

Binette, A., Paquette, G. Lajoie, A. et Cloutier, P. (2010). L'avis sur le Kosovo et l'indépendance du Québec — Une décision qui n'appartient qu'au Québec, *Le Devoir,* 10 août.

Brossard. J. (1976). *L'accession à la souveraineté et le cas du Québec*, Montréal, Presses de l'Université de Montréal.

Charpentier, J. (1984). « Autodétermination et décolonisation ». *Le droit des peuples à disposer d'eux-mêmes. Méthodes d'analyse du droit international*, Paris, Éditions A. Pedone.

Cour internationale de Justice (2010). *Conformité au droit international de la déclaration unilatérale d'indépendance relative au Kosovo*, 22 juillet.

Cour suprême du Canada (1998) *Renvoi relatif à la sécession du Québec*, 2 R.C.S. 217.

Crawford, J. (1979). *The Creation of States in International Law*, Oxford, Clarence Press.

Dieckhoff, A. (2000). *La nation dans tous ses États — Les identités nationales en mouvement*, Paris, Flammarion.

Franck T. et collab. (1992). « L'intégrité territoriale du Québec dans l'hypothèse de l'accession à la souveraineté », dans Commission d'étude des questions afférentes à l'accession du Québec à la souveraineté. Exposés et études, vol. 1, *Les attributs d'un Québec souverain*, Québec, Assemblée nationale.

Laplante, R. (2004). « Revoir le cadre stratégique », *L'Action nationale*, janvier.

Lisée, J.-F. (2000). *Sortie de secours*, Montréal, Boréal.

Loi sur l'exercice des droits fondamentaux et des prérogatives du peuple québécois et de l'État du Québec, L.R.Q., chapitre E-20.2 (loi 99).

Organisation Nations Unies (1945). *Charte des Nations Unies.*

Paquette, G. (2008). *La nécessaire alliance*, Montréal, Les Intouchables.

Parizeau, J. (2009). *La souveraineté du Québec, hier, aujourd'hui et demain*, Montréal, Les éditions Michel Brûlé.

Chapitre 13

Où va le mouvement indépendantiste?

Jocelyne Couture

Introduction

C'est une chose relativement aisée de dire où va le mouvement indépendantiste québécois, et c'en est une tout autre, pas si facile lorsqu'on ne possède pas de boule de cristal, de dire s'il arrivera à destination. Pour me livrer à cet exercice de futurologie, je vais tenter d'expliquer d'où vient le mouvement indépendantiste et ce qu'il est devenu dans le cours de son cheminement vers la souveraineté du Québec. C'est en retraçant les vecteurs de cette progression et en les couplant aux changements survenus dans la société québécoise durant les cinq dernières décennies que je me hasarderai à parler des perspectives d'avenir du mouvement indépendantiste et de la cause pour laquelle il milite.

Bien que mon propos se limite ici à l'histoire récente de la société québécoise, j'estime important de rappeler d'entrée de jeu que le mouvement indépendantiste actuel se situe dans la continuité d'une mouvance autonomiste qui se manifeste depuis les balbutiements historiques du pays que l'on appelle maintenant le Canada[46]. Cette mouvance s'est exprimée de façons

---

46. C'est en vertu de l'Acte constitutionnel de 1791 que le terme *Canadien* cesse de désigner exclusivement les francophones établis en Amérique du

diverses qui incluent, entre autres, la résistance des patriotes (1837), l'émergence de plusieurs courants nationalistes au cours de la première moitié du XX siècle, la Révolution tranquille des années 1960-1970 et la création, au cours de ces mêmes années, de mouvements et de partis souverainistes[47]. Si c'est souvent à cette dernière époque que l'on situe l'apparition d'un mouvement proprement souverainiste au Québec, il ne faudrait pas oublier que Louis-Joseph Papineau, chef du Parti patriote, envisageait déjà la sécession de ce qu'on appelait alors le Bas-Canada.

Le mouvement indépendantiste dans sa forme actuelle est l'héritier direct de celui qui a pris naissance au Québec dans le

---

Nord. L'Acte stipule en effet l'existence du Haut-Canada, principalement peuplé de loyalistes fuyant la révolution américaine, et du Bas-Canada, principal territoire des peuplements d'origine française. Dès ce moment, le Parti canadien revendique l'indépendance politique du Bas-Canada et accuse une fin de non-recevoir qui déclenche la révolte des patriotes à laquelle répond l'*Acte d'Union* des deux Canada (1840), astucieuse proposition de Lord Durham qui ne voyait rien de mieux, pour faire cesser les troubles, que d'assimiler le peuple francophone à la minorité anglaise et protestante. En 1867, l'*Acte de l'Amérique du Nord britannique* poursuit sur cette lancée en accordant au « Dominion du Canada » un droit de gouvernement autonome. Le Dominion inclut le Haut-Canada (Ontario), le Bas-Canada (Québec), le Nouveau-Brunswick et la Nouvelle-Écosse. La population du Québec ne constitue alors que 33,7 % de la population « canadienne ». Depuis, le Canada a acquis son indépendance législative (1931) et judiciaire (1949) qui consacre son statut d'État souverain, mais sa nouvelle Constitution (1982) établit son statut de monarchie constitutionnelle, dont le chef d'État actuel est la reine Elizabeth II d'Angleterre. Assortie à la Constitution de 1982, la *Charte canadienne des droits et libertés* rend impossible pour un groupe de se voir accorder un statut et des droits distincts, si ce n'est par la volonté du groupe majoritaire. La faillite de l'Accord du lac Meech, qui proposait à la société canadienne de reconnaître constitutionnellement au Québec le statut de société distincte, illustre cet aspect de la *Charte*. L'Acte de l'Amérique du Nord britannique fut proclamé un 1er juillet, date retenue par le Canada pour célébrer annuellement sa fête nationale.

47. Le Parti québécois, fondé en 1968, résultait de la fusion de deux mouvements qui lui préexistaient, à savoir le Mouvement souveraineté-association (MSA) et le Ralliement national (RN). Le Rassemblement pour l'indépendance nationale (RIN), créé en 1960, devint un parti en 1963. Favorable à l'unité des forces souverainistes, le RIN se dissolut en 1968 à la faveur du Parti québécois.

contexte particulier des années 1960. La première thèse que je veux défendre ici est que ce qui explique l'apparition de ce mouvement est aussi ce qui explique la popularité que connaît encore aujourd'hui l'option souverainiste, à savoir un idéal de justice sociale et de démocratie ainsi que la volonté d'inscrire ces idéaux dans un programme politique porté sur la scène politique par des instances politiques respectueuses de la spécificité culturelle et institutionnelle de la société québécoise. Ces idéaux qui ont présidé à l'apparition du mouvement souverainiste se portent encore aujourd'hui garants de son avenir et, selon moi, de son succès prochain. Certains indépendantistes, pour des raisons diverses, n'ont pas manqué de s'opposer à cette thèse; j'examine leurs arguments dans la deuxième partie du présent chapitre.

Certes, le contexte politique, social et économique, en 2011, n'est plus celui des années 1960. Mais l'ampleur et la constance des appuis actuels à la souveraineté montrent bien, selon moi, que le mouvement souverainiste a su, sans renier ses idéaux de départ, s'adapter à ce nouveau contexte et rejoindre les Québécois d'aujourd'hui. La deuxième thèse que je veux soutenir ici est que cette capacité d'adaptation et de renouvellement témoigne de la vitalité du mouvement indépendantiste, mais aussi d'un potentiel d'inclusion prometteur pour ce qui est de l'atteinte de ses objectifs. C'est ce que je tenterai d'expliquer dans la troisième partie de cet article. Mais pour commencer, j'évoquerai sommairement le contexte de la Révolution tranquille et l'impact qu'elle a eu sur la montée du mouvement indépendantiste au Québec ainsi que sur ses orientations idéologiques.

1. Les assises du mouvement indépendantiste

Il est sans doute un peu abusif de qualifier de *révolution* (même si on la dit tranquille) l'ensemble des innovations qu'a connu le Québec durant les années 1960. Il s'agissait plutôt, sous l'impulsion d'un gouvernement fédéraliste nationaliste porté au pouvoir par une forte majorité de Québécois, d'incarner dans diverses institutions, lois et politiques gouvernementales, l'idée alors bien répandue voulant que les Québécois doivent être maîtres de leur destinée collective. Si cette idée n'avait rien de révolutionnaire à l'époque, on ne peut cependant pas nier que son application concrète a profondément modifié le visage de la société québécoise. Au cours de ces années, on a en effet assisté à la mise en œuvre de plusieurs instruments d'intervention en matière économique, à l'implantation de diverses politiques culturelles, nommément de politiques linguistiques, à l'adoption d'une politique étrangère dans les limites des domaines de compétence reconnus par la Constitution canadienne, à la création de l'assurance-maladie (1961) et d'un système universel des soins de santé (1971), à la nationalisation des compagnies hydroélectriques (1962), à la création du ministère de l'Éducation (1964) et à l'instauration d'un régime de retraite pour les travailleurs (1965). En conséquence, l'intégration sociale a pu être facilitée par un ensemble de mesures économiques, et l'accès à l'éducation postsecondaire et aux soins de santé s'est démocratisé. Les communautés religieuses, qui étaient jadis les principaux acteurs dans ces domaines, s'en sont retirées au fur et à mesure que l'État en devenait le maître d'œuvre, imprimant ainsi à la vie sociale une logique désormais laïque. Bref, nous assistions à cette époque, et grâce à la réappropriation de nos ressources tant sociales que naturelles, à la création d'un État-providence à la québécoise, marqué par des institutions originales, un enracinement culturel spécifique et une dynamique sociale propre au Québec. Alors que la « référence canadienne-française[48] » s'estompait d'autant, les Québécois commençaient à apercevoir ce que pouvait vouloir dire « être maître chez soi ».

Mais pendant cette décennie, la Révolution tranquille n'était pas la seule porteuse de cette aspiration à être maître chez soi. Dès le début des années 1960 naissait en effet une constellation de petits groupes indépendantistes animés d'un authentique projet révolutionnaire et qui n'entretenaient aucune prétention à la tranquillité. Regroupés pour la plupart sous la bannière du

---

48. L'expression est de Fernand Dumont, qui désigne ainsi l'idéologie basée sur la langue et la religion qui, après l'échec de la rébellion de 1837-38, visait à unifier l'expérience des communautés de langue française disséminées sur le territoire canadien.

Front de libération du Québec (FLQ) dès 1963, leur lutte pour l'indépendance du Québec était indissociable du renversement du capitalisme et de l'instauration d'une république socialiste. Révoltés par la minorisation et la marginalisation permanentes du Québec au sein de la Confédération canadienne, acquise, selon eux, aux intérêts impérialistes anglo-saxons par l'exploitation systématique des travailleurs québécois dans des emplois subalternes et mal rémunérés, et par la prédominance de la langue anglaise dans la vie publique d'un Québec littéralement colonisé, les membres du FLQ préconisaient l'action protestataire radicale, destinée, dans un premier temps, à créer au Québec une conscience de classe[49]. L'agitation sociale, les grèves, les manifestations, les occupations sporadiques, voire les attentats à la bombe, comptaient parmi leurs moyens d'action.

Au sortir de la « Grande Noirceur »[50], la cause que défendait le FLQ trouvait sans difficulté un écho auprès de la population francophone du Québec. Et la perspective de voir démembrer à la dynamite quelques monuments à la gloire de l'oppresseur n'avait rien non plus pour l'effaroucher[51]. La sympathie qu'avait pu s'attirer le FLQ tomba cependant à zéro au début des années 1970 avec ce qu'il est maintenant convenu d'appeler la *crise d'Octobre*. Quarante ans après les faits, plusieurs éléments de cet épisode demeurent obscurs, à commencer par ceux qui lui ont valu l'épithète de *crise*. Ce qui est clair, c'est que l'insurrection violente et meurtrière ne faisait pas partie des moyens que favorisaient les Québécois pour devenir maîtres chez eux. Mais l'autre violence,

49. Pour une étude approfondie du programme du FLQ, voir Comeau, 1990.
50. On désigne ainsi la seconde période (1944-1959) du règne de Maurice Duplessis en tant que premier ministre du Québec. Duplessis était un ultraconservateur qui, de concert avec l'élite cléricale, s'est fait le défenseur d'une conception traditionnelle (déjà rétrograde à cette époque) d'un Québec rural, catholique et fondé sur la famille. Passé à l'histoire pour son despotisme, son favoritisme et sa collusion avec le patronat, il était aussi un farouche pourfendeur des intellectuels, des artistes, des syndicalistes et des communistes. Sur cette période et la transition vers la Révolution tranquille, voir Boismenu, 1981 et Godin, 1991.
51. Les visées du FLQ ne s'arrêtaient pas là, puisqu'il entrevoyait la libération par la lutte armée et l'exclusion de toute négociation avec le gouvernement fédéral. Mais à l'époque, cet aspect du programme du FLQ était fort peu connu de la population québécoise.

celle qui a amené les chars d'assaut de l'armée canadienne dans les rues de Montréal et qui a conduit à l'arrestation et la détention arbitraires de centaines de Québécois, dans le cadre des mesures de guerre décrétées par le gouvernement canadien en réponse aux actions imputées au FLQ, montrait aussi sans ambiguïté que l'émancipation à laquelle aspiraient les Québécois ne se réaliserait pas dans le cadre du fédéralisme canadien.

C'est dans ce contexte, et sans doute à la faveur de ces deux « révolutions », que le mouvement indépendantiste a véritablement pris son essor. La Révolution tranquille du gouvernement libéral nationaliste avait bel et bien mis le Québec sur la voie d'une certaine autonomie économique et institutionnelle, mais en regard des idéaux révolutionnaires des premiers indépendantistes, ses ambitions restaient bien en deçà de la réalisation d'une société juste et égalitaire. Dans le cadre canadien, trop d'obstacles, surtout économiques et juridiques, s'opposaient encore à la réalisation de cet objectif. Ce qui, dans les discours, est vite devenu le « carcan » canadien continuait, en dépit des acquis de la Révolution tranquille, d'imposer, par le biais de ses lois, de sa structure de pouvoir hiérarchique et de ses modes de partage de la richesse, des conceptions et des manières de faire incompatibles avec celles que les Québécois voulaient mettre en œuvre dans leur propre société. De plus, des facteurs structurels relatifs au poids démographique du Québec au sein de la Confédération continuaient de concourir à la marginalisation économique, linguistique et culturelle du Québec.

Une autre leçon de ces deux révolutions fut de montrer que les aspirations du peuple québécois à l'autodétermination ne pouvaient se concrétiser que si elles étaient portées par un parti politique et démocratiquement défendues dans la sphère politique. La Révolution tranquille avait été portée par un gouvernement particulièrement déterminé à faire progresser la société québécoise, mais la réalisation du projet de société des Québécois, on l'a vite compris, ne pouvait pas simplement dépendre de la bonne volonté des individus qui se trouvaient en position de pouvoir. Bien au contraire, il devait être un enjeu déterminant dans l'attribution même du pouvoir, et la façon d'y arriver était d'en faire l'option centrale d'un parti politique.

Le projet de société des Québécois ne pouvait pas non plus être mené à terme dans la semi-clandestinité d'une organisation révolutionnaire et au mépris du consentement démocratique de l'ensemble des Québécois. Prenant acte de ces deux impératifs, René Lévesque fondait, en 1968, un parti explicitement destiné à rassembler les forces souverainistes et démocratiques. En 1976, le Parti québécois était porté au pouvoir par 41 % des voix. Lors d'un référendum sur la souveraineté, en 1980, 40,4 % de la population québécoise se prononçait en faveur de l'indépendance du Québec.

La conclusion que je tire de cet épisode est que les valeurs qui ont été mises de l'avant par la Révolution tranquille et par l'organisation révolutionnaire qui l'a accompagnée sont celles qui ont présidé à l'essor du mouvement indépendantiste. Certes, les souverainistes regroupés autour de René Lévesque ont très tôt perçu les limites de l'horizon fédéraliste sur lequel butaient les aspirations de la Révolution tranquille. Qui plus est, c'est sans doute à la faveur des revendications des premiers indépendantistes révolutionnaires que ces limites ont d'abord été clairement perçues pour ce qu'elles étaient, c'est-à-dire comme autant d'atteintes graves à la justice et à l'égalité. Mais tout en cherchant à actualiser ces valeurs dans les limites des institutions québécoises, la Révolution tranquille poursuivait aussi un autre but : celui de faire de la société québécoise une société démocratique. Entre cet idéal et celui de la dictature du prolétariat préconisé par certains premiers indépendantistes, c'est le premier qu'a retenu le mouvement souverainiste. La Révolution tranquille a eu, de ce point de vue, une fonction à la fois rassembleuse et clairement pédagogique. D'une part, les Québécois se sont reconnus dans les institutions qu'elle a mises en place parce que ces institutions, mandataires de leur culture et de leur langue, répondaient à leurs aspirations pour une société plus juste, plus démocratique et plus égalitaire. D'autre part, ils ont développé, dans le cadre de ces institutions, une plus grande solidarité, une plus grande confiance en eux ainsi qu'une conscience politique accrue qui leur ont permis d'envisager avec assurance leur accession à l'indépendance. C'est ce qui explique, selon moi, l'essor du mouvement indépendantiste. Or, ces valeurs et ces attitudes paraissent solidement ancrées chez les Québécois contemporains. Tous, à l'évidence, ne sont pas aujourd'hui indépendantistes, et ceux qui le sont ont des façons parfois diamétralement opposées de concevoir l'action politique et les stratégies à adopter pour réaliser l'indépendance. Et, bien qu'ils militent pour l'indépendance, ils ne s'entendent pas non plus nécessairement sur la façon de hiérarchiser les raisons d'aspirer à l'indépendance du Québec.

Mais les Québécois dans leur ensemble, et on le voit clairement dans les sondages pancanadiens, affichent leurs préférences pour des politiques et des institutions qui, non seulement les démarquent de la majorité des autres Canadiens, mais qui se distinguent d'une façon non ambiguë des valeurs de la droite, fût-elle centriste. Qu'il s'agisse du registre des armes à feu, de la laïcité, de l'accueil des réfugiés, de la guerre, de la réinsertion des jeunes contrevenants, des frais de scolarité, des rapports avec les Premières Nations ou du financement des garderies, une vaste majorité des Québécois font preuve d'une sensibilité solidement ancrée à gauche.

Une majorité de Québécois manifestent aussi un attachement marqué pour les institutions que leur ont léguées la Révolution tranquille et les générations de politiciens qui lui ont succédé et qui, selon moi, constituent encore aujourd'hui le terreau du mouvement indépendantiste. Combien de politiciens (incluant parfois ceux du Parti québécois) ayant manifesté l'intention d'y passer outre ou de les assortir de mesures néolibérales dans le but d'alléger l'État ou de soi-disant assainir les finances publiques se sont-ils fait accuser de rien moins que de vouloir démanteler le Québec[52] ?

Le Québec contemporain n'est pas un modèle de vertu socialiste, tant s'en faut. Mais s'il est vrai qu'une société contribue à façonner tout autant qu'elle reflète la conscience politique et

---

52. Il est en effet significatif de constater que la moindre évocation par le gouvernement Charest de mesures jugées non progressistes (qu'il s'agisse d'une réduction des impôts, de l'appel à des partenariats public-privé pour la dispensation des services publics ou du réalignement de certaines institutions québécoises vers des objectifs de rentabilité) lui vaut automatiquement l'accusation de vouloir *démanteler le Québec*.

sociale et culturelle de ses membres, alors on peut conclure que les Québécois n'hésitent pas à assumer leurs choix de société, pas plus qu'à revendiquer haut et fort les moyens de les concrétiser en dehors, et souvent en dépit, des contraintes et des orientations qu'on voudrait leur imposer.

L'attachement à ces valeurs et la volonté de façonner librement la société québécoise ne relèvent pas, comme certains le prétendent, d'une certaine nostalgie pour un âge d'or aujourd'hui révolu. Ils relèvent, au contraire, de l'actualité, toujours aussi pressante, du constat qui a motivé les luttes pour la souveraineté dans les années 1960, à savoir que l'espace (le « carcan ») canadien constitue en soi une source d'injustice sociale puisque le Québec s'y trouve, d'une part, minorisé dans sa langue, dans sa culture et dans ses aspirations et, d'autre part, privé de ses moyens d'action lorsqu'il s'agit de réaliser une société plus juste et plus démocratique. Comment, par exemple, pourrions-nous parvenir à réduire, voire à éliminer la pauvreté au Québec alors que le gouvernement fédéral continue, avec la bénédiction de la Cour suprême du Canada, de réduire sa dette à même la caisse d'assurance-emploi des travailleurs québécois ? Comment pourrions-nous accéder à un Québec plus démocratique alors que la moindre éructation d'un juge de la Cour suprême suffit à anéantir les lois démocratiquement adoptées concernant la langue, les soins de santé, l'éducation, la laïcité ou la réinsertion des jeunes contrevenants ? Comment espérer raisonnablement construire et entretenir la solidarité du peuple québécois au sein d'une société canadienne qui, façonnée depuis des décennies par la *Charte canadienne des droits et libertés*, n'envisage plus la réalité qu'à travers le prisme des droits et des privilèges individuels ? Bref, les valeurs qui ont présidé à la naissance du mouvement souverainiste et qui ont encore largement cours dans la société québécoise sont toujours, aujourd'hui, étroitement associées au projet souverainiste. Et il n'est pas déraisonnable de croire, comme le suggèrent les mouvances politiques qui l'alimentent, que ce sont ces valeurs qui pourront mener ce projet à son aboutissement.

Certains se plaisent à rappeler que l'indépendance du Qué-bec ne se fera pas contre le Canada. Je suis d'accord avec eux :

l'indépendance du Québec se fera parce que le peuple québécois veut se réapproprier les moyens de mettre en place la société à laquelle il aspire démocratiquement. Plusieurs des facteurs qui s'y opposent maintenant sont purement structuraux, et n'ont rien à voir avec la malveillance de la société canadienne ou avec un vice inhérent à un régime de type fédéral. Mais, dans l'ensemble canadien actuel, ces facteurs, tout structuraux soient-ils, sont néanmoins des facteurs d'injustice, puisque le peuple québécois y est toujours aussi minorisé en tant que collectivité nourrissant des aspirations qui lui sont propres. La réalisation de ces aspirations est la raison de faire l'indépendance. Tout le reste ne regarde que les moyens à prendre pour supprimer les entraves qui s'y opposent.

2. Le mouvement indépendantiste et la gauche : vraiment ?

La thèse que je défends ici a été attaquée sur deux fronts. D'un côté, on a prétendu que la gauche, loin d'être aujourd'hui porteuse du mouvement indépendantiste, est devenue marginale au sein de ce mouvement. De l'autre, on a argué que la présence persistante de la gauche au sein du mouvement indépendantiste avait contribué à le « dénationaliser », le privant ainsi de sa substance et de son pouvoir d'attraction.

2.1. La marginalisation de la gauche

Certains groupes souverainistes de gauche semblent maintenant percevoir une profonde division idéologique au sein même du mouvement souverainiste. Le Parti Québec solidaire, créé en février 2006, prétend en effet vouloir affranchir la gauche souverainiste d'une faction néolibérale qui aurait, selon ses porte-parole, investi et dévoyé la cause indépendantiste. Sans présumer de la justesse de cette observation, il est néanmoins clair que la cible de Québec solidaire est moins le mouvement indépendantiste, dont il voudrait maintenant attirer les forces vives, que le parti qui s'en est fait le fer de lance depuis bientôt cinquante ans. Appelant par sa seule existence à la division du mouvement indépendantiste, Québec solidaire exploite ainsi un malaise bien réel qui affecte aujourd'hui plusieurs militants souverainistes. Certains s'inquiètent en effet de la capacité du Parti québécois de s'acquitter du mandat qu'il s'est donné lors de sa création, à savoir rassembler les forces de toutes tendances pour réaliser l'indépendance du Québec. Cette inquiétude se fonde sur certaines décisions prises par le parti lorsqu'il a exercé le pouvoir — décisions souvent dictées par les contraintes économiques découlant du cadre fédéral — ou sur des prises de position motivées par des visées électoralistes et qui lui ont aliéné l'appui de plusieurs de ses membres les plus progressistes. Le fait que suite à ces compromis le Parti québécois n'a pas été réélu depuis maintenant près de huit ans tend à accréditer la thèse que j'ai soutenue jusqu'ici concernant les valeurs qui animent le mouvement indépendantiste québécois et à invalider celle que soutiennent les porte-parole de Québec solidaire à propos de la marginalisation de la gauche souverainiste au Québec.

Il convient ici de distinguer deux questions qui semblent se confondre dans l'argumentaire de Québec solidaire. L'une est de savoir si le Parti québécois sera vraiment en mesure, advenant qu'il nous conduise à l'indépendance, de se faire l'artisan d'une société plus juste et plus démocratique. Certains pensent que si la réponse à cette question est négative — comme le laissent présager, selon eux, les « égarements » du Parti québécois —, alors la lutte pour la souveraineté perd tout son sens. C'est apparemment ce raisonnement qui inspire les fondateurs de Québec solidaire qui se font fort de défendre un projet de société d'abord progressiste et accessoirement indépendantiste. Mais plusieurs souverainistes ont opposé à ce raisonnement le fait que le Québec, devenu souverain, ne sera pas assujetti à un seul parti, quel qu'il soit. L'important, selon eux, est d'accéder à la souveraineté. Si le Parti québécois nous y conduit, il appartiendra ensuite au peuple québécois de décider si ce parti peut ou non contribuer à l'édification de la société à laquelle il aspire ou, le cas échéant, de former et d'élire démocratiquement un autre parti. Pour ces militants souverainistes, l'accession à l'indépendance n'est pas l'aboutissement réussi d'un projet de société, mais le point de départ obligé de sa réalisation.

L'autre question est de savoir si le Parti québécois, dans sa forme et ses orientations actuelles, est encore capable de rallier sa base historique, massivement acquise aux valeurs progressistes. Cette question a une importance stratégique, puisque le processus d'enclenchement de la souveraineté dépend de l'élection d'un parti qui s'en fait le défenseur et que, pour l'heure, le seul parti souverainiste ayant encore quelque chance d'être élu est le Parti québécois. Du point de vue de la position que j'ai mise de l'avant jusqu'ici, selon laquelle la souveraineté est une option qui trouve ses assises de même que ses perspectives d'avenir dans les valeurs de la gauche, la question devient celle de savoir si l'idéologie du Parti québécois est encore compatible avec ces valeurs. Ma réponse à cette question est affirmative, mais conditionnelle. Premièrement, le Parti québécois, malgré des tiraillements internes parfois inquiétants, j'en conviens, n'a jamais renié son allégeance social-démocrate ; les positions d'inspiration néolibérales qui s'en sont écartées sous couvert de pragmatisme ont été vertement dénoncées par les membres du parti, et leurs auteurs, promptement critiqués, voire bannis des instances. Tout indique qu'il en ira de même dans un avenir peut-être plus rapproché qu'on ne le croit. Deuxièmement, le Parti québécois a montré par le passée son ouverture à la gauche plurielle — certains de ses élus campent résolument à gauche de son programme social-démocrate — et a accepté de modifier ses structures pour permettre un meilleur équilibre des forces de la gauche. Le premier club politique à se prévaloir de cette opportunité a été le SPQ libre (Syndicalistes et progressistes pour un Québec libre). Cette ouverture s'est brutalement refermée, mais les précédents demeurent. Si des groupes de gauche estiment qu'il est nécessaire de « réaligner » le Parti québécois, il ne tient qu'à eux de presser le parti de confirmer cette ouverture, et, à mon avis, celui-ci ne s'en porterait que mieux.

Il existe présentement au Québec un nombre croissant de groupes, de rassemblements, d'organisations et d'associations indépendantistes qui militent en dehors des instances des partis politiques constitués. On aurait tort de minimiser la force que représentent ces regroupements et la capacité qu'ils ont, ensemble, d'influer sur les orientations d'un parti qui, par le passé, a su montrer son ouverture et sa flexibilité, et dont la survie dépend de plus en plus qu'il en fasse de même dans un avenir rapproché. Il serait, à mon avis, tout aussi futile et dangereux de multiplier la création de partis indépendantistes que de congédier celui dont la vocation est de réaliser l'indépendance. Il faut maintenant comprendre que s'il revient au parti de rallier sa base historique, celle-ci a aussi le devoir et la capacité de se réapproprier l'instrument politique que le peuple s'est donné en élisant pour la première fois le Parti québécois.

Les fondateurs de Québec solidaire prétendent que leur parti contribuera à faire sortir la gauche souverainiste de la marginalité. Les résultats électoraux obtenus par ce parti depuis sa création tendraient plutôt à montrer qu'une certaine gauche doctrinaire s'est marginalisée en relativisant l'importance et l'urgence de l'option indépendantiste. Pour les raisons que j'ai exposées plus haut, je ne puis qu'être en désaccord avec la prémisse voulant que la gauche indépendantiste soit marginale au Québec. Pour les mêmes raisons, je ne crois pas non plus que la gauche ait été marginalisée au sein du mouvement indépendantiste; je crois même le contraire, à savoir que c'est la gauche qui a été — et qui est toujours — porteuse de ce mouvement. Qui plus est, je pense qu'elle devra continuer de l'être pour que le Québec accède enfin à l'indépendance.

2.2. L'omniprésence de la gauche

Quelques souverainistes, peu nombreux mais particulière-ment bruyants, croient que le mouvement indépendantiste a été détourné de son sens et a perdu l'attrait qu'il exerçait sur le peuple québécois à partir du moment où la gauche a investi l'indépendance de vertus émancipatrices en la parant de va-leurs progressistes. Selon eux, cette reconstruction idéologique, entamée avec la Révolution tranquille, constitue une dangereuse confiscation du projet indépendantiste et un déni des raisons profondes qui le motivent et qui, seules, peuvent le justifier, à savoir l'affirmation de l'identité nationale du peuple québécois, de sa spécificité ancrée dans son expérience historique, de sa langue et de sa culture propres.

Comment, demande Simon-Pierre Savard-Tremblay (Savard-Tremblay, 2011), peut-on espérer rallier les Québécois à l'indépendance en faisant appel à des valeurs que tous, à l'évidence, ne partagent pas? La stratégie des indépendantistes de gauche a consisté, selon lui, à « censure[r] la portée identitaire du combat indépendantiste », à « sortir la question nationale de son histoire » et à camoufler leur biais idéologique dans un discours flou et général faisant apparaître leurs valeurs comme des valeurs universelles auxquelles tous devraient adhérer, telles la justice, la démocratie, la liberté. Mais cette stratégie est vouée à l'échec puisqu'il n'y a, selon lui, aucun lien entre ces valeurs universelles et le désir d'indépendance du peuple québécois. Si ces valeurs sont des valeurs universelles, écrit-il, alors qu'est-ce qui motiverait les Québécois à voter pour un parti indépendantiste plutôt que pour n'importe quel parti un tant soit peu progressiste? C'est cette stratégie et la ferme volonté de la part des partis souverainistes actuels de s'affranchir du « nationalisme historique » qui ont conduit à la désaffection des Québécois pour la cause de l'indépendance et pour les partis qui la défendent aujourd'hui. L'auteur en veut pour preuve la déroute du Bloc québécois lors du dernier scrutin et le vote massif des Québécois pour le Nouveau Parti démocratique, un parti de gauche, mais notoirement fédéraliste[53].

Mathieu Bock-Côté (2007, 2011), sur la base de semblables arguments, accuse la gauche souverainiste d'avoir « dénationalisé la lutte pour l'indépendance, pour mieux en faire la poursuite du

---

53. Il existe bien entendu d'autres façons d'expliquer cette défaite, qui ne remettent nullement en question le discours indépendantiste du Bloc québécois. Certains pensent, par exemple, que le vote des Québécois au dernier scrutin s'explique par leur volonté d'empêcher le Parti conservateur de prendre le pouvoir à Ottawa, ce qu'on ne pouvait pas raisonnablement attendre d'un parti ne disposant, comme le Bloc québécois, que d'une assise électorale québécoise. Certes, entre le Parti libéral et le Nouveau Parti démocratique, les Québécois ont voté pour le parti le plus à gauche — celui qui se rapproche le plus, idéologiquement, du Bloc québécois —, mais il serait abusif d'en conclure qu'ils sont devenus fédéralistes, qu'ils ont renoncé à l'indépendance ou, comme le suggère M. Savard-Tremblay, qu'ils auraient voté différemment si le Bloc québécois avait davantage fait appel au « nationalisme historique » et à « la portée identitaire du combat indépendantiste ».

progressisme par d'autres moyens[54]» (p. 62). Selon lui, le Parti québécois s'est vite inscrit dans un projet de modernisation du Québec en rupture avec le nationalisme historique « en dissociant radicalement le nationalisme québécois et le nationalisme canadien-français » (p. 66) et en liquidant « la référence au substrat historique à partir duquel devrait prendre forme l'identité québécoise » (p. 69). Alors que les promoteurs du projet indépendantiste « cherchaient à affranchir leur argumentaire des références identitaires traditionnelles » (p. 68), le Parti québécois, sous l'influence de la gauche, devenait l'« instrument de consolidation de l'État social-thérapeutique » (p. 71). À titre d'exemple, l'auteur soutient que les souverainistes se sont convertis « aux différentes causes associées à l'idéologie diversitaire » (p. 68), comme en témoigne leur « soutien constant à la discrimination positive et aux programmes d'accès à l'égalité qui mettent l'accent, tout en les victimisant, sur les groupes minoritaires » (p. 71). Dans la foulée de cette conversion, les indépendantistes en seraient venus à accepter le multiculturalisme normatif qui ravale la majorité francophone au statut de minorité parmi les autres (p. 68). « Et même lorsque le souverainisme officiel cherche à en revenir à un "discours identitaire" axé sur la majorité francophone, ses supporteurs parviennent au mieux à ressaisir partiellement l'identité québécoise telle qu'elle fut reformatée dans la matrice de la Révolution tranquille, à travers une synthèse de nationalisme linguistique et de laïcité plus ou moins militante » (p. 70). Monsieur Bock-Côté en conclut que « l'identité québécoise n'est plus exclusivement menacée dans le cadre canadien, mais aussi par le système idéologique qui domine chez les élites québécoises et qui s'est retourné principalement contre la majorité historique québécoise » (p. 78). « La mutilation de l'identité nationale, écrit-il, est un problème en bonne partie interne à la société québécoise » (p. 82).

Je suis d'accord avec ces deux auteurs sur un point : c'est avec la Révolution tranquille (mais pas seulement grâce à elle, comme je l'ai déjà souligné) que le mouvement indépendantiste contemporain a pris son essor. Je ne nie pas non plus, bien au contraire,

---

54. Telle est la thèse que défend depuis quelques années Mathieu Bock-Côté. Les références sont tirées de Bock-Côté, 2011.

que les idées progressistes ont exercé une influence profonde sur le mouvement indépendantiste et sur la société québécoise dans son ensemble. Je crois que cette influence a joué un rôle positif dans l'évolution du projet indépendantiste, alors que MM. Bock-Côté et Savard-Tremblay pensent qu'elle l'a conduit à la déroute. Au-delà des hypothèses sociologiques qui sous-tendent l'une et l'autre position, il est assez clair qu'on touche ici à un débat idéologique où s'affrontent le progressisme et le conservatisme et qui concerne les raisons — bonnes ou mauvaises — de réaliser l'indépendance.

Il convient cependant de porter quelque attention à l'argumentation développée par ces auteurs et de souligner le rôle qu'y joue l'opposition entre valeurs et identité. Cette opposition est, à mon avis, conceptuellement aberrante (comme si l'identité n'engageait pas aussi des valeurs), mais dans le contexte de ces arguments, on comprend que le terme *valeur* connote les valeurs (universelles et progressistes) de la gauche, par opposition aux valeurs traditionnelles propres à un peuple et constitutives de son identité. Le principal défaut d'une argumentation fondée sur cette opposition est qu'elle tend à oblitérer le caractère politique du projet indépendantiste et, en particulier, ses aspects institutionnels. Des valeurs, fussent-elles universelles, peuvent inspirer et guider la création d'institutions qui, dans leur forme et leur contenu, demeurent parfaitement adaptées aux particularités des sociétés où elles ont cours. Pour être toutes démocratiques, les institutions de la démocratie n'en varient pas moins d'un État à l'autre. Pour être justes, les institutions de base d'une société doivent corriger les injustices qui l'affligent et prévenir celles qui la menacent. Comment peut-on affirmer sérieusement que les institutions que s'est données le Québec depuis la Révolution tranquille, toutes inspirées par des valeurs d'égalité, de justice sociale et de démocratie, ne reflètent pas les sensibilités québécoises, la conscience historique des Québécois et leur attachement à leur langue? La fierté des Québécois pour leurs institutions (symptôme, selon ces auteurs, de la dénationalisation du mouvement indépendantiste) ne vient pas du fait qu'ils les pensent universelles, mais parce qu'elles sont les leurs, qu'elles sont le reflet de leur identité et qu'elles répondent à ce qu'ils attendent de leur société. Et comment peut-on raisonnablement penser que les Québécois aspirant aujourd'hui à l'indépendance du Québec ont été contraints, pour ce faire, de renoncer à leur identité ?

Mais c'est précisément là que le bât blesse, spécialement chez M. Bock-Côté. Car, si les institutions que se donne un peuple réfléchissent l'identité de ses membres, elles contribuent aussi, au grand dam des conservateurs, à faire évoluer cette identité. Le mouvement indépendantiste contemporain a pris son essor et a continué d'évoluer dans le cadre de ces institutions mises en place depuis la Révolution tranquille, mais il serait abusif et simpliste de penser, comme semble le croire M. Bock-Côté, qu'il s'est maintenu depuis plus de cinquante ans en dépit et à l'encontre de ce qui constituerait une identité québécoise pérenne et immuable. Le fait est que M. Bock-Côté n'aime pas la façon dont la société québécoise a évolué, donc, il nie que ce qu'il observe maintenant puisse correspondre à une authentique identité québécoise. Il pense qu'avec la Révolution tranquille, et en particulier avec le « souverainisme officiel » inspiré de ses valeurs de gauche, la société québécoise a été dévoyée, aseptisée, privée de son identité. Il « essentialise » l'identité d'avant les années 1960, celle qui inspirait le nationalisme historique des Canadiens français et dont il croit qu'elle peut encore, au XXI siècle, forger la volonté indépendantiste.

M. Bock-Côté croit en effet reconnaître, dans la société québécoise contemporaine, la planche de salut de l'indé-pendantisme. « Le fait dominant de la politique québécoise contemporaine, écrit-il, est la réactivation, à travers la « ques-tion identitaire », d'un certain nationalisme conservateur » (p. 77). « L'électorat conservateur cultive sa méfiance envers le souverainisme officiel [...] parce qu'il en est venu à développer une aversion pour un consensus progressiste auquel le souve-rainisme est associé » (p. 75). Il « ne se reconnaît pas dans la version très idéologisée de l'identité québécoise que formule le souverainisme officiel, dans sa synthèse d'écologisme, de multiculturalisme et de social-démocratie — une vision de l'identité québécoise qui est souvent déchargée, faut-il le dire, de tout substrat occidental » (p. 76).

Le nationalisme conservateur, selon M. Bock-Côté, cherche à exprimer une réalité de plus en plus évidente, à savoir que ce qu'il appelle dédaigneusement le « souverainisme officiel » est devenu une menace pour l'identité québécoise (p. 79-82). « Les souverainistes ne parviennent plus aujourd'hui à mettre en forme politiquement l'identité nationale telle qu'elle semble se recomposer à travers la réactivation de son substrat occidental » (p. 82). Il en appelle donc à une refondation idéologique du mouvement national (p. 83) centrée sur « un conservatisme moderne, reconnaissant l'héritage de la Révolution tranquille, mais souhaitant le désinvestir de son utopisme technocratique [et] posant un regard critique sur la modernité québécoise » (p. 77). Et, promet-il, « [l]a formation politique qui parviendra à récupérer ce nationalisme conservateur en l'intégrant dans sa coalition sera durablement le parti majoritaire dans la politique québécoise » (p. 81).

Le mouvement indépendantiste réaligné sur le nationalisme conservateur devrait donc, de l'avis de M. Bock-Côté, mettre un terme à tout ce qui, dans la société québécoise actuelle, s'oppose au plein épanouissement de ce qu'il considère être l'identité québécoise. Des causes « diversitaires » à la discrimination positive, de l'absence de substrat occidental au multiculturalisme (qui est, selon lui, le vrai nom de ce que les Québécois appellent *interculturalisme*), la liste risque d'être longue. Qu'y aurait-il de « moderne » dans ce conservatisme qui dénonce le projet de modernisation du Québec endossé par le Parti québécois de René Lévesque et par les artisans de la Révolution tranquille et qui se veut critique de la modernité québécoise ? Quel « héritage » de celle-ci prétend-il conserver tout en se débarrassant de ce qui relève de son « utopisme technocratique » ?

Contrairement à ce qu'espère M. Bock-Côté, je ne pense pas que le nationalisme conservateur puisse déclencher l'enthousiasme des Québécois contemporains, qu'ils soient ou non souverainistes, qu'ils soient de gauche ou non et qu'ils soient ou non d'ascendance francophone[55]. Les « méfaits » que M. Bock-

---

55. Cela n'est pas pour nier qu'un électorat conservateur existe au Québec. Il est cependant loin de former une majorité, comme en témoignent les votes récoltés par l'ADQ aux deux derniers scrutins ou par le Parti conservateur depuis des lustres, et il ne semble pas non plus enclin au nationalisme, fût-il le

Côté attribue à la gauche et au «souverainisme officiel» sont bien davantage le fruit de l'évolution de la société québécoise qui, comme toutes les sociétés développées dans le monde, tente de composer avec la diversité induite par les flux migratoires, avec le maintien, dans ce contexte, de la séparation de l'État et des religions et avec les questions environnementales, tout en étant consciente de la fragilité de sa langue et de sa culture. Si, comme je le crois, la gauche québécoise a réussi à colorer la réponse que donne le mouvement souverainiste à toutes ces questions, elle n'est pas pour autant responsable de leur apparition ni du fait que les Québécois, quelles que soient leur allégeance et leur provenance, doivent en prendre acte. C'est une chose de revendiquer une identité québécoise, ce que font tous les souverainistes que je connais, et c'en est une autre de rejeter en son nom le monde dans lequel l'humanité évolue maintenant. Les sociétés homogènes ne font plus partie de ce monde, et les souverainistes, plutôt que de nier cette réalité, doivent montrer comment leur futur pays s'en accommodera sans renier ce qu'ils ont été, ce qu'ils sont maintenant et, surtout, ce qu'ils veulent devenir.

3. L'avenir du mouvement indépendantiste

La société québécoise de 2012 est différente à plusieurs égards de celle qui a vu naître le mouvement souverainiste. Le Québec s'est pour une part urbanisé et près de la moitié de sa population habite maintenant les grandes villes. Celles-ci, grâce à l'immigration, sont devenues de plus en plus cosmopolites. La langue anglaise,

---

nationalisme conservateur que décrit M. Bock-Côté. Alors que les mouvements et groupuscules indépendantistes se multiplient au Québec, aucun d'entre eux ne se réclame de cette mouvance conservatrice ou d'un projet politique qui s'en inspirerait. Faut-il, comme M. Bock-Côté, conclure que l'idée même de l'indépendance a été confisquée par la gauche à un point tel qu'il n'est plus possible pour les nationalistes conservateurs d'aspirer à l'indépendance du Québec? Ou faudrait-il plutôt penser que, pour l'heure du moins, aucun projet politique plausible et viable au Québec, incluant un projet indépendantiste, ne peut se fonder sur le conservatisme, qu'il soit nationaliste ou pas?

ici comme ailleurs dans le monde, est devenue la *lingua franca* des hommes d'affaires, des universitaires et de bien des travailleurs. Sous l'impact de la loi canadienne sur le multiculturalisme, les communautés culturelles s'affirment davantage en tant que groupes distincts. Et les Premières Nations occupent une place plus grande, quoique encore très insuffisante, dans l'espace public québécois. À ces transformations intérieures s'ajoute un contexte mondial globalisé par la libéralisation de l'économie capitaliste et où les États-nations tendent à se regrouper au sein de grandes unités politiques.

Cette conjoncture sociale et globale est-elle favorable à l'aboutissement du projet souverainiste québécois? Ne le rend-elle pas au contraire caduc, dépassé, voire injuste à l'endroit des minorités et des nations qui cohabitent sur le territoire du Québec?

Une analyse des résultats du référendum de 1995 (Serré, 1996) révélait que seulement 60 % des votes en faveur de la souveraineté provenait d'électeurs nés au Québec et dont la langue maternelle était le français. En supposant que 10 % des votes restants étaient ceux de Québécois anglophones d'ascendance britannique, il reste néanmoins 30 % de ces votes favorables qu'il faut attribuer aux Québécois issus de l'immigration. Si l'on songe à tous les efforts déployés par le gouvernement fédéral pour « fidéliser » les immigrants installés au Québec, ce résultat peut étonner. Mais l'étonnement s'atténue lorsque l'on observe que la société québécoise en général et le mouvement souverainiste en particulier sont devenus pluralistes et inclusifs. Ce n'est plus que dans la propagande de nos adversaires que la nation québécoise est décrite comme exclusive et uniquement formée des francophones « de souche ». Ce n'est plus la façon dont les Québécois, qu'ils soient « de souche » ou non, se perçoivent et perçoivent leur société. Et ce n'est plus que dans les lubies des adversaires objectifs de l'indépendance du Québec que le projet souverainiste peut être décrit comme un projet pour les francophones qui s'apprêtent à mettre en veilleuse les droits des minorités. Les militants souverainistes ont dans leurs rangs des militants de toutes les origines, souvent en provenance de pays éprouvés par la guerre, la domination étrangère, la pauvreté, la dictature ou les inégalités sociales, qui ont compris que l'indépendance du Québec est une question de justice et de démocratie. Le Parti québécois et le Bloc québécois ont, aux élections, des candidats issus de l'immigration et des Premières Nations; qui plus est, ils les font souvent élire en les plaçant dans des circonscriptions à forte prédominance souverainiste. Loin d'exclure les minorités, il semble bien que le mouvement souverainiste ait été, pour plusieurs d'entre elles, un facteur d'intégration à la société québécoise.

Le Québec est aujourd'hui une société plus cosmopolite et plus diversifiée qu'il ne l'était dans les années 1960. Mais il semble avoir plutôt bien pratiqué l'intégration réciproque, c'est-à-dire l'intégration de part et d'autre, celle qui le conduit à redéfinir constamment les termes de la solidarité sociale. Les résultats à ce jour sont loin d'être parfaits. L'exclusion et les inégalités structurelles touchent encore durement, et plus systématiquement que dans le reste de la population, les Québécois issus de l'immigration et les membres des Premières Nations. Et c'est peut-être en partie pour cela que plusieurs d'entre eux se reconnaissent dans les valeurs qui animent le mouvement indépendantiste et s'associent à son projet pour une société qui aura les moyens d'être plus égalitaire et plus juste.

Si le mouvement souverainiste a su s'adapter et même tirer profit de la présente conjoncture sociopolitique, certains pourraient croire que le contexte mondial actuel remet en question sa pertinence même. À quoi bon, disent-ils, gagner sa souveraineté à l'égard du Canada si c'est pour la perdre face à des agences économiques dont l'emprise s'étend, bien au-delà du commerce international, aux politiques intérieures des États, aux cultures nationales ainsi qu'à l'organisation et à la dispensation internes des services, qu'il s'agisse de l'éducation ou de la santé? La souveraineté des nations, dans ce contexte, n'est-elle pas mieux garantie au sein d'une fédération ou d'une entité politique plus large formée de plusieurs États, sur le modèle, par exemple, de l'Union européenne? Les souverainistes québécois ne s'embarquent-ils pas dans une galère qui, pour peu qu'elle prenne la mer, mènera leur nation au naufrage?

La question de la perte de la souveraineté des États dans le contexte de la mondialisation capitaliste a fait couler beaucoup d'encre. Ceux qui soutiennent cette thèse oublient parfois un peu trop facilement que les États qu'on dit victimes de la mondialisation en sont, pour la plupart, les principaux artisans, et qu'entre leurs propres intérêts économiques, dont dépend leur stature sur la scène internationale, et les intérêts de leur peuple, ils ont décidé d'accorder la priorité aux premiers. La perte de souveraineté n'est pas une fatalité mais un choix, comme le montrent plusieurs États d'Europe ou d'Amérique du Sud qui ont choisi d'exercer leur souveraineté au bénéfice de leur peuple. Ce serait prêter bien peu de constance au peuple québécois, et faire bien peu confiance à son sens démocratique et à la solidité de ses valeurs, que de penser qu'après avoir lutté pendant des décennies pour sa souveraineté et l'avoir enfin obtenue, il la laisserait marchander par des dirigeants convertis au capitalisme international.

Cela étant dit, les souverainistes québécois ne sont pas en quête d'une souveraineté absolue qui leur permettrait d'agir comme bon leur semble sans se soucier du reste de la planète. La souveraineté absolue fait partie de la mythologie des relations internationales ; elle n'a jamais existé et n'existera sans doute jamais. Ce que veulent les souverainistes pour la nation québécoise, c'est qu'elle ait les moyens de contrôler son développement selon des paramètres démocratiquement identifiés, de faire valoir elle-même ses intérêts dans les forums internationaux auxquels participent les autres États et de prendre part, comme les autres États, aux décisions qui la concernent directement ou indirectement. Loin d'isoler les nations, la souveraineté est ce qui permet à chacune d'elles d'agir avec toutes les autres, de conclure des ententes et de signer des traités. Ce qui isole les nations, c'est l'absence de représentation au niveau international ou encore une représentation inadéquate par l'entremise d'intermédiaires qui poursuivent des objectifs différents de ceux qu'elles se sont démocratiquement donnés.

Certains pourraient encore objecter que dans l'état actuel du monde et étant donné l'apathie généralisée avec laquelle il accueille les pires atteintes à la démocratie, incluant celles que lui font subir la globalisation capitaliste, les guerres et la chasse au terroriste, l'indépendance du Québec est un projet qui risque de tomber en désuétude avant de se concrétiser. Les jeunes, en particulier, entend-on souvent, ne sont pas politisés et, lorsqu'ils se mobilisent, c'est bien davantage autour de questions planétaires, comme l'orchestration d'une autre mondialisation ou le réchauffement de la planète, que sur des questions locales comme l'indépendance du Québec. Mais ce préjugé tenace ne semble avoir pour fonction que d'excuser l'apathie politique de ceux-là mêmes qui le propagent et qui ne participent surtout pas aux forums militants où ils auraient l'occasion de côtoyer des jeunes. S'ils s'y hasardaient, ils pourraient voir que les jeunes Québécois sont politisés et qu'ils ne s'impliquent pas que sur des questions planétaires. Si on devait n'en donner qu'un seul exemple, on pourrait rappeler l'extraordinaire mobilisation étudiante de l'hiver 2004[56]. Il est vrai que la politique, au sens électoral du terme, n'est pas au centre des préoccupations des jeunes. Mais les causes qu'ils défendent, qu'il s'agisse de l'accès à l'éducation, de la paix dans le monde, de l'égalité des femmes, de l'éradication de la pauvreté, de la dénonciation de la brutalité policière, de l'environnement ou d'une mondialisation à visage humain, sont indéniablement des enjeux sociaux qui appellent un positionnement et des réponses politiques.

De plus, les militants, qu'ils soient jeunes ou non, ont de nos jours une approche globale des causes qui les mobilisent, dans la mesure où ils aperçoivent clairement les liens qui existent, par exemple, entre la mondialisation capitaliste, la répression policière et les inégalités sociales. C'est dire qu'ils tendent de plus en plus à être les militants de plusieurs causes. Les militants pour l'indépendance du Québec ne sont pas différents, sur ce point, des militants de gauche, par exemple, et c'est souvent côte à côte qu'ils manifestent dans les rues. Le gouvernement du Québec, jusqu'à récemment de tendance social-démocrate et proche des modèles de la social-démocratie développés dans certains pays d'Europe, a été le premier à endosser officiellement le protocole de Kyoto. Il a envoyé des délégations au forum altermondialiste de Pôrto Alegre. Et, tandis que des foules évaluées à 200 000 personnes manifestaient dans les rues de Montréal en février et

---

56. Il s'agit de la grève étudiante qui a suivi la décision du gouvernement Charest de transformer en prêts les sommes jusque-là destinées aux bourses d'études. Cette grève a mobilisé les étudiants des collèges et des universités du Québec pendant près de trois mois.

mars 2003, il s'est officiellement déclaré contre la guerre en Irak, et ce, alors que le gouvernement canadien louvoyait, comme il le fait encore, sur la question de sa contribution à cette guerre. S'il avait été un pays souverain, c'est aux côtés de la France et de l'Allemagne que le Québec se serait battu pour amener la communauté internationale à s'y opposer aussi.

La souveraineté du Québec ne réglera pas, bien sûr, tous les problèmes qui mobilisent les « citoyens du monde », mais plusieurs d'entre eux au Québec ont déjà compris que lorsqu'on pense globalement, une façon efficace d'agir localement est de militer pour l'indépendance du Québec.

Conclusion

À l'évidence, nul ne peut prédire avec certitude l'avenir du mouvement indépendantiste. Mais son ancrage dans la société québécoise permet à tout le moins de prévoir que, en dépit des sursauts et des revirements politiques toujours possibles, l'option indépendantiste continuera à mobiliser les Québécois. J'ai fait valoir ici que les valeurs associées au projet souverainiste sont encore bien présentes dans la société québécoise et que le mouvement souverainiste a non seulement su s'adapter aux changements qu'a subis la société québécoise, mais qu'il est de plus un facteur d'intégration sociale. Cela confirme un aspect souvent occulté du mouvement souverainiste, à savoir qu'il s'agit d'un mouvement populaire au sens étymologique du terme. Ses adhérents proviennent de tous les groupes sociaux, de tous les niveaux socioéconomiques et de tous les groupes d'âge. Il est faux de prétendre qu'il soit le fait d'une petite élite, qu'il ne mobilise que les francophones « de souche » ou qu'il ne regroupe que les militants de certains partis politiques. C'est probablement cet ancrage populaire qui explique le mieux que, malgré des circonstances et une évolution sociale qui ont souvent semblé lui être préjudiciables, l'appui à la souveraineté se soit maintenu au fil des ans. Aux yeux de certains souverainistes, ce résultat est décevant, mais à l'échelle des nouvelles forces sociales que l'option indépendantiste mobilise, il faut plutôt y voir, selon moi, la progression d'un mouvement de fond qui n'est pas prêt de s'arrêter.

Références

Bock-Côté, M. (2011). «Bilan du souverainisme officiel». *L'Action nationale*, janvier, p. 62-83.

Bock-Côté, M. (2007). *La dénationalisation tranquille,* Montréal, Éditions du Boréal.

Boismenu, G. (1981). *Le duplessisme. Politique économique et rapports de force, 1944-1960,* Montréal, Les Presses de l'Université de Montréal.

Comeau, R. et collab. (1990). *FLQ: un projet révolutionnaire,* Montréal, VLB éditeur.

Godin, P. (1991). *La Fin de la grande noirceur,* Montréal, Éditions du Boréal.

Paquin, S. (2006). «La Caisse de dépôt et placement ou le génie québécois», *Le Devoir,* 16 mars.

Savard-Tremblay, Simon-Pierre, (2011). «Bloc québécois: bilan et perspective», *Le Devoir,* 12 mai, p. A7.

Serré, Pierre, (1996). «La remontée du Oui ne s'explique pas par un quelconque "effet Bouchard"», *Le Devoir,* 3 janvier.

Notes biographiques des auteurs

Bernard, Louis

Louis Bernard a étudié à l'Université de Montréal et au London School of Economics and Political Science. Il est docteur en droit et membre retraité du Barreau du Québec. Il a passé plusieurs années dans la fonction publique québécoise et a été secrétaire général du Conseil exécutif sous les premiers ministres René Lévesque, Pierre-Marc Johnson et Jacques Parizeau. Il a également été membre de la haute direction de la Banque Laurentienne du Canada de 1987 à 1999. Par la suite, il a agi à titre de consultant, notamment dans le secteur municipal et dans les négociations avec les Autochtones.

Binette, André

André Binette a obtenu un baccalauréat en science politique de l'Université d'Ottawa en 1978, ainsi qu'un baccalauréat en droit en 1981 et une maîtrise en droit constitutionnel en 1988 de l'Université Laval. Il est membre du Barreau du Québec depuis 1982. Après quelques années dans la fonction publique du Québec passées au contentieux constitutionnel du ministère de la Justice et au Conseil exécutif, il est passé au secrétariat de la Commission Bélanger-Campeau et des deux commissions parlementaires qui ont suivi en 1990-1992. Depuis, il travaille dans le secteur privé. Il est notamment le principal rédacteur du mémoire de « l'ami de la Cour » dans le *Renvoi relatif à la sécession du Québec* à la Cour suprême en 1997-1998 et a été coprésident de la Commission du Nunavik en 1999-2001. Il exerce présentement en droit autochtone et en droit des affaires. Il est actuellement membre du conseil d'administration des IPSO.

Castonguay, Charles

Charles Castonguay est professeur à la retraite du département de mathématiques à l'Université d'Ottawa. Depuis le début des années 1970, il suit de près et de manière systématique la situation de la langue française au Québec et au Canada. Il a publié de nombreux articles et livres sur cette question, dont le plus récent en 2011 : *Le français dégringole. Relancer notre politique linguistique.* Il a réalisé plusieurs études pour le compte de l'Office québécois de la langue française.

Couture, Jocelyne

Jocelyne Couture est professeure titulaire associée au département de philosophie (Éthique et Philosophie politique) de l'UQÀM, membre de la Chaire UNESCO d'étude des fondements philosophiques de la justice et de la société démocratique, et membre de la Chaire de recherche en immigration, ethnicité et citoyenneté (CRIEC). Elle a été présidente de l'Association canadienne de philosophie. Elle a écrit de nombreux articles et dirigé plusieurs ouvrages, dont *Redonner sens à l'indépendance* (2005), sous les auspices des IPSO. Ses travaux actuels portent sur la nation et la citoyenneté dans une perspective cosmopolitique. Elle est membre fondatrice des IPSO, dont elle a été la présidente d'octobre 1998 à juin 2001, et membre actuelle du conseil d'administration.

Ferretti, Andrée

Andrée Ferretti (Bertrand) est née à Montréal, en 1935. Elle est mère et grand-mère. Écrivaine, elle nous a donné quatre romans, deux recueils de nouvelles, trois essais politiques, un recueil en deux tomes des *Grands textes indépendantistes,* dont le premier réalisé avec Gaston Miron.

Elle est militante pour l'indépendance du Québec depuis 1963, entre autres comme vice-présidente du RIN.

Labelle, Micheline

Micheline Labelle est docteure en anthropologie. Elle est professeure titulaire de sociologie à l'UQÀM et titulaire de la Chaire de recherche en immigration, ethnicité et citoyenneté et de l'Observatoire international sur le racisme et les discriminations. Elle a publié de nombreux ouvrages sur son domaine d'expertise, dont le plus récent en 2012 avec Jocelyne Couture et Frank W. Remiggi, *La communauté politique en question. Regards croisés sur l'immigration, la citoyenneté, la diversité et le pouvoir.* Elle est vice-présidente des IPSO depuis 2008.

Lachapelle, Guy

Guy Lachapelle est professeur titulaire au département de science politique de l'Université Concordia depuis 1984 et secrétaire général de l'Association internationale de science politique depuis 2000. Il a été président de la Société québécoise de science politique (1996-1997). Il est un spécialiste des politiques publiques et s'intéresse au rôle de l'opinion publique, des partis politiques et des gouvernements sur la gouvernance des États et des nations subétatiques. Il s'intéresse particulièrement aux États-Unis et à la place qu'occupe le Québec sur l'échiquier continental. Il a publié plusieurs ouvrages sur la politique québécoise, le plus récent étant *Le destin américain du Québec. Américanité, américanisation et anti-américanisme* (PUL, 2011). Il est membre fondateur des IPSO.

Palacio-Quintin, Ercilia

Ercilia Palacio-Quintin est docteure en psychologie (Université de Louvain) et a mené une longue et fructueuse carrière au Québec comme professeure et chercheuse universitaire. Ses publications scientifiques dans son domaine d'expertise sont nombreuses. Elle est maintenant professeure émérite de l'UQTR. Née en Argentine, elle est arrivée au Québec en 1971. Ses intérêts pour les questions sociales et politiques l'ont menée à s'impliquer dans la cause souverainiste pour laquelle elle milite maintenant depuis quarante ans en occupant diverses fonctions au Parti québécois, au Bloc québécois et au Conseil de la souveraineté du Québec. Elle est membre fondatrice des IPSO, dont elle a été présidente de 2003 à 2006, et actuelle membre du conseil d'administration.

Paquette, Gilbert

Gilbert Paquette est professeur titulaire à la TÉLUQ et directeur de la Chaire de recherche sur l'ingénierie cognitive et éducative (CICE) qui a pour mission de favoriser l'utilisation des technologies dans l'apprentissage. Il a publié de nombreux livres et articles scientifiques dans son domaine et reçu un doctorat honorifique de l'Université Pierre et Marie Curie (Paris VI). Au plan politique, il a été successivement conseiller au programme du Parti québécois, député à l'Assemblée nationale et ministre de la Science et de la Technologie du Québec. Depuis 2006, il milite pour l'indépendance à l'extérieur des partis politiques. Il est président des IPSO depuis 2008 et coordonnateur du réseau Cap sur l'indépendance. Il est auteur d'articles et d'ouvrages en politique québécoise, dont son plus récent, *La nécessaire alliance* (2008).

Paquette, Pierre A.

Pierre A. Paquette est économiste et actuellement professeur au Collège Maisonneuve. Il a été président du Conseil central du Montréal métropolitain (CCMM-CSN) et secrétaire général de la Confédération des syndicats nationaux (CSN). Après avoir animé l'émission *Droit de parole* à Télé-Québec, il a occupé les fonctions de vice-président du Bloc québécois, de député de Joliette à la Chambre des communes et de leader parlementaire du Bloc québécois. Parmi ses dernières publications, mentionnons *Pour la prospérité et la justice sociale : La souveraineté du Québec* (2010). Il est actuellement membre du conseil d'administration des IPSO.

Payette, Jean-François

Jean-François Payette, M.A. en relations internationales, est doctorant en sciences politiques à l'UQÀM. Il est chercheur associé à la Chaire de recherche du Canada en politiques étrangère et de défense canadiennes. Jeune chercheur, il a déjà plusieurs publications à son compte, dont *Introduction critique aux relations*

internationales du Québec — Le mythe d'une politique étrangère,
2e édition revue et augmentée (2011). Il est actuellement membre
du conseil d'administration des IPSO.

Roussel, Stéphane

Stéphane Roussel, Ph. D., est professeur titulaire au département de sciences politiques de l'UQÀM. Il est titulaire de la Chaire de recherche du Canada en politiques étrangère et de défense canadiennes et directeur de l'Observatoire de la politique et la sécurité dans l'Arctique (OPSA). De 2000 à 2002, il était professeur au Collège Glendon (York University), où il enseignait les relations internationales et les études de sécurité. Il a été président de la section canadienne de l'International Studies Association (ISA) en 2004-2005, et président de la Société québécoise de sciences politiques (SQSP) en 2010-2011.

Turp, Daniel

Daniel Turp est diplômé de l'Université de Montréal, de Cambridge University et titulaire d'un doctorat d'État de l'Université de droit, d'économie et de sciences sociales de Paris (Paris II). Il est professeur titulaire à la Faculté de droit de l'Université de Montréal. Il y enseigne le droit international public, le droit international et constitutionnel des droits fondamentaux et le droit constitutionnel avancé. Il est président de l'Association québécoise de droit constitutionnel et du conseil d'administration de la Société québécoise de droit international et également membre du conseil d'administration du Réseau francophone de droit international. Il est l'auteur de plusieurs ouvrages et articles en droit international et en droit constitutionnel. Il a été député du Bloc québécois à la Chambre des communes du Canada pour la circonscription de Beauharnois-Salaberry de 1997 à 2000 et député du Parti québécois à l'Assemblée nationale du Québec pour la circonscription de Mercier de 2003 à 2008. Il est membre fondateur des IPSO.

Table des matières

IMPRIMERIES
TRANSCONTINENTAL

Achevé d'imprimer
en mars 2012 sur les presses de
TC Transcontinental

Imprimé au Canada